INGRID VIANA LEÃO

EXECUÇÕES SUMÁRIAS, ARBITRÁRIAS OU EXTRAJUDICIAIS

CB071465

INGRID VIANA LEÃO

EXECUÇÕES SUMÁRIAS, ARBITRÁRIAS OU EXTRAJUDICIAIS

As políticas públicas como campo para efetivação das recomendações da ONU ao Brasil

Copyright © 2018 by Editora Letramento
Copyright © 2018 by Ingrid Viana Leão

Diretor Editorial | Gustavo Abreu
Diretor Administrativo | Júnior Gaudereto
Diretor Financeiro | Cláudio Macedo
Logística | Vinicius Santiago
Assistente Editorial | Laura Brand
Revisão | LiteraturaBr Editorial
Capa | Wellinton Lenzi
Projeto Gráfico e Diagramação | Luís Otávio
Foto da Orelha | Paula Braga e Thamires Valerei
Foto da Capa | Disponível em: <https://www.flickr.com/photos/dannyfactory/16294875101/>. Acesso em: 22 jul. 2018.
Licença: Atribuição 2.0 Genérica (CC BY 2.0)
Conselho Editorial | Alessandra Mara de Freitas Silva; Alexandre Morais da Rosa; Bruno Miragem; Carlos María Cárcova; Cássio Augusto de Barros Brant; Cristian Kiefer da Silva; Cristiane Dupret; Edson Nakata Jr; Georges Abboud; Henderson Fürst; Henrique Garbellini Carnio; Henrique Júdice Magalhães; Leonardo Isaac Yarochewsky; Lucas Moraes Martins; Luiz Fernando do Vale de Almeida Guilherme; Nuno Miguel Branco de Sá Viana Rebelo; Renata de Lima Rodrigues; Rubens Casara; Salah H. Khaled Jr; Willis Santiago Guerra Filho.

Todos os direitos reservados.
Não é permitida a reprodução desta obra sem aprovação do Grupo Editorial Letramento.

Referência para citação

LEÃO, Ingrid Viana. Execuções sumárias, arbitrárias ou extrajudiciais: as políticas públicas como campo para efetivação das recomendações da ONU ao Brasil. Belo Horizonte-MG: Letramento, 2018.

Dados Internacionais de Catalogação na Publicação (CIP)
Bibliotecária Juliana Farias Motta CRB7- 5880

L576e Leão, Ingrid Viana

Execuções sumárias, arbitrárias ou extrajudiciais: as políticas públicas como campo para efetivação das recomendações da ONU ao Brasil / Ingrid Viana Leão. -- Belo Horizonte(MG) : Letramento, 2018.

268 p. 15,5 x 22,5 cm.

Inclui referências e anexos

ISBN: 978-85-9530-111-5

Original, apresentando como tese (doutorado). Faculdade de Direito da Universidade de São Paulo (USP)

1. Direitos humanos.2. Políticas públicas.3. Violência Policial.4. Nações Unidas - Forças de paz.5. Forças de paz brasileiras I. Título: as políticas públicas como campo para efetivação das recomendações da ONU ao Brasil

CDD 341.23

Belo Horizonte - MG
Rua Magnólia, 1086
Bairro Caiçara
CEP 30770-020
Fone 31 3327-5771
contato@editoraletramento.com.br
grupoeditorialletramento.com.br
casadodireito.com

Casa do Direito é o selo jurídico do Grupo Editorial Letramento

À Rosalva Viana, mãe
À Alinne Viana Leão, irmã
Companheiras de vida

> É!
> A gente quer valer o nosso amor
> A gente quer valer nosso suor
>
> A gente quer valer o nosso humor
> A gente quer do bom e do melhor...
>
> (...) É!
> A gente quer viver pleno direito
> A gente quer viver todo respeito
> A gente quer viver uma nação
> A gente quer é ser um cidadão
> A gente quer viver uma nação
> A gente quer é ser um cidadão
>
> (Gonzaguinha, 1982)

NOTA DA EDIÇÃO

Esta publicação é resultado da tese de doutorado no Programa de Pós-Graduação em Direito da Faculdade de Direito da Universidade de São Paulo (USP), sob orientação do professor emérito Dalmo de Abreu Dallari, na área de concentração Direitos Humanos sob o título *Políticas Públicas e Garantias de Direitos Humanos: campo para efetivação das recomendações da ONU ao Brasil sobre execuções sumárias, arbitrárias ou extrajudiciais* (2016). A banca de defesa foi realizada em junho de 2016 com a presidência do orientador e a participação dos professores examinadores: Eunice Aparecida Prudente (FDUSP), Flávia Piovesan (PUCSP), Guilherme de Assis Almeida (FDUSP) e Oscar Vilhena Vieira (FGV). A banca sugeriu a publicação após a revisão de alguns aspectos. Após a defesa da tese, uma nova versão do texto foi apresentada ao Programa e depositada na biblioteca. Depois de dois anos da conclusão da pesquisa, o texto da tese foi modificado para esta publicação no sentido de atualizar dados disponíveis até junho de 2018, bem como a inclusão de pesquisas que contemple as temáticas abordadas no estudo. Desde 2016, foram muitas modificações na estrutura das políticas públicas de direitos humanos, especialmente com a intervenção federal no Rio de Janeiro, o que foi considerado neste texto. Além disso, há de se reconhecer que outras ocorrências de execuções sumárias conhecidas no período 2016 a 2018 influenciaram a expansão do texto da tese ou influenciaram a modificação das seções, tal qual se pode dizer da condenação do Brasil pela Corte Interamericana de Direitos Humanos no caso Favela Nova Brasília.

AGRADECIMENTOS

Esta publicação se faz exatamente no ano em que eu completo treze anos de deslocamento de Belém para a cidade de São Paulo. É um símbolo de um presente de vida e longevidade de onde menos se esperava. A hora é da boa memória e de agradecer. Que a gratidão tenha o poder de abrir portas e manter janelas destrancadas para um diálogo de não-violência, por uma democracia sem extermínio e por uma política não discriminatória sob qualquer expressão. Aqui chegamos!

Esta pesquisa é uma etapa da minha trajetória de pesquisadora no doutorado que agora está em formato de livro, com o objetivo de alcançar outras trocas e ampliar as que já existem. Nesta nova etapa de relacionamento com o texto da minha tese, encontrei o entusiasmo de pessoas que se sentiram alegres e representadas, em um momento de difícil compreensão dos direitos humanos. A reação de vocês me encantou muito e são um alimento para a coragem que nunca poderá faltar quando colocamos um texto à mesa. A alegria também é uma boa lição, que nunca nos falte.

Antes de chegar neste livro, vem uma etapa de estudo. A minha gratidão de dez anos de vivência na Faculdade de Direito da Universidade de São Paulo, por um ensino público, é de grande tamanho. Desde o curso de especialização em Direitos Humanos, passando pelo trabalho no Juizado Especial e pelo Mestrado em Direitos Humanos, encontrei espaços de aprendizado e de amizades. Agradeço muito a todas as pessoas que cruzaram o meu caminho no decorrer dessa jornada, que recomeçou em uma nova trilha com a obtenção do título de Doutora em Direito pela USP. Na pessoa de meu orientador Dalmo Dallari, cumprimento todos os professores, professoras e pesquisadores de direitos humanos na Faculdade de Direito e fora dela, pelo que representa a trajetória profissional desse nosso mestre. Muito obrigada, professor Dalmo, por fazer parte da minha história na condição que a vida nos apresentou: professor e aluna. Igualmente agradeço à professora Eunice Prudente pela confiança em mim a partir e ao longo do curso de mestrado em Direitos Humanos.

À Sociedade Paraense de Defesa dos Direitos Humanos (SDDH), pelo lugar que ocupa na minha história com os direitos humanos, bem como aos profissionais, ativistas e amigos em defesa dos direitos humanos no Brasil. Reconheço a oportunidade de estar próxima do conteúdo sobre direitos humanos no Brasil, produzido por organizações brasileiras como Justiça Global, Conectas, CEJIL e GAJOP. Agradeço especialmente ao GAJOP, pela acolhida em momento de fundamental importância para o redirecionamento da minha pesquisa no ano de 2010.

À Fundação Carlos Chagas, pela oportunidade de participar da pesquisa *o fortalecimento dos direitos humanos no hemisfério sul*, de 2011 a 2014. O exercício reflexivo sobre a relação da pesquisa jurídica com os direitos humanos contou com a liderança de Sandra Unbehaum, pessoa amiga e que tem a minha admiração e gratidão.

Todas essas oportunidades até chegar ao Doutorado só puderam ser abraçadas com o apoio da minha família. Lembro de quem faz parte da minha formação e ainda me ensinam sobre a vida com a ausência de suas presenças físicas: meu pai Acácio Quaresma Leão, meus avós Manuel Rodrigues Viana e Maria de Lourdes Barreiros Viana (*in memoriam*). Agradeço a disposição emocional e financeira de minha mãe Rosalva Viana, que participa da minha vida sem restrição, em seu nome cumprimento todas as mulheres valentes da família Viana, que me carregaram, desde longe me abraçam, e formam uma parte segura da minha história junto com primas e primos, que quero muito bem. Igualmente agradeço a cumplicidade de minha irmã Alinne Leão, para quem sempre eu estarei disponível para tudo o que a vida pedir, em seu nome manifesto minha gratidão a família Leão, de Igarapé-Miri, que não economizam generosidade e companheirismo, dignos daqueles que conhecem a importância da solidariedade.

Antes de chegar aqui, a lembrança de meus colegas da Universidade Federal do Pará (UFPA) e da Universidade do Estado do Pará (UEPA) também segue comigo.

Aos meus amigos, agradeço a longa amizade de Paulo Henrique de Oliveira, ao meu lado nas decisões sobre os caminhos e surpresas de minha trajetória profissional. Graças à amizade sincera, a tese contou com a leitura generosa de Camila Magalhães Carvalho, Priscila Beltrame, Thaís Gava e Telmila do Carmo Moura. O apoio na conclusão desta pesquisa está condicionado a uma relação de confiança que se fortalece. Igualmente importante foi a troca de ideias com Andreia Barreto e William Castanho, que tiveram a atenção necessária para quando se deu voz aos pensamentos mais incertos. Na fase tão decisiva de escrita, a chegada e permanência de Ivan Gonzaga, na medida do tempo necessário, têm meus agradecimentos.

Ao companheirismo feminista de Tamara Gonçalves, Valéria Pandjiarjian e Daniela Rosendo, são nomes que representam o CLADEM no meu cotidiano, espaço de aprendizado feminista e dedicação aos direitos humanos das mulheres na América Latina.

À amizade de Luma Scaff, Bia Barbosa, Márcia Nascimento, Altivo de Oliveira Neto, Igor Denisard, Jair Santana, Heloisa Santos, Tanimara Elias, Emério Mendes e Ailson Costa, capaz de compreender a importância deste momento da vida, se fizeram presente com uma vibração positiva.

Já na etapa de construção e projeto deste livro, Douglas Campos esteve muito próximo, junto e interessado em saber um pouco mais sobre uma nova linguagem de algo nada novo. Essas trocas me energizaram para novas lutas.

Obrigada novamente a todas as pessoas que desprenderam um pouco do seu tempo para a realização do livro ou na sua divulgação, desde um abraço surpreendente até uma avaliação técnica necessária ou solidária. Ficou muito linda a produção estética-fotográfica, meus cumprimentos à Paula Braga.

Após todo o processo de tese, aumentou a minha convicção de que não existe escrita sozinha mesmo que se esteja na solidão.

Aos participantes das entrevistas da pesquisa, minha gratidão e admiração em Curitiba, São Paulo e Belém – Corregedoria de Polícia Militar, Ministério Público, Defensoria Pública e organizações da sociedade civil. Agradeço a todos as senhoras e os senhores pela contribuição e compromisso com os objetivos deste trabalho, bem como as pessoas que facilitaram o contato com essas organizações e pessoas.

Por fim, agradeço muito àqueles que discordando do meu trabalho, conseguirem manter o respeito por mim e a quem estiver ao meu lado na trajetória de defesa das pessoas e dos direitos humanos.

Que venham outras etapas de estudo, com o fortalecimento de antigos laços e com outras tantas pessoas mais por perto.

APRESENTAÇÃO 19
Eunice Aparecida de Jesus Prudente

1. INTRODUÇÃO 23

Desenvolvimento da Pesquisa
em Direitos Humanos 28

Contribuição para o campo Direitos Humanos 31

Apresentação dos capítulos e levantamento 33

2. AS DIMENSÕES DE UM
PROBLEMA DE DIREITOS HUMANOS 39

2.1. DELIMITAÇÃO DO TEMA DE
PESQUISA: CATEGORIAS EM ESTUDO 40

2.2. RELAÇÃO DO BRASIL
COM AS EXECUÇÕES SUMÁRIAS 62

2.2.1. Aproximação entre Políticas
Públicas e Recomendações da ONU 68

2.2.2. Direitos Humanos na
política pública brasileira 79

2.2.3. Padrões para ações
de Direitos Humanos:
segurança pública e igualdade racial 83

2.2.3.1. Execuções sumárias e relações raciais:
conceitos para operacionalizar um entendimento 88

2.2.3.2. Problematizando o racismo
nas políticas de segurança pública 100

2.2.3.3. Operações policiais, Unidade de
Polícia Pacificadora e militarização 107

3. **EXPECTATIVA DE AÇÕES DO ESTADO BRASILEIRO: ESTUDO DE RECOMENDAÇÃO DA ONU AO BRASIL**   117

  3.1. RECOMENDAÇÕES DA ONU: CONTEÚDO DOS COMPROMISSOS DE DIREITOS HUMANOS   118

    3.1.1. O universo de recomendações dos procedimentos especiais   118

    3.1.2. Um sentido para o conteúdo dos procedimentos especiais   125

  3.2. OBSERVAÇÕES DA ONU SOBRE USO DA FORÇA   136

  3.3. RELATÓRIO DA MISSÃO AO BRASIL   147

    3.3.1. Perda arbitrária da vida: alvo de execuções e contexto da ação   149

      3.3.1.1. Policiais em serviço   157

      3.3.1.2. Policiais fora de serviço   159

      3.3.1.3. Morte sob custódia   160

    3.3.2. Prestação de Contas: dimensão material do direito à vida   162

4. A DIMENSÃO CONTEXTUAL DO PROBLEMA: FORMAS INSTITUCIONAIS, GARANTIAS JURÍDICAS E ESTRATÉGIAS POLÍTICAS   169

4.1. ESPAÇOS DE RESPOSTAS AOS HOMICÍDIOS, DE PROPOSTAS E DE REALIZAÇÃO DE AÇÕES DE ESTADO   171

4.1.1. Compromisso institucional e o trabalho com o tema   174

4.1.1.1. Corregedoria de Polícia   176

4.1.1.2. Ministério Público   183

4.1.1.3. Defensoria Pública   190

4.2. USO DA FORÇA E LETALIDADE POLICIAL   196

4.2.1. Manifestações: não-morte e integridade física   196

4.2.1.1. São Paulo   198

4.2.1.2. Paraná   200

4.2.1.3. Discussão dos casos com o tema execuções sumárias   204

4.2.2. O estabelecimento de normativas   208

4.3. MORTES COM ENVOLVIMENTO DE POLICIAIS, BARREIRAS NA INVESTIGAÇÃO E OPINIÃO PÚBLICA   214

4.3.1. Policiais em serviço e fora de serviço   214

4.3.2. Mortes em Chacinas e Mortes em Operações Policiais   222

5. SÍNTESE CONCLUSIVA 229

    5.1. ONU E POLÍTICAS PÚBLICAS: UM SENTIDO PARA AS RECOMENDAÇÕES SOBRE EXECUÇÕES SUMÁRIAS 234

    5.2. PESQUISA E CONCEITOS DE DIREITOS HUMANOS 236

    5.3. NÃO-MORTE E USO DA FORÇA: ATUAÇÃO POLICIAL EM MANIFESTAÇÕES 238

    5.4. VISÃO RESTRITA SOBRE O PROBLEMA: MORTE COMO RESULTADO DE UMA CONDUTA INDIVIDUAL 240

    5.5. POLÍTICAS PÚBLICAS E GARANTIAS DE DIREITOS HUMANOS COMO RESPOSTA DO ESTADO 244

REFERÊNCIAS 247

APÊNDICE 257

RECOMENDAÇÕES DA ONU AO BRASIL 257

APRESENTAÇÃO

Uma jovem acabou de chegar aos cursos de pós-graduação da USP e veio de longe. Chegou de Belém do Pará com formação de excelência, preparada pelas nossas academias do Norte. Ah, mas São Paulo é a terceira maior metrópole do mundo, e sempre nos preocupamos com os jovens de fora, face à violência urbana. Não seria melhor levá-la para minha casa, até que se acomode na cidade e cumpra as formalidades da Universidade de São Paulo? Sabiamente, o professor coordenador da área Direitos Humanos, Dr. Calixto Salomão profetizou, preocupe-se com os rapazes, pois as mulheres têm aparência frágil, mas são fortes e sábias.

E a moça cresceu em "graças e conhecimento"!

Conquistou a todos pela determinação, posturas éticas e conhecimentos, obtendo excelentes conceitos no mestrado e no doutorado. Compromissada com os direitos humanos participou ativamente em programas da Fundação Chagas, GAJOP e CLADEM. Uma rara ativista, pois, conseguiu unir contribuições às questões de gênero e etnia e profundos estudos sobre nossos pensadores do direito. Assim desde o mestrado foi monitora das disciplinas Teoria do Geral do Estado I e II tanto no curso de Direito como no curso de Relações Internacionais.

Este é também, para mim, um momento de agradecimento à monitoria prestada pela jurista que veio de longe!

É uma honra apresentar esta obra, erigida a partir de estudos aprofundados sobre o direito à vida, núcleo dos direitos da pessoa, fundamental, indisponível, como pré-requisito ao exercício de direitos.

Em pesquisa fundamentada no Estado e suas funções garantidoras da convivência organizada, em especial, a segurança pública. Em tempos globalizados as relações internacionais, além de expressarem tradicionais interesses permanentes do Estado, decidem, hoje, interesses imediatos do povo, devendo efetivar-se mediante políticas públicas.

O que temos na presente obra é uma tese exposta com técnica e objetividade sobre a principal dimensão dos direitos humanos, o direito à vida. Embora a presença da sociedade política, estado, expresse sociedade avançada, complexa, na qual a segurança pública constitui prestação de serviço público imprescindível à preservação e defesa da vida humana, neste Brasil grande vem ocorrendo historicamente violações de direitos humanos desde que o pelourinho instalado na principal praça das vilas e cidades brasileiras, como sinal de ordem presença de autoridade. Mais que do isto acredita-se que a solução para práticas ilegais ou muitas vezes apenas imorais é o aprisionamento, a tortura e mesmo, a morte do acusado. Na atualidade, Relatórios de Especialistas das Nações Unidas, a partir de dados, apontam ações de agentes públicos em execuções, principalmente mortes de jovens negros e pobres em cidades brasileiras.

A presente tese analisa as recomendações da Organização das Nações Unidas à República Federativa do Brasil tendo por objeto, execuções sumárias, arbitrárias ou extrajudiciais como vem ocorrendo entre nós. Trata-se de verdadeiras negativas ao direito á vida, constitucionalmente garantido e as providências sistêmicas para o enfrentamento da questão. Daí a interdisciplinaridade na pesquisa pontuando a ocorrência de racismo, vitimando jovens negros moradores de regiões periféricas das cidades brasileiras. Denuncia a exclusão social como também étnica, mediante a adoção de políticas neoliberais, fortalecendo a tese com informações e dados das ciências sociais, bem como análise das recomendações de visitas ao Brasil de especialistas, representando a Relatoria Especial da ONU. A tese é também comprovada por opiniões e esclarecimentos esboçados por gestores públicos, corregedor, defensores e promotores públicos mediante entrevistas focando as intervenções policiais, em que agentes públicos, muito além de deter ou prendes pessoas, atuam como "julgadores em nome da sociedade" com ocorrência de execuções sumárias. As entrevistas confirmam resultados dos relatórios dos mencionados especialistas, visitadores da ONU.

Neste ponto cumprimento Dra. Ingrid Leão e o orientador da tese, professor Dalmo de Abreu Dallari, o mestre de todos nós, pela coragem na escolha e enfrentamento de questão tão grave como denunciadora de nosso Estado Democrático de Direito, cujo regime democrático ainda em construção não garante o direito à vida com notória exclusão de cidadãos negros.

Note-se que as políticas públicas necessárias deveriam iniciar-se por acatamento das decisões da ONU, conforme recomendações, mas o que se observa são críticas aos relatórios e o gravíssimo entendimento como se o direito à segurança pública significasse apenas ações policiais. Sendo a desmilitarização das polícias militares estaduais uma das fortes recomendações do Conselho de Direitos Humanos da ONU, mas rejeitada pelo governo brasileiro.

Tivemos a honra de acompanhar, em alguns momentos orientar, o mestrado da nossa Ingrid Leão e seu levantamento de decisões da Comissão Interamericana de Direitos Humanos em casos contra o Brasil: Eldorado dos Carajás, Corumbiara, Carandiru, Parque São Lucas, dentre outros gravíssimos (2010) já se demandava por soluções a partir de esclarecimentos e responsabilização. Chegamos a 2016 com pesquisas mais amplas e profundas, em meio também a debates sobre as conclusões da Comissão Nacional da Verdade (2014) e da Comissão Parlamentar de Inquérito da Câmara dos Deputados sobre a Violência contra Jovens Negros e Pobres (2015), assim questiona a presente tese a busca pela implementação de políticas públicas no âmbito da segurança pública conforme recomendações recebidas pelo governo brasileiro.

Ressalte-se na obra as contribuições significativas ao direito, as análises das recomendações da ONU ao Brasil como compromissos firmados, com base na Declaração Universal de Direito Humanos e assim devem ser cumpridos, pela magnitude do objeto, garantia do direito à vida e a instalação entre nós, de um Estado de Justiça, como também pelo cumprimento de dever perante os demais estados membros da ONU.

Professora Dra. Eunice Aparecida de Jesus Prudente
Departamento de Direito do Estado
Faculdade de Direito da Universidade São Paulo

1

INTRODUÇÃO

O uso abusivo e letal da força por agentes do Estado é uma preocupação de direitos humanos. Neste estudo, essa violência será trabalhada sob a nomenclatura de "execução sumária, arbitrária ou extrajudicial". É sob esta denominação que tal grave violação de direitos humanos é levada aos organismos internacionais de monitoramento dos direitos humanos, notadamente as relatorias temáticas da Organização das Nações Unidas (ONU).

Diante da ausência de uma normativa internacional sobre execuções sumárias, um mandato temático da ONU – *Relatoria sobre Execuções Sumárias, Arbitrárias ou Extrajudiciais* – tem fixado referências sobre a questão desde os anos 80, como um mandato mais antigo no sistema de relatorias por tema. Com base nesse acúmulo, "execuções" são mortes em que comprovadamente não se aplicam as hipóteses de legítima defesa ou de estrito cumprimento do dever legal, e contenham indícios de uso abusivo da força e redução de possibilidade de defesa da vítima. Necessariamente, encontra-se a participação de agentes do Estado. A respeito do termo explica Alves:

> A expressão 'execuções sumárias ou arbitrárias' é utilizada nas Nações Unidas com duas acepções distintas. A primeira diz respeito à aplicação da pena de morte pelos Estados sem o cumprimento das obrigações internacionalmente reconhecidas, tais como o direito a julgamento justo e imparcial, o direito a recurso contra a sentença, a possibilidade de apelar por perdão ou comutação da

pena. A segunda acepção se refere a execuções extrajudiciais ou extralegais, qualificadas pelo Sexto Congresso das Nações Unidas sobre Prevenção do Crime e o Tratamento de Deliquentes como 'assassinato cometidos ou tolerados pelos Governos'[1].

Apesar de esclarecidas as circunstâncias em que se empregam esses termos – "extrajudicial", "sumário" ou "arbitrário" –, a própria Relatoria tem defendido que estes não devem ser compreendidos de maneira individualizada. Embora os termos desempenhem papéis importantes na evolução histórica.Essas práticas contra a vida se apresentam como objeto de reivindicações alinhadas a uma agenda de direitos humanos no Brasil. Ocorre que, para a presente pesquisa, o sentido de direitos humanos não se restringe à manifestação de tais direitos na legislação nacional ou em tratados internacionais. Tal sentido representa compromissos que o Estado assumiu com a dignidade humana no conjunto de suas ações.

Nessa direção de pensar a relação entre direitos humanos e ações locais, Ferrajoli,[2] com inspiração na fórmula de Ronald Dworkin, fez uso da expressão "'levar a sério' o direito internacional" para analisar criticamente as transformações impostas por uma flexibilização da soberania estatal, entre elas, a subordinação da soberania moderna à tutela dos direitos humanos. Essa nova relação exige, assim, "chaves de interpretação e fontes de crítica e deslegitimação do existente; enfim, planejar as formas institucionais, as garantias jurídicas e as estratégias políticas necessárias para realizá-los".[3]

Entendemos que uma "tradução" da seriedade, requerida pela expressão direitos humanos, pode ser encontrada nas políticas públicas como categoria importante. A questão conduziu o estudo das ações de direitos humanos na teorização deste trabalho de pesquisa no que se refere às respostas para ações abusivas ou letais. Soma-se a isso um levantamento sobre o conjunto de recomendações da ONU ao Brasil

---

1 ALVES, 2007, p. 65.

2 FERRAJOLI, Luigi. *A soberania no mundo moderno*. São Paulo: Martins Fontes, 2002.

3 FERRAJOLI, 2002, p. 46.

que foi realizado na pesquisa de mestrado em direitos humanos.[4] Entre as conclusões desse trabalho, está a necessidade de critérios e pressupostos para pensar a implementação e efetividade das recomendações da ONU no País, ao se focalizar os direitos humanos no plano interno. Tais bases para pensar a concretização das recomendações da ONU no Brasil são o objeto desta tese de doutoramento.

As políticas públicas são um conjunto de processos liderados pelo Estado a partir de objetivos definidos para a realização de direitos e compromissos. Essas ações exigem uma metodologia interdisciplinar que ao impactar o Direito deslocam a reflexão jurídica para além de uma abordagem de positivação de medidas.

A leitura de tais ações do Estado sobre o tema inclui uma reflexão sobre o que habitualmente se chama de "mito dos direitos humanos" para se referir a uma apropriação do discurso dos direitos humanos pelo poder público.[5] O interesse na abordagem leva em conta a possibilidade de se adicionar a expressão "direitos humanos" às ações contrárias aos seus princípios e que não colaboram para a realização da proteção da pessoa, ao contrário, podem inclusive representar uma ação discriminatória e violenta a depender dos seus objetivos e procedimentos. Nessa direção, ações do Estado apresentadas como políticas afirmativas de direitos não podem se desvincular da ideia de garantias de direitos humanos. O termo "garantia" é posto no sentido de "mecanismo jurídico criado para proteger os direitos subjetivos".[6]

O propósito desta pesquisa se constrói sob a percepção de formas de validação no âmbito interno dos compromissos assumidos pelo Estado brasileiro em matéria de direitos humanos. Não se restringe ao debate sobre a força juridicamente vinculante ou não vinculante de

---

4 LEÃO, Ingrid Viana. *Execuções Sumárias, Arbitrárias ou Extrajudiciais*: efetividade das recomendações da ONU no Brasil. São Paulo, 2011. 215fls. Dissertação (Mestrado em Direito). Faculdade de Direito, Universidade de São Paulo.

5 DOUZINAS, Costas. *O fim dos direitos humanos*. São Leopoldo: Unisinos, 2009, p. 46.

6 COMPARATO, F. K. *Ética*: direito, moral e religião no mundo moderno. São Paulo: Companhia das Letras, 2006.

um procedimento internacional e suas recomendações. O ponto de partida é o compromisso com políticas públicas afirmativas de direitos para todos com base na configuração de um Estado que prima pela dignidade da pessoa humana, tal qual afirma a Constituição Federal.

Assim, a discussão neste trabalho considerou: quais são os parâmetros para afirmar que existe uma política de direitos humanos no Brasil que se coaduna com as Recomendações da ONU sobre execuções sumárias, arbitrárias ou extrajudiciais?

Diante disso, o estudo busca se afirmar sob uma perspectiva crítica do Direito para compreensão do tema, o que exige uma interação contínua entre a articulação jurídico-política nacional e internacional.

Com isso, os questionamentos norteadores da pesquisa foram:

- As recomendações da ONU ao Brasil, especialmente sobre execuções sumárias, arbitrárias ou extrajudiciais oriundas da Relatoria Especial da ONU, encontram condições favoráveis para sua implementação, proporcionada pelo Estado brasileiro?

- Quais são as relações entre monitoramento internacional de direitos humanos e o desenvolvimento interno de um campo favorável a construção de ações com base nos parâmetros apresentados pelos Relatores da ONU ao Estado brasileiro?

- O Estado brasileiro recua ou avança na apresentação de elementos favoráveis a efetivação dos direitos humanos no Brasil, com base nas recomendações da ONU?

- Existem ações estatais oficiais que sejam opostas aos objetivos das recomendações da ONU?

- O que significa essa prática para os direitos humanos no Brasil?

- O que significa um campo para implementação das recomendações da ONU no Brasil?

A Constituição Federal de 1988 (explicitamente no art. 1º, incisos II e III; art. 3º, art. 4º, incisos II, III, VIII e IX, art. 5º) é o marco normativo de reconfiguração do Estado brasileiro para aproximação com os direitos humanos,[7] o que permite entender a intensa participação do Brasil, depois da década de 1990, nos mecanismos de proteção dos direitos humanos, por meio de adesão a tratados, sistema de petições, monitoramento por relatórios periódicos ou visitas de Relatores da ONU, por exemplo.

Nesse contexto da relação entre Brasil e direitos humanos, este estudo considera a experiência do Estado brasileiro com a Organização das Nações Unidas (ONU), por meio, especificamente, de um mecanismo da ONU: a Relatoria sobre Execuções Sumárias, Arbitrárias ou Extrajudiciais.

Os relatórios sobre a missão no Brasil, em específico, nos anos de 2003 (visita de Asma Jahangir) e 2007 (visita de Philip Alston), são os documentos de referência desta pesquisa. Após a visita, e com base nas informações levantadas (*fact-finding*) pelos relatores, o Brasil recebeu recomendações que buscam aprimorar as instituições, mecanismos e políticas de direitos humanos. Como ponto de partida, foram analisadas 217 recomendações apresentadas por treze *experts* da ONU, de 1995 a 2010.[8] São recomendações específicas ou gerais que indicam ações ao Estado brasileiro que abordam violência institucional.[9]

Tais recomendações da ONU são vistas como uma fonte de informações sobre práticas de direitos humanos no Brasil, que indicam características das ações violentas segundo um contexto específico de violações de direitos ou processos de exclusão social. Tratam-se de

---

[7] Sobre o modo pelo qual o Direito brasileiro incorpora os instrumentos internacionais de direitos humanos, ver PIOVESAN, Flávia. *Direitos Humanos e o Direito Constitucional Internacional*. São Paulo: Saraiva, 11ª ed., 2010; LEWANDOWSKI, Enrique Ricardo. *Proteção dos direitos humanos na ordem interna e internacional*. Rio de Janeiro: Forense, 1984; LAFER, Celso. *A internacionalização dos direitos humanos*: Constituição, racismo e relações internacionais. São Paulo: Manole, 2005.

[8] Ver levantamento das recomendações da ONU ao Brasil em GAJOP. *Direitos humanos internacionais*: construção de bases para o monitoramento das recomendações da ONU ao Brasil. Recife: dhINTERNACIONAL – GAJOP, 2010.

[9] LEÃO, 2011.

parâmetros que se diferenciam dos tratados internacionais ratificados pelo Brasil, quanto à abrangência especializada de propositura de ações estatais.

Entendemos os relatórios da ONU como possibilidade de diagnóstico e colaboração com a configuração da agenda de direitos humanos no Brasil, ao considerar a importância desse organismo internacional, as dificuldades com o tratamento da questão pela opinião pública e pelas instituições públicas brasileiras, e como as recomendações são construídas.

Vale dizer que o relatório da ONU analisa e propõe diferentes ações para fortalecer as instituições brasileiras ou ações que impulsionam novas medidas legislativas, ou ainda para políticas públicas em andamento no País.

Apesar da Relatoria da ONU ter sido criada em 1982, sua metodologia tem acompanhado o dinamismo da prática das execuções no mundo conforme tem demonstrado os relatórios temáticos que aprofundam determinado aspecto da questão. Em razão disso, foi dedicado um item para "uso da força", considerando os últimos estudos realizados pelo *expert* no mandato da Relatoria da ONU – Christof Heyns.

DESENVOLVIMENTO DA PESQUISA EM DIREITOS HUMANOS

A pesquisa realizada no Mestrado em Direitos Humanos (2011) – *Execuções Sumárias, Arbitrárias ou Extrajudiciais: a efetividade das recomendações da ONU no Brasil* – foi uma oportunidade para estudar as execuções sumárias e as recomendações da ONU. Nessa ocasião, acompanhamos todas as recomendações dos Comitês de Direitos Humanos e Relatorias Especiais ao Brasil, bem como de outros organismos internacionais de direitos humanos para compreender as práticas de execuções sumárias que se buscavam impactar no Brasil. Tal estudo, no seu terceiro e último capítulo, iniciou a análise da recepção das recomendações pelo governo brasileiro, indagando seus efeitos, implementação e pressupostos para ampliar sua efetividade.

A partir dessa experiência, realizamos uma revisão do tema execuções sumárias que se beneficiou das disciplinas cursadas no Doutorado (2013 e 2014) no que diz respeito aos seguintes aspectos críticos:[10] (i) delimitação do conceito de opinião pública e direitos humanos, que embora fosse uma preocupação na dissertação não contava com uma fundamentação teórica consistente; (ii) a metodologia jurídica convive com o neoliberalismo e a globalização, as respostas jurídicas devem entender as novas configurações da sociedade e do Estado; (iii) o processo de construção das recomendações pode ir além da perspectiva normativa e compreender os processos de mobilização do direito pelos movimentos sociais, tendo em vista que a ação desses movimentos é por vezes diluída sob a expressão sociedade civil ou organizações de direitos humanos, termos comuns no diálogo entre Estado e ONU; (iv) o estudo dos direitos humanos conta com diferentes abordagens teóricas que recebem influência do objeto de estudo dos diferentes ramos do conhecimento, isto não significa que ao jurídico cabe apenas a abordagem das normas. Por conta disso, o desafio do fazer interdisciplinar se amplia quando o pensar os direitos humanos tem como ponto de partida a Ciência Jurídica. Ao mesmo tempo, o tema execuções sumárias não se restringe à violência sob a perspectiva de violação de direitos individuais e deve se articular com as dimensões da inclusão social; e (v) as políticas públicas se apresentam como um campo de estudo que a Ciência Jurídica está começando a trilhar como uma rota de pesquisa para além de estruturas legais ou processos administrativos.

---

10 Disciplinas cursadas como créditos no Doutorado: Opinião Pública e Política Externa (PRI 5012, Profª Maria Hermínia Tavares de Almeida e Prof. Leandro Piquet Carneiro), Metodologia do Ensino Jurídico (DFD 5704, Prof. José Eduardo Faria), Movimentos Sociais e Acesso à Justiça (DFD 5903, Prof. Celso Campilongo), Práticas e Escalas dos Direitos Humanos: Legalização, Mobilização, Tradução (FLS 6343, Profª. Cecília MacDowell dos Santos), Direito e Políticas Públicas: Fundamentos (DES 5831, Profª.Maria Paula Dallari Bucci).

Com base nas reflexões que essa experiência de pesquisa permitiu, concordamos com os pressupostos de que direitos humanos e interdisciplinaridade[11] estão associados. Os problemas de pesquisa exigem a interação e troca entre saberes, que se articula com outras dimensões para pensar os direitos humanos, como a relação sujeito e objeto e a desconstrução da dicotomia entre teoria e prática, nas reflexões sobre estudos em direitos humanos apresentados por Adorno e Brito.[12] Esse pressuposto representa um desafio para a pesquisa jurídica em geral[13] e para a pesquisa em direitos humanos em particular.[14] Com isso, a abordagem interdisciplinar não seria mérito da categoria políticas públicas, mas do campo de estudos em direitos humanos.

Com isso, a preocupação com a originalidade se faz presente em face das mudanças na sociedade brasileira que exigem de todos os campos da ciência uma reflexão alinhada com a atualidade, que considere a velocidade das reivindicações e das violações de direitos. A área de concentração Direitos Humanos da Faculdade de Direito

---

11 DELUCHEY, J. Y.; BELTRÃO, J. F. *Metodologia como campo de possibilidades no Direito*. In: XV Congresso Nacional do CONPEDI, 2007, Manaus – AM. Anais do XV Congresso Nacional do CONPEDI. Florianópolis-SC: Fundação Boiteux, 2007. v. 1. p. 403. Disponível em: <http://www.conpedi.org/manaus/arquivos/anais/manaus/ensino_jur_jean_francois_deluchey_e_jane_beltrao.pdf>. Acesso em 16.06.2014; MONEBHURRUN, Nitish; VARELLA Marcelo D. O que é uma boa tese de doutorado em Direito? Uma análise a partir da própria percepção dos programas. Revista Brasileira de Políticas Públicas. Brasília, v.10, n. 1, 2013, p.423-443.

12 ADORNO, Sérgio; BRITO, Eduardo M. *Direitos Humanos e a pós-graduação*. 2006. Disponível em: <www.dhnet.org.br>. Acesso em 30.04.2012.

13 NOBRE, Marcos. Apontamentos sobre a pesquisa em direito no Brasil. *Cadernos Direito GV*, São Paulo, 145-154, 2004.

14 UNBEHAUM, Sandra; LEÃO, Ingrid V.; CARVALHO, Camila M. Programas e áreas de concentração em direitos humanos no Brasil: o desenho de uma possível interdisciplinaridade. Revista Interdisciplinar de Direitos Humanos. Bauru, v.2, n.3, p.35-53, jul./dez. 2014.

da USP apresenta uma única linha de pesquisa denominada direitos humanos e inclusão social. Estamos alinhados com essa concepção de direitos humanos, que na sua problematização já se desenhou sob a percepção de quem é alvo da violência estatal. Essa resposta não se restringiu a identificar os sujeitos, mas a compreensão de que elementos de segregação e o uso da política de eliminação do outro não são novos.

CONTRIBUIÇÃO PARA O CAMPO DIREITOS HUMANOS

As principais questões trabalhadas sobre violações de direitos humanos no Brasil e ONU dizem respeito à normativa internacional, ao funcionamento dos organismos internacionais de proteção de direitos humanos e a responsabilidade internacional. Também existe uma valorização dos tratados internacionais quando relacionado à discriminação de um grupo ou preocupado com a ratificação de documentos internacionais. O tema aparece relacionado ao estudo do Sistema Internacional de Proteção dos Direitos Humanos – Sistema Global ou Sistema ONU –, perpassando as características e os princípios do Direito Internacional dos Direitos Humanos, ramo este do Direito com o foco na proteção da pessoa humana e que surgiu com o objetivo precípuo de proteger as vítimas de violações dos direitos humanos, propósito que o diferencia do direito internacional clássico, porquanto, diferentemente deste, permite a relativização da soberania estatal primando por direitos subjetivos individuais. Os estudos sobre a realização dos direitos humanos com base na relação Brasil e Sistema de Proteção dos Direitos Humanos têm dado maior atenção para decisões e casos no Sistema Interamericano, situações em que as execuções sumárias também estão presentes. Em que pese o desenvolvimento de estudos sobre o sistema de proteção dos direitos humanos, as recomendações da ONU ao Brasil têm recebido pouca atenção por parte do âmbito acadêmico. Após decisões proferidas em casos Maria da Penha, Damião Ximenes ou Araguaia, outros estudos surgem com foco no âmbito da implementação da decisão.

Os Direitos Humanos como um campo de estudos não exclusivamente jurídico, são recentes e estão em crescimento no Brasil.[15] Anteriormente à área Direitos Humanos na Pós-Graduação em Direito, as contribuições no âmbito acadêmico sobre a proteção da pessoa humana estavam primordialmente identificadas como produções no Direito Internacional ou no Direito Constitucional, segundo diagnóstico feito por Piovesan (2001) sobre os direitos humanos nas universidades e no ensino jurídico. Outro campo de conhecimento citado nesse levantamento foi Relações Internacionais.

Identificamos os trabalhos no Direito Internacional Público, no Direito Internacional dos Direitos Humanos e a partir do Direito Constitucional Internacional. Foi identificada também outra literatura sobre direitos humanos bem delimitados na Ciência Política.[16] Situação que associamos ao desenvolvimento normativo da proteção da pessoa humana desde a criação de uma nova organização internacional no pós-guerra. Hoje outros desafios despontam quanto à realização dos direitos no plano interno.

Com um novo campo de estudo (Direitos Humanos) no Brasil, estamos diante também de um novo desafio metodológico para a ciência jurídica, e logo podem contribuir com o estudo dos sistemas de proteção internacional dos direitos humanos sob outras abordagens.[17] As dificuldades encontradas na pesquisa realizada no mestrado per-

---

15 A área de concentração em Direitos Humanos na USP compõe os três primeiros cursos no Brasil na Pós- Graduação em Direito, outros estão na UFPA e UFPB. Ver LEÃO, Ingrid; CARVALHO, C. M.. Análise do Currículo da Área de Concentração em Direitos Humanos: tensões e desafios da pós-graduação em Direito na USP, UFPA e UFPB. Horácio Wanderlei Rodrigues; SamyraHaydêe Dal Farra Naspolini Sanches; Alexandre KehrigVerones Aguiar. (Org.). Direito, Educação, Ensino e Metodologia Jurídica. 1ed. Florianópólis: CONPEDI, 2014, v. 1, p. 1-546. Disponível em: http://www.publicadireito.com.br/publicacao/ufsc/livro.php?gt=137. Acesso em 05.10.2014.

16 Cançado Trindade (1997), André Carvalho Ramos (2004; 2006), Flávia Piovesan (2010), Lindgren Alves (2007) e Celso Lafer (1988; 2005).

17 COOMANS, Fons; GRÜNFELD, Fred; KAMMINGA, Menno T.. (orgs.). *Methods of Human Rights Research*. Intersentia: Oxford, 2009.

mitem também afirmar a originalidade do tema. Tal fato se justifica pelo volume recente de recomendações que o Brasil recebeu dos mecanismos da ONU ao longo da última década.

No âmbito social, a nossa pesquisa deve colaborar com o atual momento do desenvolvimento da relação entre a ONU e o Estado brasileiro no *accountability* sobre direitos humanos, especialmente quanto às execuções sumárias, arbitrárias ou extrajudiciais. Um momento novo da atuação do Estado brasileiro em defesa dos direitos humanos no plano internacional, ao mesmo tempo em que se destaca como uma liderança reage de forma paradoxal às deliberações no sistema regional, como se noticiou no Caso Belo Monte, em 2011, por exemplo. Além disso, está bem mais preparado para responder aos questionamentos da ONU ao apresentar ações do Estado que também se configuram como ações em direitos humanos. Percebemos que para contestar as críticas internacionais, o Brasil apresenta uma "lista" de tarefas realizadas ou em andamento a favor da pessoa humana. Essas ações devem ser estudadas sob a perspectiva de uma política de Estado, o que foi parte do desafio desta tese.

APRESENTAÇÃO DOS CAPÍTULOS E LEVANTAMENTO

A organização da pesquisa e análise está dividida em três partes. A primeira retoma as ações consideradas execuções sumárias e que são alvo das recomendações da ONU ao Brasil. Busca situar a prática como um problema de direitos humanos e os diferentes aspectos da questão. Com isso, concepções de direitos humanos e a abordagem considerada mais adequada para o estudo serão fundamentadas na primeira seção do trabalho. Após o primeiro capítulo apresentar a introdução do trabalho, o capítulo segundo foi desenvolvido com o objetivo de: (i) expor controvérsias sobre direitos humanos e execuções sumárias, tanto por parte de uma opinião pública brasileira como por parte do Estado; (ii) apresentar a concepção de direitos humanos à qual a presente tese se alinha; (iii) demarcar as tensões entre racismo e segurança pública; (iv) delimitar a conexão entre direitos humanos e políticas públicas como base para estudar a relação entre as ações estatais e as recomendações da ONU.

Uma preocupação central deste trabalho é com a possibilidade de uma ação organizada do Estado ameaçar direitos e favorecer execuções sumárias. As considerações de Philip Alston sobre a Operação Complexo do Alemão alimentaram um alerta para tal possibilidade. Tais observações, apesar de serem sobre uma política de 2007, anterior a Unidade de Polícia Pacificadora (UPP), será válida em razão das recomendações e críticas afetarem a configuração da ação estatal com características abusivas e que favorecia a perda arbitrárias da vida. Com isso, a tese se desenvolveu para entender práticas apresentadas como ações de direitos humanos que não necessariamente representem garantias de direitos humanos. Uma possibilidade de estudo é a UPP, mas outros exemplos de ação em nome da segurança podem ser considerados, como prisões e violência contra manifestantes nas passeatas no Brasil em 2013 e 2015.

Na terceira parte, serão expostas as recomendações da ONU que analisam as execuções sumárias, e a sua relação com o contexto na análise de Philip Alston – documento mais recente da ONU para o Brasil (2010).

As subseções do capítulo terceiro retomam as principais conclusões sobre o conteúdo das recomendações da ONU e o processo de construção desses relatórios sobre o Brasil. Trata-se de um estudo das recomendações da ONU ao Brasil segundo as circunstâncias em que as práticas de direitos humanos se realizam no país e segundo o perfil de pessoas e grupo que são atingidos pelas execuções, sumárias, arbitrárias ou extrajudiciais.

A partir da preocupação com o uso excessivo e letal da força, sob a nomenclatura execuções sumárias, buscamos associar a questão com a análise de política pública sobre a relação das recomendações da ONU com as políticas públicas de direitos humanos no Brasil. Desse modo, qual o lugar das recomendações da ONU no desenho atual de política de direitos humanos e segurança pública?

A análise da efetividade das recomendações do Sistema das Nações Unidas ou de outra organização internacional envolve uma perspectiva de leitura dos fatos, diante dos quais se estabelece a conexão com a realidade. Trata-se de uma leitura sistematizada da mudança de comportamento no âmbito doméstico com base na relação do Estado-parte a determinado mecanismo. Este proceder demanda conhecimento dos fatores internos – instituições nacionais, atores e políticas – que impedem ou facilitam a implementação de ação proposta pelo sistema, no caso, pelas recomendações. Aqui está a importância de a tese considerar o uso de entrevistas para delimitar a prática nas instituições.

Para realizar o estudo, optou-se por uma pesquisa de campo de caráter exploratório e natureza qualitativa, estruturada a partir de entrevistas em profundidade, com um roteiro baseado nas temáticas geradas pelo estudo das recomendações da ONU ao Brasil. No total foram sete entrevistas[18]. Os entrevistados eram membros do Ministério Público (Belém e Curitiba), da Defensoria Pública (Belém e São Paulo), da Corregedoria de Polícia (Belém) e de organizações da sociedade civil (Belém e Curitiba) escolhidos a partir das funções exercidas em suas localidades. Essas pessoas não serão identificadas nominalmente, pois neste estudo será dada a ênfase para a função que exercem nas suas instituições e a sua prática institucional que considerou o tempo de atuação: entrevistados no Ministério Público do Pará com mais 20 anos de atuação, membro da Polícia Militar com 26 anos de atuação, integrante de organização não governamental com mais de 15 anos de atuação, membro da Defensoria Pública do Pará, desde 2007, membro da Defensoria Pública de São Paulo com atuação desde 2007.

Embora o roteiro de pesquisa fosse o mesmo para todos os entrevistados, houve casos paradigmáticos que puderam ser destacados na atuação dos entrevistados. O conceito de morte como execução sumária, assumido nesta pesquisa, é um problema de direitos humanos que estão nas estatísticas de homicídios no Brasil. Assim, são números

---

18 O procedimento padrão adotado nas entrevistas foi a apresentação do termo de livre consentimento e esclarecido, a solicitação da autorização para uso de gravador e manifestação sobre a identificação do entrevistado. No geral, as entrevistas tiveram a duração média de 50 minutos cada, e, posteriormente, foram transcritas na sua integralidade para permitir uma análise comparativa das narrativas e as especificidades de cada local.

elevados de homicídios que integram o cotidiano dos entrevistados. No entanto, as execuções sumárias não se destacam na vivência dos entrevistados pelo volume de ocorrências, e sim pelos procedimentos adotados para a sua realização e para a persecução criminal, isto porque as dificuldades de conclusão de investigação das mortes também afetam a capacidade dessas ocorrências chegarem às instituições competentes, que de modo geral necessitam ser provocadas.

Outro ponto destacado é a intersecção das violações perpetradas pelos agentes do Estado, pois essas mortes convivem com uma série de outras violações de direitos humanos. Diversos homicídios estão no contexto laboral desses profissionais. As mortes, fora do universo das execuções sumárias, foram consideradas a depender do contexto da resposta do entrevistado, especialmente quando o intuito é comparar a violência entre civis com a violência perpetrada por agentes de segurança.

A entrevista em Curitiba focalizou a manifestação de professores e ação policial em abril de 2015. Episódio semelhante foi tratado em São Paulo, em razão da atuação específica da Defensoria Pública no tema com a judicialização da abordagem policial em manifestações públicas. Os protestos de rua e a abordagem policial se relacionam com as políticas públicas destinadas a responder às execuções sumárias, especialmente em virtude do uso de armas consideradas de menor letalidade na medida em que são os mesmos agentes. A tese é desenvolvida em torno de aproximar a abordagem policial das execuções sumárias a medida em que a sociedade civil é tratada como inimiga política do Estado, de acordo com a análise apresentada pela ONU e exposta no capítulo anterior.

A sistematização do conteúdo e análise das entrevistas orientou os temas apresentados em: (i) como as instituições se comprometem com o temas dos direitos humanos; (ii) uso da força e letalidade policial; (iii) questões sobre mortes com envolvimento de agentes do Estado em serviço e fora de serviços. Uma proposta não é encarada neste estudo como o fim de episódios de execuções no Brasil, mas uma resposta mais sistemática do Estado, por meio de suas instituições. Outras respostas ou caminhos podem surgir, conforme apurou-se no levantamento.

As manifestações de rua e os episódios de intervenção policial se relacionam com as políticas públicas destinadas a responder às execuções sumárias, especialmente em virtude do uso de armas consideradas de menor letalidade. Com isso, a entrevista em Curitiba focalizou a manifestação de professores e ação policial em abril de 2015. Episódio semelhante foi tratado em São Paulo, em razão da atuação específica da Defensoria Pública no tema.

A sistematização deste conteúdo e a análise das entrevistas orientou os temas apresentados nas seções do quarto capítulo. São respostas do Estado, em diferentes níveis, aos homicídios que se apresentam como prática de execuções sumárias, arbitrárias ou extrajudiciais.

Um capítulo final sintetiza as conclusões da pesquisa sobre os principais problemas das execuções sumárias no Brasil a partir das recomendações da ONU.

2

AS DIMENSÕES DE UM PROBLEMA DE DIREITOS HUMANOS

Este capítulo retoma as ações consideradas execuções sumárias, com ênfase para aquelas práticas que estão no centro das recomendações da ONU ao Brasil, relacionadas com as visitas da Relatoria Especial sobre Execuções Sumárias, Arbitrárias ou Extrajudiciais ao país em 2003 e 2007. Busca situar a prática estatal como um problema de direitos humanos e afirmar os diferentes aspectos da questão. Com isso, concepções de direitos humanos e a abordagem considerada mais adequada para o estudo serão fundamentadas nesta seção do trabalho.

Diante de tal proposta, faz-se necessário também localizar as execuções sumárias na política pública brasileira e como parte do conteúdo da relação Brasil e ONU em torno dos direitos humanos.

As seções deste capítulo foram desenvolvidas com o objetivo de: (i) afirmar controvérsias sobre direitos humanos e execuções sumárias tanto por parte de uma opinião pública brasileira como por parte do Estado; (ii) apresentar a concepção de direitos humanos a qual a presente tese se alinha; (iii) demarcar as tensões entre racismo e segurança pública, que perpassam qualquer análise sobre direitos humanos no Brasil e encontra forte expressão nos assassinatos no país; (iv) delimitar a conexão entre direitos humanos e políticas públicas como base para estudar a relação entre as ações estatais e as recomendações da ONU.

2.1. DELIMITAÇÃO DO TEMA DE PESQUISA: CATEGORIAS EM ESTUDO

Homicídio e violência não são temas novos de preocupação no Brasil.[19] Recorda-se que em maio de 2014, quando foi apresentada uma versão preliminar do Mapa da Violência para o ano 2012, as manchetes de jornais veicularam a informação de que "a taxa de homicídio é a maior desde 1980".[20]

Pode-se dizer que esses números mobilizam a opinião pública e as decisões em instâncias governamentais e políticas na defesa de mais segurança para a população. Porém, ao mesmo tempo, perceber-se a categoria "homicídio" como demasiadamente abrangente para informar sobre circunstâncias, autores e vítimas dessas mortes.

Quando esta pesquisa se iniciou, a edição de 2013 do Mapa da Violência,[21] após quinze anos da primeira série, alertava sobre 27,1% de taxa de homicídio em 2011 (52.198 pessoas) no Brasil. Tal índice crescia para 53,4% quando se focaliza jovens de 15 a 24 anos (27.471 pessoas), a corresponder a mais da metade do total de homicídios registrados (52,63%) e com expressiva maioria de vidas negras (71,44%). A taxa de homicídio se diferencia entre as unidades da federação e assim poderia aumentar para 69,8% ao observar ocorrência de óbito por homicídio conforme região brasileira.[22] O gráfico abaixo apresenta

---

19 Sobre homicídios no Brasil ver "Estudo Global sobre Homicídios 2013" (UNDOC, 2013) e o Balanço de Gestão da Secretaria Nacional de Justiça.

20 O GLOBO. *Mapa da violência 2014*: taxa de homicídios é a maior desde 1980, 27/05/2014 [on- line].[online]. Disponível em: <http://oglobo.globo.com/pais/mapa-da-violencia-2014-taxa-de-homicidios-a-maior-desde-1980-12613765>. Acesso em 29.05.2014.

21 WAISELFIS, J.J. *Mapa da Violência 2014 – Os jovens do Brasil*. Brasília/DF: FLACSO (Faculdade Latino-Americana de Ciências Sociais); Secretaria de Políticas de Promoção e Igualdade Racial; Secretaria Nacional da Juventude; Secretaria Geral da Presidência da República. Brasília, 2014.

22 WAISELFISZ, J. J. *Mapa da Violência 2013*:homicídios e juventudes no Brasil. Secretaria Geral da Presidência da República: Brasília, 2013, p.9.

a diferença na mudança da taxa de homicídios nas capitais, com fortes quedas nos grandes centros urbanos.

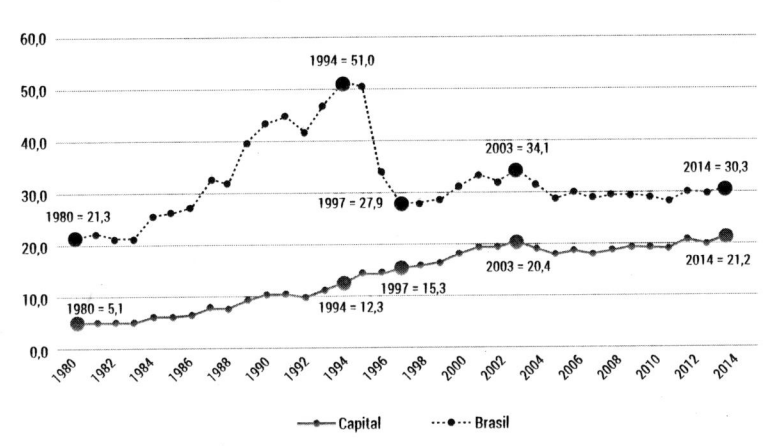

Figura 1: Evolução da taxa de homicídios por arma de fogo. Capitais e Brasil (1980-2014)

[Gráfico: Capital e Brasil. Valores destacados: 1980 = 21,3; 1994 = 51,0; 1997 = 27,9; 2003 = 34,1; 2014 = 30,3; 1980 = 5,1; 1994 = 12,3; 1997 = 15,3; 2003 = 20,4; 2014 = 21,2]

FONTE: Mapa da Violência, 2015, p.38.

A diferença entre municípios e regiões é apresentada como parte de um processo de interiorização da violência e descentralização da violência entre os Estados, em que o nordeste brasileiro apresenta um crescimento de 89,2% e a região norte 77,1%.[23] É diverso e amplo a experiência da violência no país.

Após a série sobre homicídios de jovens de 2013, o Mapa da Violência (2015)[24] analisa homicídios e uso de armas de fogo e apresenta outra série de informações que contempla o conceito de juventude para a faixa etária até 29 anos, tal qual determina o Estatuto da Juventude (Lei 12.852/2013).[25] Com a nova faixa etária de análise, enquanto estamos com 26% da população brasileira no período do relatório, cerca de 56 milhões de jovens de acordo com o IBGE, dos 53.337 homicídios registrados no Brasil em 2012, a vitimização

---

23 WAISELFISZ, 2015, p.35.
24 WAISELFISZ, J. J. *Mapa da Violência 2016*: homicídios por armas de fogo no Brasil. FLACSO: Brasília, 2015.
25 WAISELFIS, 2014.

da juventude é de 53% (30.072 vidas)[26]. Soma-se a esse cenário de crescimento de mortes violentas no Brasil, o percentual de 60% de vítimas de homicídio por arma de fogo (HAF) serem de jovens.

> Ainda mais perversa e preocupante é a seletividade racial dos HAF, além de sua tendência crescente. Entre 2003 e 2014, as taxas de HAF de brancos <u>caem</u> 27,1%, de 14,5, em 2003, para 10,6, em 2014; enquanto a taxa de homicídios de negros <u>aumenta</u> 9,9%: de 24,9 para 27,4. Com esse diferencial, a vitimização negra do país, que em 2003 era de 71,7%, em poucos anos mais que duplica: em 2014, já é de 158,9%, ou seja, <u>morrem 2,6 vezes mais negros que brancos vitimados por arma de fogo</u>[27]. (grifo no original)

O gráfico a seguir[28] apresenta o crescimento de homicídio nos últimos vinte anos no Brasil (1996-20016), de acordo com o Atlas da Violência (2018), estudo realizado por IPEA e Fórum Brasileiro de Segurança Pública desde 2016. São 62.517 homicídios no Brasil (taxa de 30,3 casos por 100 mil habitantes), com uma mudança de 60 mil a 65 mil casos por ano no período 2013 e 2016 enquanto o indicador anterior estava entre 50 mil a 58 mil mortes no período de 2008 e 2013.[29]

---

26 WAISELFIS, 2014, p.41
27 WAISELFIS, 2015, p.72.
28 A plataforma Atlas da Violência disponibiliza gráficos e mapas a partir de filtros da série no Brasil, região ou Unidade da Federação. Consultar em:< http://www.ipea.gov.br/atlasviolencia/series>. Acesso em 20.06.2018.
29 IPEA; FBSP, 2018, p.20.

Figura 2: Taxa de homicídios faixa etária de 15-29 anos,
Brasil, Atlas da Violência 2018.

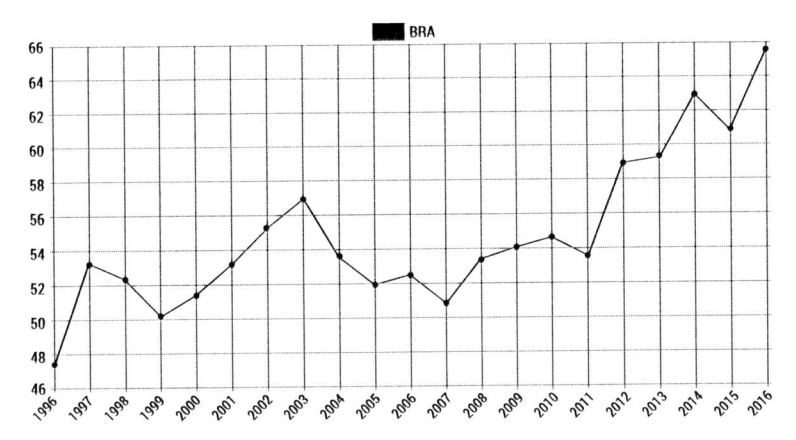

FONTE: Gráfico gerado pelo Atlas da Violência (2018), com metadados.

IBGE – *Diretoria de Pesquisas/Coordenação de População e Indicadores Sociais. Gerência de Estudos e Análises da Dinâmica Demográfica; MS/ SVS/CGIAE – Sistema de Informações sobre Mortalidade – SIM*

Considera os códigos CIDs 10: X85-Y09 (agressão) e Y35,Y36 (intervenção legal)

Óbitos por residência.

Observação: Considera qa\os óbitos e os indivíduos da faixa etária de 15 a 29 anos. Taxa multiplicada por 100.000.

Elaboração Diest/Ipea.

O crescimento do número de homicídios apresenta variação de acordo com o perfil etário da população e raça/cor, além das diferenças de redução ou aumento por unidade da federação e região em uma década. Conforme os últimos registros sobre o ano 2016, as ocorrências de homicídios no Brasil correspondem a 56,5% de jovens entre 15 a 19 anos, e quando se busca saber a faixa etária de 15 a 29 anos, encontra-se a taxa de 142,7 de homicídios por 100 mil habitantes e mais que o dobro quanto aos homens jovens,[30] taxa de 280, 6% de óbitos.[31] Ao se enfatizar as mortes violentas no Brasil entre pessoas negras e não

---

30 O levantamento de dados sobre juventude considera a idade de 15 a 29 anos.

31 IPEA; FBSP, 2018, p.3-4.

negras, encontra-se uma queda de homicídios contra não negros (taxa de 6,8% de queda) enquanto aumenta os homicídios contra negros (taxa de 23,11% de crescimento).[32] A diferença entre regiões encontra Estados como São Paulo (-47,7%) e Rio de Janeiro (-27,7%) com um decréscimo da taxa de homicídios de negros, enquanto as maiores estão em Sergipe e Rio Grande do Norte.[33] Quando se observar o número total de mortes por unidade da federação, um expressivo crescimento no norte e nordeste a representar mais de 256%, de acordo com o Atlas da Violência[34]. Entendemos que essas diferenças comunicam sobre desigualdades na proteção de direitos no país.

De todas essas séries históricas sobre homicídio[35] por arma de fogo, homicídio da juventude ou homicídios como aspectos do atlas da violência, não se pode entender que o universo de registros seja de ocorrência de policiais contra civis. À primeira vista, a prática estatal ou violência institucional não está visível nessa estatística por conta da forma como a informação eventualmente disponível é processada nas unidades da federação. Apesar das dificuldades na construção de bases de dados sobre mortes cometidas por agentes do Estado e outros crimes contra civis, não é razoável negar a existência dessa prática no Brasil.[36]

---

32 IPEA; FBSP, 2018.

33 IPEA; FBSP, 2018, p.41- 42.

34 IPEA; FBSP, 2018, p.22.

35 Sobre construção de estatísticas sobre homicídios no Brasil, ver CERQUEIRA, D.R de C. *Causas e consequências do crime no Brasil.* Rio de Janeiro:BNDES, 2014.

36 Em março de 2015, Requerimento nº 05/2015, foi instaurada uma Comissão Parlamentar de Inquérito na Câmara dos Deputados sobre "Violência contra jovens negros e pobres", e uma Comissão Parlamentar de Inquérito no Senado Federal, Requerimento nº 115/2015, sobre "Assassinato de Jovens". Em 2003, foi instaurada uma Comissão Parlamentar de Inquérito na Câmara dos Deputados, Requerimento nº 019/2003, sobre "Extermínio do Nordeste". Outras experiências nos Estados de CPI merecem atenção, como a CPI sobre "ação das milícias no âmbito do Estado do Rio de Janeiro" (Resolução 433/2008, ALERJ) e CPI sobre "atuação de grupos de extermínio e milícias no Estado do Pará" (Requerimento nº 310/2014, ALEPA).

Para leitura desse cenário de execuções sumárias, é indispensável estabelecer uma diferenciação sobre as circunstâncias dessas mortes a partir da ênfase de alguns elementos. Execução sumária é uma categoria importante para diferenciar crimes entre civis e ação do Estado, com base na identificação de procedimentos que caracterizam a relação Estado e civil, reflexão construída no campo dos direitos humanos.

Considerando a perspectiva de direitos humanos, execuções sumárias[37] podem ser compreendidas, de forma sucinta, como homicídios com autoria ou participação de agentes do Estado, habitualmente agentes de segurança e justiça (policiais, agentes penitenciários) no exercício da função ou em beneficiados pela ocupação que exercem (grupos de extermínio, milícias) contra civis[38]. Não se trata apenas de risco ao direito à vida para se afirmar que um homicídio é uma execução sumária, deve-se considerar o contexto, relacionando a forma e a autoria do crime, em termos gerais, e se apresentado como violação de direitos humanos.[39]

A Comissão Nacional da Verdade (CNV) assumiu o conceito de execuções sumárias, arbitrárias ou extrajudiciais como importante para explicar as violações de direitos humanos perpetrados no período militar, considerando que uma de suas atribuições era "promover o esclarecimento de mortes". Assim, considerou a categoria execuções sumárias como importante e se pautou no trabalho da Relatoria da ONU. Apesar disso, fez uma distinção entre duas situações: "as mortes de indivíduos em conflitos armados com o poder público (quando estas, em função de suas especificidades, não configurem uma execução extrajudicial ou arbitrária); os suicídios praticados na iminência da prisão ou da tortura ou em decorrência de sequelas psicológicas resultantes de ato de tortura ou maus-tratos praticados

---

37 Sobre o desenvolvimento histórico do termo execuções sumárias e dos procedimentos especiais conferir ALVES, J. A. Os direitos humanos como tema global. São Paulo: Perspectiva; Brasília: Fundação Alexandre de Gusmão, 2007. (Coleção Estudos).

38 LOZANO BENDOYA, 2009; PIOVESAN et alli, 2001.

39 LOZANO BENDOYA, 2009; ALTEMIN, 1991.

por agentes do poder público". Esses dois casos estão assim explícitos para justificar que na ausência dos critérios para configurar a ação como uma execução sumária, mesmo assim seria objeto de investigação da CNV por ter ocorrido na ditadura militar.[40] A Comissão considerou como relevante para a experiência brasileira as seguintes circunstâncias consideradas execuções sumárias: (i) morte decorrente de uso arbitrário da força por parte de agentes das forças de segurança do Estado; (ii) mortes decorrentes do uso da força policial em manifestações públicas; (iii) morte de pessoas detidas sob a custódia do Estado; (iv) e morte decorrente de tortura e outros tratamentos cruéis, desumanos ou degradantes.[41]

Para se considerar a morte uma execução sumária, arbitrária ou extrajudicial, leva-se em conta a forma do homicídio quanto ao uso necessário e a justificativa do uso da força pelos agentes do Estado. Em regra, todo homicídio é extralegal, uma vez que a pena de morte é medida excepcional no Brasil.[42] No entanto, para que um homicídio seja considerado uma execução extralegal, é preciso analisar circunstâncias bem específicas: a) ação ou participação de agente público; b) ausência de circunstâncias que sejam excludentes de ilicitude – legítima defesa ou cumprimento do dever legal; c) situação de vulnerabilidade da vítima ou impossibilidade de defesa; d) o homicídio

---

40 BRASIL. Comissão Nacional da Verdade. Brasília: CNV, v.1, 2014, p. 288.

41 Ver Parte III – Mortes e práticas nas graves violações de direitos humanos e suas vítimas, capítulo 7 – Quadro conceitual das graves violações, do Relatório Final da CNV. BRASIL. Comissão Nacional da Verdade. Brasília: CNV, v.1, 2014, p. 275 seq.

42 Segundo a Constituição Federal de 1988: "XLVII – não haverá penas: a) de morte, salvo em caso de guerra declarada, nos termos do art. 84, XIX; b) de caráter perpétuo; c) de trabalhos forçados; d) de banimento; e) cruéis". Segundo o Código Penal Militar em casos de guerra declarada: "Art. 55. As penas principais são: a) morte; b) reclusão; c) detenção; d) prisão; e) impedimento; f) suspensão do exercício do posto, redução, cargo ou função; g) reforma.Art. 56. A pena de morte é executada por fuzilamento."

doloso com o propósito de castigar por atividade, condição pessoal ou social, que pode ser ideológica ou por ato atribuído à vítima.[43]

As regras de uso da força por agentes do Estado são defendidas em função da proibição absoluta da perda arbitrária da vida (jus cogens), norma imperativa de direito internacional e obrigatória a todos que compõem o conteúdo material do direito à vida. Objetivamente, as regras que expressam um cenário para evitar e enfrentar práticas de execuções sumárias são: Princípio Relativo a uma Eficaz Prevenção e Investigação das Execuções Extralegais (1989),[44] Declaração sobre a Proteção de Todas as Pessoas contra o Desaparecimento Forçado (1992), Princípios Básicos sobre Uso da Força e Armas; Declaração dos Princípios Básicos de Justiça Relativos às Vítimas da Criminalidade e de Abuso de Poder; e Estatuto de Roma. Especificamente sobre o direito à vida: arts. 2º e 3º da Declaração Universal dos Direitos Humanos (DUDH); arts. 4º, 6º, 14 e 15 do Pacto Internacional de Direitos Civis e Políticos (PIDCP); e art. 37 da Convenção pelos Direitos das Crianças.

O lócus da construção dessa normativa é o direito internacional de direitos humanos e o direito humanitário[45], que se desenvolveu

---

43 LOZANO BEDOYA, Carlos Augusto. *Justicia para la dignidad*: la opción por los derechos de las víctimas. Bogotá: PCS, 2009, p. 205

44 Resolução 1989/n. 65, de 24 de maio de 1989.

45 "Na superação do princípio da reciprocidade na elaboração de convenções de direitos humanos é necessário sempre recordar o papel do Direito Internacional Humanitário, que contribuiu para a instauração de um sistema no qual a obrigação era exigida do Estado, não importando a conduta ilícita do outro Estado-parte do tratado. Esse conceito de obrigação objetiva tem como marco as quatro Convenções de Genebra de 12 de agosto de 1949, referentes ao Direito aplicável em conflitos armados. As regras de direito humanitário não nascem de um contrato de reciprocidade, que implica na obediência às regras convencionadas na medida em que o outro Estado respeita suas próprias obrigações, mas sim, de uma série de engajamentos objetivos, marcados pela unilateralidade, pelos quais cada Estado se obriga em face de todos em caráter absoluto." (RAMOS, 2002, p. 29). "Em perspectiva histórica, o Direito Internacional Humanitário (mais particularmente, o chamado 'direito de Haia' ou o direito dos conflitos armados) cobre

em novo momento da relação do Direito e proteção da dignidade humana, que marcam uma visão contemporânea de direitos humanos a partir da metade do século XX.

Especialmente atrelado ao contexto de fragilização da proteção da pessoa, vivenciada com a Segunda Guerra Mundial e o alcance desse episódio para além das fronteiras dos Estados, a defesa de um paradigma que não flexibilizasse o valor da pessoa humana tornou-se imprescindível para a convivência entre os povos.[46]

> A necessidade de uma ação internacional mais eficaz para a proteção dos direitos humanos impulsionou o processo de internacionalização desses direitos, culminando na criação da sistemática normativa de proteção internacional, que faz possível a responsabilização do Estado no domínio internacional quando as instituições nacionais se mostram falhas ou omissas na tarefa de proteger os direitos humanos. O processo de internacionalização dos direitos humanos – que, por sua vez, pressupõe a delimitação da soberania estatal – passa, assim, a ser uma importante resposta na busca da reconstrução de um novo paradigma, diante do repúdio internacional às atrocidades cometidas no holocausto.[47]

---

questões tratadas há bastante tempo no plano do direito internacional, ao passo que o Direito Internacional dos Direitos Humanos compreende os direitos que vieram a ser consagrados no plano do direito interno (...). Se por um lado, o Direito Internacional Humanitário parece ter sido sistematizado e aceito mais amplamente (em termos de número de ratificações de seus instrumentos) do que o Direito Internacional dos Direitos Humanos, por outro lado há que se levar em conta que este último – mais recentemente em processo de ampla expansão – tem se aplicado normalmente a relação do cotidiano ao passo que o primeiro tem regido usualmente situações de conflitos excepcionais" (CANÇADO TRINDADE, 1997, p. 275-276).

46   LAFER, Celso. *A reconstrução dos direitos humanos*: um diálogo com o pensamento de Hannah Arendt. São Paulo: Companhia das Letras, 1988; COMPARATO, F. K. *Ética*: direito, moral e religião no mundo moderno. São Paulo: Companhia das Letras, 2006.

47   PIOVESAN, 2010, p. 123.

Dessa forma, esses parâmetros são vistos como medidas que ensejam a responsabilidade do Estado diante do descumprimento desse compromisso firmado a favor dos direitos humanos, "é a reação jurídica do Direito Internacional às violações de suas normas", como diz Ramos[48]. O uso da força tem se apresentado como principal ferramenta para "enfrentar o crime e a violência". Isso enfatiza mais ainda a importância em pensar e considerar os limites de ações com tais características, o que levou o relator da ONU a analisar essa prática no Brasil, ao abordar a ação policial no Complexo do Alemão, situação em que o uso da força busca legitimidade com base no "combate ao crime organizado".

O estudo das execuções sumárias de acordo com a visão do direito internacional dos direitos humanos é importante ao se entender a possibilidade de responsabilização do Estado brasileiro. Apesar disso, não se afasta também dos conceitos do direito humanitário, como a concepção de crime contra a humanidade que está atrelada a experiência da Segunda Guerra com o estabelecimento do Estatuto de Nuremberg, marco da sua institucionalização no âmbito internacional.[49]

O crime de lesa humanidade, tal qual uma execução sumária, pode assim se apresentar, transcende a noção de direito individual, trata-se de um crime que ofende a humanidade toda diante de suas dimensões em negar o mais essencial para a existência humana – vida, dignidade, liberdade, bem-estar e saúde. Trata-se de elementos que impõem respeito em qualquer circunstância, com base no principal de ação sistemática e generalizada. O principal impacto da concepção de crime de lesa humanidade é assim a inadmissibilidade das "disposições de anistia, as disposições de prescrição e o estabelecimento de excludentes de responsabilidade que pretendam impedir a investigação e punição dos responsáveis por graves violações de direitos humanos".[50]

---

48 RAMOS, 2002, p. 8.
49 Ver Caso Almonacid Arellano e outros vs Chile, par 111.
50 Ver Caso Barrios Altos. Sentença de 14 de março de 2001. Série C N° 75. Par. 41.

Quanto ao sentido da expressão violação de direitos humanos,[51] vale retomar as considerações de José Reinaldo de Lima Lopes[52] que explicam as características da relação autor do crime e vítimas de crimes para melhor compreensão dessa perspectiva:

> Restaria recordar a natureza especial das violações dos direitos humanos. Dá-se em situações especiais, que infelizmente são mais rotineiras quanto mais desigual e estratificada é uma sociedade. A diferença fundamental pode ser encontrada na qualidade das partes envolvidas. Uma violação aos direitos humanos implica que o violador tem, em relação à vítima, uma posição de superioridade ou ascendência, ascendência social, política, econômica. O violador é também uma espécie de representante de uma política ou um *ethos* (ou seja, uma atitude dominante ou generalizada) de um grupo que também tem ascendência social, política ou econômica sobre o grupo dentro do qual se insere a vítima. Isto faz a diferença entre os crimes comuns e a violação dos direitos humanos. O crime comum diz respeito à violência de um particular contra outro particular. O crime de violação de direitos humanos é qualificado: contam as motivações de forma diferente (por exemplo, os crimes de ódio, cometidos contra uma pessoa apenas por sua pertença a determinado grupo, em oposição aos crimes praticados aleatoriamente) e contam também as qualificações do autor e da vítima (alguém investido de autoridade, ou alguém associado a grupos com propósitos específicos de aterrorizar grupos de cidadãos definidos etc.).[53]

Informações sobre mortes com essas características para precisar a prática de execuções sumárias no país ainda são insuficientes nas estatísticas brasileiras. Das fontes oficiais, a principal base de dados sobre mortes, fonte do Mapa da Violência, é o Sistema de Informações de

---

51 "El concepto de violación de derechos humanos se define en el ámbito, y solo en ese ámbito, del Derecho internacional de los derechos humanos, de las obligaciones que este impone y de los destinatarios de dichas obligaciones. Así, son violaciones de derechos humanos todas las acciones, extralimitaciones y omisiónes con la cuales se desconocen obligaciones y prohibiciones impuestas por los tratados que forman parte del Derecho internacional de los derechos humanos" (LOZANO BEDOYA, 2009, p. 78).

52 LOPES, 2000, p.77-100.

53 LOPES, 2000, p.82.

Mortalidade (SIM),[54] que prioriza o registro com base na declaração de óbito,[55] ou seja, sem informações sobre a autoria e circunstâncias do homicídio, o que permite apenas estudos sobre a proporção de homicídios por localidade e segundo o perfil da vitimização.[56]

O levantamento realizado pelo Fórum Brasileiro de Segurança Pública compara as informações do SIM (1.354 pessoas) com os registros policiais (4.222 pessoas), o que reforça a subnotificação no número de homicídios por intervenção policial, diante da dificuldade na identificação da autoria do crime no momento do registro do óbito. A pesquisa chegou a encontrar 282 registros policiais e três no SIM sobre homicídios no Estado do Pará no ano de 2016.[57]

---

54 Lei n°6.015, de 31 de dezembro de 1973, alterada pela Lei n.° 6.216, de 30 de junho de 1975. Mais recentemente foi criado o Sistema Nacional de Informações de Segurança Pública, Prisionais e sobre Drogas – SINESP (Lei 12.681/2012) que busca responder à incompletude da notificação do SIM.

55 "Segundo a 10ª revisão da Classificação Internacional de Doenças (CID-10), adotada pelo Brasil desde 1996, as mortes violentas podem ser divididas em: acidentes; lesões autoprovocadas intencionalmente; agressões; intervenções legais e operações de guerra; e eventos cuja intenção é indeterminada. As quatro primeiras causas básicas de mortalidade se equivalem, grosso modo, respectivamente, ao que na taxonomia geralmente utilizada pelas polícias no Brasil são conhecidas como: acidentes fatais, inclusive mortes no trânsito; suicídios; homicídios (acrescido de latrocínios e lesão corporal dolosa seguida de morte); e mortes decorrentes de intervenção policial. As mortes violentas com causa indeterminada são assim classificadas quando o óbito se deu por causa não natural, ao mesmo tempo em que os profissionais envolvidos no sistema de informações sobre mortalidade (isto é, médicos legistas, gestores da saúde, policiais, incluindo peritos criminais, etc.) não conseguiram informar a motivação primeira que desencadeou todo o processo mórbido". (IPEA; FBSP, 2017, p. 48).

56 SOARES, Glaúcio Ary Dillon; BORGEs, Doriam. *A cor da morte*. Ciência Hoje, São Paulo, v. 35, p. 26- 31, 2004.

57 IPEA; FBSP, 2018, p.28.

Diante disso, as principais referências sobre homicídios cometidos por agentes do Estado são banco de dados sobre notícias de jornal[58] ou relatórios que apresentam situações paradigmáticas,[59] a exemplo dos materiais produzidos por organizações como Anistia Internacional, *Human Right Watch*[60] ou dossiês elaborados por movimentos sociais,[61] os quais podem ser vistos como uma base qualitativa de informações.

Esses dados qualitativos consideram o número de autos de resistência seguidos de morte, os laudos médico-legais e analisam o uso da categoria "suspeito" como justificava do uso da força para indicar ocorrências de execuções sumárias. Outra referência é o trabalho desenvolvido pelas Ouvidorias de Polícia,[62] como instituições estabelecidas para permitir o controle cidadão da atividade policial,[63] que promovem a elaboração de relatórios com base nos registros policiais e denúncias contra agentes de segurança pública onde uma instituição com essa finalidade está disponível.

Apesar das barreiras na sistematização de informações por parte das instituições públicas, o Fórum Brasileiro de Segurança Pública

---

58 Explicações sobre Banco de Dados sobre Execuções Sumárias ver mais em NEV. Disponível em: <http://www.nevusp.org/portugues/index.php?option=com_content&task=view&id=1387&Itemid=94>. Acesso em 29.05.2014.

59 Caso paradigmático ou caso emblemático é a expressão adotada para se referir a um episódio que representa uma prática comum em determinado local e segundo certas características.

60 Ver HUMAN RIGHTS WATCH. *Lethal Force Police Violence and Public Security in Rio de Janeiro and São Paulo*, Dec, 08, 2009. Disponível em: <http://www.hrw.org/reports/2009/12/08/lethal-force-0>. Acesso em 29.05.2014.

61 Ver Observatório da Segurança Pública. Disponível em: <http://www.observatoriodeseguranca.org/relatorios/policial>. Acesso em 29.05.2014.

62 Ver Relatório da Ouvidoria de Polícia de São Paulo. Disponível em: <http://www.observatoriodeseguranca.org/relatorios/ouvidoria>. Acesso em 29.05.2014.

63 COMPARATO, Bruno Konder. *As Ouvidorias de Polícia no Brasil: controle e participação*. São Paulo, 2005. 70p. Tese (Doutorado em Ciência Política). Departamento de Ciência Política, USP.

(2014)[64] reuniu informações de oito estados brasileiros que permitiram concluir que "ao menos cinco pessoas morrem vítimas da intervenção policial no Brasil todos os dias, ou seja, ao menos 1.890 vidas foram tiradas por ação das polícias civis e militares em situação de 'confronto'".[65] Torna-se difícil negar a prática desse tipo de violação de direitos humanos no Brasil.[66] A avaliação do número de mortes também considera a proporção de mortes de policiais em serviço para fundamentar o uso da força e seus propósitos. Por isso, chama-se atenção que "81,8%do total de mortes registradas foram cometidas por policiais em serviço; enquanto 75,3%das mortes de policiais ocorreram fora de serviço", segundo o Fórum Brasileiro de Segurança Pública (FBSP) em levantamento sobre homicídios em 2013.[67]

O Anuário da Segurança Pública de 2017 publicou informações sobre os policiais atingidos em serviço, com base em 573 registros policiais de 2015 a 2016. Foram 453 homicídios de policiais civis e militares em 2016, com maioria negra (56%)[68]. Por isso, que habitu-

---

64 "Chama a atenção, por exemplo, o crescimento no número de policiais que afirmaram usar algum sistema de recompensas baseado em metas, o aumento no uso do georeferenciamento no setor, o crescimento do uso da internet para o registro de crimes e da publicização das estatísticas criminais. Por outro lado, é digno de nota que algumas das boas práticas preconizadas para a área estejam longe ainda da universalização: apenas 18,5% dos Estados disseram contar com auditorias externas das estatísticas, metade dos Estados não dispõe de um estatístico trabalhando no setor nem conta com uma resolução governamental que estipule indicadores, fluxos e prazos para a produção das estatísticas. Muitos Estados não adotam ainda procedimentos para evitar a duplicidade de registros, não contam com sistemas de checagem automática de consistência na entrada de dados e não adotam práticas para a atualização das séries estatísticas já publicadas" (FBS, 2014, p. 145).

65 BUENO et alli, 2013, p. 135.

66 Revista Fórum. Disponível em: <http://www.revistaforum.com.br/digital/139/como-se-fosse-um-saco.> Acesso em 03.06.2014.

67 FBS, 2014, p. 6.

68 FBSP, 2017, p.21.

almente quando se menciona que a polícia brasileira é a que mais mata, logo se repete que também é a polícia que mais morre.[69]

Os riscos da atividade policial e os direitos desses servidores públicos não são menos importantes e carecem de estudos aprofundados.[70] Entre as dificuldades de dados nacionais sobre a morte de policiais também se encontra na ausência de uma linguagem unificada sobre tais ocorrências (ação violenta, ferido, acidente de trabalho).[71] Para lidar com esses episódios, não se pode esquecer que a função desenvolvida por um policial caracteriza toda ação desprendida contra civis como um ato do Estado[72], o que aproxima também a responsabilização estatal em relação aos impactos que suas decisões tem sobre quem as executa quando está em perspectiva a relação de trabalho.[73]

69 Sobre policiais militares mortos em ações da UPP, ver FRANCO, 2014, p.99 e ss.

70 "Uma característica que chama atenção é que, ao contrário do Brasil, poucos são os países que diferenciam em suas estatísticas policiais mortos em serviço e fora de serviço, provavelmente porque, em outros países, raramente policiais sejam vitimados quando não estão trabalhando e também pelo fato de policiais não terem que fazer "bicos" para aumentar a renda em países desenvolvidos. O policial que perde a vida fora de serviço o faz em decorrência da sua profissão, afinal, o policial é um agente do Estado 24 horas por dia. Vários são os fatores possíveis para explicar estas mortes" (ALCADIPANI, 2013, p.33).

71 SOUZA, E.R; MINAYO, M.C, 2005, p.920.

72 "Quando se contempla, na história política dos séculos XX-XXI, os episódios em que o próprio Estado é subsidiário de violações de direitos individuais, vem à tona o seguinte paradoxo: como o Estado da *disciplina*, que ostenta a vida e a integridade física como valores fundamentais, que prefere *normalizar* a *executar* e que baniu a tortura de seu ritual jurídico, enfim, como este mesmo Estado, por meio de seu próprio artefato jurídico, pode promover legitimamente o assassínio e a tortura?" (SOUZA, L.A.F (org.). *Políticas de segurança pública no estado de São Paulo*: situações e perspectivas a partir das pesquisas do Observatório de Segurança Pública da UNESP. São Paulo: Editora UNESP; São Paulo: Cultura Acadêmica, 2009, p. 150).

73 SOUZA, E.R; MINAYO, M.C. Policial, risco como profissão: morbimortalidade vinculada ao trabalho. *Ciência e Saúde Coletiva*, 10 (4), p.917-928, 2005.

Quanto ao registro de mortes por agentes do Estado, este não é padronizado no Brasil.[74] Somado ao sub-registro abarcado pela expressão "auto de resistência" ou "morte em confronto",[75] as referências mais difundidas são com base nas iniciativas estaduais a exemplo do Rio de Janeiro. Conforme explicita o estudo da Anistia Internacional (2015): "em um período de 10 anos, entre 2005 e 2014, foram registrados no estado 8.466 homicídios decorrentes de intervenção policial", sendo 5.132 somente na capital. Embora tenha havido uma tendência de queda a partir de 2010, entre os anos 2013 e 2014 houve aumento

74 O Fórum Brasileiro de Segurança Pública ao sistematizar os dados de 2012-2013 esclarece que: "Os dados de Minas Gerais para o ano de 2012 dizem respeito às ocorrências de homicídio. (5) No Pará, os homicídios dolosos são contabilizados como vítimas. (6) Na Paraíba, os dados de vitimização e letalidade policial são computados dentro do número de vítimas de homicídio doloso. (7) Para as naturezas coletadas os totais de ocorrências registradas no Paraná referem-se ao somatório das naturezas constantes nos boletins da Polícia Civil e Polícia Militar (Boletim Unificado). Pela metodologia do Estado são tabulados todos os delitos (naturezas) constatados em uma ocorrência, não havendo priorização. (8) Os dados de homicídio doloso para 2012 no Rio Grande do Sul incluem também homicídios culposos, que não os de trânsito. No RS, as informações passadas ao SINESP contém os dados da Polícia Civil e da Brigada Militar. (9) No Rio Grande do Sul, as mortes de "civis" decorrentes de confronto com policiais e a morte de policiais, são cadastradas e investigadas como homicídio, normalmente. Não há codificações como "auto de resistência" ou outras categorias. 10) No Sergipe, os homicídios dolosos são contabilizados como vítimas". (FÓRUM BRASILEIRO DE SEGURANÇA PÚBLICA. Anuário Brasileiro de Segurança Pública. Ano 8, 2014. Disponível em: <http://www.forumseguranca.org.br/storage/download/anuario_2014_20150309.pdf>. Acesso em 10 abr. 2016, p 17.)

75 "Levantamento exclusivo feito pelo G1 com base nos dados das secretarias de Segurança Pública mostra que ao menos 2.526 pessoas morreram em 2014 somente em ações de policiais militares em 22 estados do país. Isso significa sete mortos por dia, em média. Cinco estados concentraram os maiores números: São Paulo (695) mortes, Rio de Janeiro (582), Bahia (256), Paraná (178) e Pará (159)". (STOCHERO, Tahine. G1, São Paulo. Front Interno – 2500 mortos pelas PMs em 2014. Em 27.07.2015).

de 39,4% do número de autos de resistência no estado, e de 9% na cidade do Rio de Janeiro".

Em São Paulo, também existe resolução sobre o tema e procedimentos sobre o processamento de dados. São duas as fontes disponíveis: a Secretaria de Segurança Pública afirma que ocorreram 442 homicídios por intervenção policial e a Ouvidoria de Policiais de São Paulo afirma que houve 571 pessoas mortas no período, enquanto foram 834 em todo o ano de 2014 e 562 ocorrências em 2013.[76]

O Atlas da Violência reforçou a importância na qualidade dos dados com base na condenação do Brasil pela Corte Interamericana de Direitos Humanos em 2017,[77] no Caso Favela Brasília, que é sobre execuções sumárias no Estado do Rio de Janeiro:

> A Corte considera importante a obrigatoriedade da divulgação de relatórios anuais com dados sobre o número de policiais e civis mortos durante operações e ações policiais. A Corte toma nota dos dados divulgados pelo Instituto de Segurança Pública do Rio de Janeiro, que, inclusive, dispõe de informação sobre homicídios decorrentes de intervenção policial. Considera também a existência do Sistema Nacional de Informações de Segurança Pública, Prisionais e sobre Drogas (SINESP), criado pela Lei No 12.681/2012, que tem como um de seus objetivos a disponibilização de estudos, estatísticas, indicadores e outras informações para auxiliar na formulação, implementação, execução, acompanhamento e avaliação de políticas

---

76 G1. Em 2015, 571 pessoas foram mortas em operações policiais em São Paulo. Em 21.09.2015. Disponível em <http://g1.globo.com/sao-paulo/noticia/2016/03/policia-matou-duas-pessoas-por-dia-nos-2-primeiros- meses-de-2016-em-sp.html>. Acesso em 22.09.2015; THOMAZ, Cleber. G1 São Paulo, 27.07.2015. *1º semestre de 2015 registra aumento de policiais mortos em serviço em SP*. Disponível em:<http://g1.globo.com/sao-paulo/noticia/2015/07/1-semestre-de-2015-registra-aumento-de-policiais- mortos-em-servico-em-sp.html>. Acesso em 21.08.2015; MONTEIRO, André; PAGNAN, Rogério. Folha de São Paulo, Cotidiano, em 17.08.2015. Número de mortos em confronto com policiais é o maior em dez anos em SP. Disponível em: <http://www1.folha.uol.com.br/cotidiano/2015/08/1669572-numero-de-mortos-em- confronto-com-policiais-e-o-maior-em-dez-anos-em-sp.shtml> Acesso em 21.08.2015.

▼ 77 FBSP, 2017, p.21.

públicas. No entanto, esse Sistema não divulga de maneira ampla e clara os dados de segurança pública no Brasil. Considerando também que o Estado não se opõe à medida e, com efeito, sugere que essa medida estaria já contemplada no Plano Plurianual 2012-2015 e nas atribuições do Sistema Nacional de Informações de Segurança Pública, Prisionais e sobre Drogas, a Corte ordena ao Estado que publique anualmente um relatório oficial com os dados relativos às mortes ocorridas durante operações da polícia em todos os estados do país. Esse relatório deve também conter informação atualizada anualmente sobre as investigações realizadas a respeito de cada incidente que resulte na morte de um civil ou de um policial. A Corte supervisionará essa medida e poderá determinar medidas adicionais ou suplementares durante a supervisão do cumprimento desta Sentença, caso os objetivos da medida não sejam comprovados satisfatoriamente.[78]

Execução sumária não se limita a atuação em intervenções policiais. Mortes fora de ações formais do Estado, mas com o envolvimento de operadores da área de justiça e segurança também são consideradas execuções sumárias, o que direciona nossa atenção também para conformação e atuação de grupos de extermínio ou milícias.[79] Apesar

---

78 Caso Favela Nova Brasília vs Brasil, sentença em 12 de fevereiro de 2017, par.316-317.

79 "De acordo com o Relatório Final da Comissão Parlamentar de Inquérito da Assembleia Legislativa do Estado do Rio de Janeiro, concluído em novembro de 2008 após investigação sobre as atividades de milícias no Rio de Janeiro, existiam cerca de 171 comunidades sob o domínio das milícias no estado. Segundo Zaluar e Conceição (2007), as milícias compõem-se de policiais e ex-policiais (principalmente militares), uns poucos bombeiros e uns poucos agentes penitenciários, todos com treinamento militar e pertencentes a instituições do Estado, que tomam para si a função de proteger e dar "segurança" em vizinhanças supostamente ameaçadas por criminosos. O controle sobre o território, que passa a ser dominado militarmente, talvez seja a característica mais importante do fenômeno das milícias no Rio de Janeiro. As milícias cobram taxas indevidas das cooperativas de transporte alternativo, promovem a venda inflacionada de botijão de gás e de serviço de TV a cabo ilegal, e exigem pedágios e tarifas para proteção. Segundo as autoras, os milicianos vêm tentando ocupar espaços cada vez maiores nos poderes Legislativo e Executivo municipais e estaduais, construindo redes no interior do poder

disso, vale detalhar mais os procedimentos de uma ação formal da polícia e suas implicações para a nossa preocupação de pesquisa.

Quando Philip Alston, Relator da ONU, em visita ao Brasil, menciona uma situação de "confronto" ao descrever a Operação Complexo do Alemão:

> Também perguntei ao chefe da polícia civil quais investigações tinham sido realizadas, para certificar se as mortes eram de fato resultado do uso justificado e necessário da força. Mas não me forneceram nenhuma evidência de que tivesse sido feita qualquer investigação séria sobre as mortes. Na realidade, me disseram que assumem que os policiais militares, ao registrar um caso de resistência, estão falando a verdade. *A principal resposta que recebi foi que cada um dos 19 mortos tinham antecedentes criminais.* É difícil entender como isso poderia ser do conhecimento da polícia quando matavam as vítimas. Além disso, essas alegações foram fortemente negadas pelos parentes de várias das vítimas, inclusive a de um menino de 14 anos, David Souza de Lima, que recebeu 4 tiros nas costas. A afirmação da polícia de usar como "justificativa" das mortes os antecedentes criminais das vítimas nos diz muito e é muito preocupante. Os antecedentes criminais de uma vítima nada me dizem se foram mortos por legítima defesa ou se a polícia fez uso justificado da força. *A resposta apropriada para atos criminosos é a prisão – não a execução.*[80] [Grifo nosso.]

Esse é um episódio em que a justificação da violência se apresenta como parte de uma ação formal do Estado, um desenho de política de Estado na medida em que a Operação Complexo do Alemão integra uma ação organizada anterior ao projeto de Unidade de Polícia

---

público, e até no Judiciário". Vide: ZALUAR, Alba; CONCEIÇÃO, Isabel Siqueira. *Favelas sob o controle das milícias no Rio de Janeiro: que paz?* São Paulo em Perspectiva, São Paulo, Fundação Seade, v. 21, n. 2, p. 89-101, jul./ dez. 2007. Disponível em: <http://produtos.seade.gov.br/produtos/spp/v21n02/v21n02_08.pdf>. Acesso em 25/06/2015 (ANISTIA INTERNACIONAL, 2015, p.9).

80 UOL. *Para especialista, forjar auto de resistência é prática comum no Rio.Rio*, Em 15.03.2013.15/03/2013. Disponível em: <http://noticias.uol.com.br/cotidiano/ultimas- noticias/2013/05/15/para-especialista-forjar-auto-de-resistencia-e-pratica-comum-no-rio-relembre- casos.htm>. Acesso em 29.05.2014.

Pacificadora. Nesse diálogo se repete o argumento "confronto" que se materializa no instrumento auto de resistência, porém sem a afirmação de que se trataria de um "desvio" de comportamento, mas como parte da rotina da atuação policial no local.

O diálogo entre o chefe da Polícia e o Relator da ONU retoma (i) um procedimento denominado *autos de resistência*, uma prática não exclusiva de operações policiais nos centros urbanos como esse episódio ou exclusivo do Estado do Rio de Janeiro[81] e (ii) a percepção de que aqueles que têm participação em crime não possuem direitos (direito à vida, direto à proteção judicial).[82] Outras narrativas do relatório da ONU mencionam a Operação Complexo do Alemão atrelada a (iii) justificativa de "guerra contra o crime". Destacou-se uma política de segurança pública que usa veículos blindados e helicópteros para invadir a favela e usurpar o poder dos traficantes como uma política que não pode ser generalizada e precisa medir suas consequências (Recomendações. 77, 78 e 79).[83] Essa preocupação direcionou recomendações explícitas ao Estado do Rio de Janeiro, ressaltando assim uma política estadual de Segurança Pública.

Essas três situações também compõem as recomendações da ONU ao Brasil. Episódios que podem ser vistos como formas oficiais do Estado brasileiro com a violência excessiva e letal praticada contra civis.

---

81 Observação presente tanto no informe preliminar da visita quanto no informe de seguimento dessa missão, apresentada ao Conselho de Direitos Humanos em 2010, incluindo o Caso Complexo do Alemão.

82 Menezes faz um estudo historiográfico sobre o Rio de Janeiro, de 1890 a 1930, para falar da situação do estrangeiro no Brasil. Descreve as perseguições e violência que passavam algumas "categorias" de pessoas consideradas pela Polícia e pelo Estado como "perigosos". Desde a construção da ideia de República, instituições como Polícia, Legislativo e Judiciário fundamentavam suas ações em estereótipos, esteriotipos, discriminação e criminalização. Ver MENEZES, Lená Medeiros de. *Os indesejáveis*: desclassificados da modernidade. Protesto, crime e expulsão na capital federal (1890-1930). Rio de Janeiro: Eduerj, 1996.

83 Essas recomendações devem ser somadas a outras colocadas no informe, que serão citadas no decorrer da pesquisa.

Sobre políticas públicas cumpre mencionar outra situação no ano de 2012: o diálogo Brasil e ONU sobre o tema desmilitarização da Polícia. Essa proposta ganhou força nos últimos anos no debate público e percebe-se uma confusão de que não existiria mais policiamento no país, enquanto a proposta de "desmilitarizar", que além de ser uma recomendação da ONU também é uma recomendação da Comissão da Verdade,[84] se refere ao modelo de policiamento associado a estrutura e hierarquia da atual polícia ostensiva brasileira. Esta questão foi centro de uma recomendação que o Brasil rejeitou sob a alegação de que a medida contraria a Constituição Federal. O Estado brasileiro acrescentou que "O Brasil melhorou o controle sob suas forças de segurança pública por meio da instalação de ouvidorias e de corregedorias como também pelo treinamento permanente de profissionais em direitos humanos",[85] segundo foi divulgado pelo Ministério das Relações Exteriores[86] e replicado pela imprensa.

---

[84] A Comissão Nacional da Verdade foi criada pela Lei 12528/2011 e instituída em 16 de maio de 2012, com o fim de apurar graves violações de Direitos Humanos de 1946 a 1988. Todos os documentos da CNV e seu relatório final (2014) podem ser acessados em:< http://cnv.memoriasreveladas.gov.br/>. Acesso em 15.06.2018.

[85] "Recommendation No. 60 cannot enjoy the support of Brazil, in light of the constitutional provision on the existence of civilian and military police forces. Civilian Police Forces are responsible for the tasks of judiciary police and for the investigation of criminal offenses, except military offenses. Military police forces are responsible for ostensible policing and for the preservation of public order (art. 144, paragraphs 5 and 6 of the Federal Constitution). It should be noted that Brazil has adopted measures to improve control over the actions of public safety professionals, in particular through ombudsmen and internal affairs offices, as well as through the permanent training of professionals in human rights and the encouragement of the differentiated use of force". (A/HRC/21/11/Add.1, par.17).

[86] Discurso disponível em:< http://www.itamaraty.gov.br/en/speeches-articles-and-interviews/other-high-ranking-officials-speeches/4636-exame-do-brasil-no-mecanismo-de-revisao-periodica-universal-do-conselho-de-direitos-humanos-da-onu>. Acesso em 11.06.2018.

Alegação sobre previsão constitucional para a militarização não é uma resposta com algum senso de autocrítica sobre como as "formas jurídicas" podem não estar a serviço dos princípios que regem o Estado Democrático de Direito. O assunto desmilitarização é uma referência importante ao se falar de execuções sumárias quando se pretende atingir atuações da corporação construídas sob paradigmas de força anteriores a Constituição de 1988 ou ainda subordinação da instituição ao exército. Apesar disso, a ênfase na polícia militar não pode implicar no afastamento de responsabilidade de outras instituições de segurança e justiça na prevenção e enfrentamento de episódios de execução sumária.

As duas situações mencionadas – Operação Complexo do Alemão e a manifestação do MRE – explicitam um contexto de necessidade de critérios sobre a ação estatal e os direitos humanos tanto para políticas públicas como para as respostas que se pautam na estrutura normativa brasileira. Com isso, partimos de três situações para este estudo sobre política pública e garantias de direitos humanos quando o foco é execução sumária:

a. ações decorrentes da intervenção policial, sob o argumento de um comportamento desviante perante os princípios da corporação;[87]
b. ações organizadas e estruturadas no centro da política de segurança pública que envolvem procedimentos abusivos e favoráveis às execuções sumárias;
c. ações estatais para responder o conjunto de denúncias de execuções sumárias no Brasil, que se relacionam com as duas situações anteriores habitualmente registradas como morte em confronto.

---

87 "Em quatro dos casos de 'homicídio decorrente de intervenção policial' em Acari, descritos a seguir, há um ponto em comum: as vítimas estavam rendidas e/ou feridas, não oferecendo risco para os policiais militares quando foram executadas com disparos de armas de fogo. Os agentes da segurança pública somente podem fazer uso da força e limitar o direito à vida de alguém ante a existência de um objetivo legítimo. Quando um suspeito está ferido ou rendido, não oferecendo, portanto, perigo para o policial ou terceiros, ele deve ser socorrido ou detido. O único objetivo legítimo para o uso da força letal é salvar a vida de uma pessoa – inclusive do próprio policial" (ANISTIA INTERNACIONAL, 2015).

A morte fora de atividades em serviço também se configura como execução sumária na medida em que tem a participação de agentes do Estado. O assunto é estudado no Brasil sob a expressão grupos de extermínio quando se referem a "higienização social" ou vinganças e tem aparecido em análises sobre milícias, quando se referem a interesses econômicos em determinado segmento ou região com envolvimento de policiais. As duas situações são com agentes do Estado, porém com adoção de diferentes procedimentos.

2.2. RELAÇÃO DO BRASIL COM AS EXECUÇÕES SUMÁRIAS

Os direitos humanos não se restringem às questões sobre violência estatal, por meio da atuação de seus agentes públicos (policiais militares ou civis, agentes penitenciários, agentes socioeducativos). Apesar disso, pode-se dizer que são nessas situações que suas concepções são flexibilizadas pela sociedade brasileira, situações onde a morte é vista como uma punição e por isso são apresentadas como uma atitude legítima mesmo quando contrária às normas de direitos humanos.[88] Embora o mesmo argumento esteja presente nas relações violentas e fatais entre civis como nos casos de linchamentos,[89] o presente estudo

---

[88] "A pena de morte por enforcamento foi legal no Brasil durante o período imperial (1822-1889) para casos de insurreição de escravos, homicídios e latrocínio (roubo seguido de morte), mas não para crimes políticos. A última execução legal no Brasil, que ocorreu em 1855, foi um caso claro de erro judicial. A pena de morte foi eliminada em 1890, com o início da República, exceto para crimes de guerra, conforme determinado pelo código militar. De 1890 em diante a proibição da pena de morte foi confirmada em termos semelhantes nas quatro constituições brasileiras escritas sob o regime democrático [1891, 1934, 1946 e 1988]" (CALDEIRA, Teresa. *Cidade de muros*: crime, segregação e cidadania em São Paulo. São Paulo, Editora 34\EDUSP, 2000, p. 350).

[89] Em 2014, duas situações foram amplamente divulgadas e apresentavam o mesmo fundamento no Rio e no Guarujá. Ver O GLOBO. *Adolescente é amarrado após cometer assalto em Botafogo*. Em 26.02.2014 [online]; FOLHA. *'Mataram a Mulher' diz morador após espancamento no Guarujá*. Em 05.05.2014, Cotidiano.

focaliza a atuação do Estado, sob a categoria execuções sumárias, arbitrárias ou extrajudiciais. Estudar a questão exige uma reflexão permanente sobre essas práticas de direitos humanos.

Perceber como os episódios de violência institucional[90] são tratados no cotidiano brasileiro é premissa de reflexão inevitável. O tema convive com reações que afirmam que "bandido bom é bandido morto", "direitos humanos para humanos direitos" e "defensor dos direitos humanos é defensor de bandido".[91]

Nessa direção, uma pesquisa de opinião pública de 2008,[92] realizada com o propósito de captar as percepções do brasileiro sobre direitos

90 LOPES, José Reinaldo de Lima. Direitos Humanos e Tratamento Igualitário: questões de impunidade, dignidade e liberdade. *Revista Brasileira de Ciências Sociais*, Vol. 15 n° 42, fev/2000, p. 77-100.

91 Mesquita apresenta três diferentes concepções para tratar a violência policial – jurídica, sociológica e jornalística. Adotamos a percepção chamada por sociológica por considerar que contempla o jurídico. "O critério da legitimidade do uso da força encontra-se na base de uma concepção política ou sociológica da violência policial. Do ponto de vista político ou sociológico, há uma tendência a distinguir os conceitos de força e violência com base não apenas na legalidade, mas também e principalmente na legitimidade do uso da força física. Nessa perspectiva, são considerados casos de violência policial não apenas aqueles que envolvem uso ilegal, mas também e principalmente os que fazem uso ilegítimo da força física por policiais contra outras pessoas, sobretudo os que registraram um uso desnecessário ou excessivo da força física, no que concerne à preservação da segurança pública. Por exemplo, uma troca de tiros que provoque a morte de várias pessoas numa via pública durante a perseguição de criminosos por policiais após o roubo de um carro ou de uma loja. Esta concepção mais flexível e abrangente de violência policial inclui, ao lado dos casos de uso ilegal da força física, alguns casos de uso que, mesmo sendo legal, é excessivo ou desnecessário" (MESQUITA NETO, Paulo. *Violência policial no Brasil: abordagens teóricas e práticas de controle*. In: PANDOLFI, Dulce; CARNEIRO Leandro Piquet; CARVALHO, José Murilo. Cidadania, justiça e violência. Rio de Janeiro: Fundação Getúlio Vargas, 1999, p. 133).

92 SDH Secretaria Especial de Direitos Humanos da Presidência da República. Percepção sobre Direitos Humanos no Brasil. Brasília, dez., 2008.

humanos, concluiu por uma visão positiva sobre direitos humanos até chegar às perguntas que se relacionam com as condutas caracterizadas como execuções sumárias.[93] São afirmações que reproduziam propostas de enfrentamento a violência institucional ou propostas de endurecimento das políticas de segurança pública. As percepções são opostas ao que se pensa sobre saúde e educação. Em síntese, 73% de entrevistados posicionam-se em favor do "endurecimento das condições dos presidiários" (56% totalmente a favor e 17% parcialmente a favor); 71% se dizem favoráveis à "redução da maioridade penal" (58% totalmente favoráveis e 13% parcialmente); 69% apoiam a "prisão perpétua" (51% totalmente favoráveis e 18% parcialmente); e por fim 45% apoiam a pena de morte (28% totalmente e 17% em parte). Sobre a violência, 67% dos entrevistados, consideram que "os direitos dos presos e bandidos" não devem ser respeitados (26% nega completamente esse respeito, enquanto 41% acham que esses direitos só devem ser respeitados parcialmente), 43% dos pesquisados entendem que "bandido bom é bandido morto".[94]

A aplicação da lei aos "bandidos" é vista como um privilégio e, portanto, não pode ser aceita pela sociedade.[95] Em relação ao Brasil, no estudo de Teresa Caldeira (2000) para compreender como *o medo circula* e a *violência prolifera* diante de desigualdades sociais, a antropóloga explica como se dá a categorização de ações entre bem e mal na expressão da criminalidade, segundo três estratégias de ataque aos direitos humanos:

> A primeira é negar a humanidade dos criminosos. Os detentos são representados como aqueles que cometeram os crimes violentos (homicídios, estupro) e, portanto, como pessoas que violaram a natureza humana, que são dominadas pelo mal e pertencem apenas

---

93 ALMEIDA, A. Mendes. O Papel da Opinião Pública na Violência Institucional.Prepared for delivery atthe 2009 CongressoftheLatin American StudiesAssociation, Rio de Janeiro, BrazilJune 11-14, 2009. Disponível em: < http://www.ovp-sp.org/debate_teorico/debate_amendes_almeida2.pdf>. Acesso em 10.12.2013.

94 Ver também pesquisa de opinião sobre a confiança na polícia em São Paulo (novembro, 2015).

95 CALDEIRA, 2000.

ao espaço do crime: eles não têm família, nenhuma ligação com os outros, nada; eles "ofendem o gênero humano". (...)
A segunda estratégia usada por aqueles que atacam os direitos humanos é associar os esforços da administração do Estado para impor o Estado de Direito, controlar a polícia, reformar prisões e defender os direitos humanos ao fato de que o crime aumentou. Em outras palavras, a própria democratização era responsabilizada pelo aumento do crime e da violência. (...)
A terceira linha de ataque, e o cerne do argumento, é comparar as políticas de humanização das prisões à concessão de privilégio para bandidos. Esta é uma posição popular porque faz eco à experiência dominante do sistema judiciário da maioria da população.[96]

Essa destituição de direitos ou desumanização[97] é atribuída como consequência de prática de crime no presente ou no futuro, valoração comum na população independentemente da classe social.[98]

Nesse processo em que a desvalorização da vida de algumas pessoas "justifica" a suspensão de direitos, é bastante mencionado quando se estuda os procedimentos em regimes totalitários, no que diz res-

96 CALDEIRA, 2000, p. 48.

97 "Demonização, portanto, é o processo pelo qual a sociedade desconstrói a imagem humana de seus inimigos e, a partir deste momento, não merecem ser incluídos sob o domínio do Direito. Seguindo uma frase famosa de Grahan Greene, eles se tornam parte de uma 'classe torturável'. Qualquer esforço para eliminar ou causar danos aos demonizados é socialmente legitimado e juridicamente imune" (VILHENA VIEIRA, Oscar. A desigualdade e a subversão do Estado de Direito, 2008, p. 209).

98 "A fala do crime constrói sua reordenação simbólica do mundo elaborando preconceitos e naturalizando a percepção de certos grupos como perigosos. Ela, de modo simplista, divide o mundo entre o bem e o mal e criminaliza certas categorias sociais. Essa criminalização simbólica é um processo social dominante e tão difundida que até as próprias vítimas dos estereótipos (os pobres, por exemplo) acabam por reproduzi-lo, ainda que ambiguamente. Na verdade, o universo do crime (ou da transgressão ou das acusações de mau comportamento) oferece um contexto fértil no qual os estereótipos circulam e a discriminação social é moldada – não apenas em São Paulo, mas em qualquer lugar do mundo" (CALDEIRA, 2000, p. 10).

peito à fragilidade e rompimento do valor da pessoa humana, base das contribuições dos trabalhos de Hannah Arendt para o estudo dos direitos humanos.Com foco nessa questão, Cesso Lafer,[99] sob orientação arendtiana, enfatizam dois artifícios para destruição de padrões e categorias no sentido de uma movimentação para contribuir com o desprezo aos valores de justiça: (i) o conceito de *inimigo objetivo*, com ataques aos judeus; e (ii) o uso da *mentira*, que desfigura ideologicamente os fatos para ajustá-lo às necessidades de poder no momento em que estigmatiza os *inimigos*.

A experiência de regimes totalitários – terrenos das análises arendtianas que contribuem para uma noção de direitos humanos pós-1945 – é um marco para pensar uma fundamentação axiológica dos direitos humanos diante da fragilidade do valor da pessoa[100]. Pensar a relativização da soberania estatal em face dos direitos da pessoa[101] para que os direitos humanos não se reduzisse a certo "idealismo fútil", como bem coloca Arendt, ao explicar a vulnerabilidade dos apátridas no contexto de guerra.[102]

A estigmatização do "inimigo" torna-se uma justificativa para que pessoas sejam "expulsas da humanidade" e percam as condições essenciais de ser humano. Com isso, todas as arbitrariedades são "compreendidas", pois não se fala de direitos de cidadãos (direito a ter direitos), mas, sim, de pessoas que são supérfluas e descartáveis, ou seja, o extermínio desse grupo ("inimigos") não deve ser considerado uma violação de direitos.[103] Nesse sentido, o extermínio da criminalidade na pessoa do criminoso representa o extermínio do mal[104] e, assim, toda morte se torna "legítima" quando acompanhada dessa justificação, além de acabar por estigmatizar alguns grupos sociais.

---

99 LAFER, 1988, p. 285.
100 COMPARATO, 2006.
101 LAFER, 1988.
102 ARENDT, 1989.
103 ARENDT, 1976.
104 CALDEIRA, 2000.

São ações desenvolvidas sob a afirmação de que algumas pessoas não merecem viver (direito humano à vida e à integridade física): desempregados, marginais, negros, pobres. Tais dimensões são consideradas nas recomendações da ONU ao Brasil pelos *experts*, o que mencionaremos no próximo item deste capítulo. Quando se pontua sobre determinadas operações oficiais, tal qual a Operação Complexo do Alemão já mencionada neste estudo, a situação se amplia para um território (favela) em que habitam pessoas de menor renda e de maioria não branca.

Nas explicações apresentadas por Teresa Caldeira (2000) sobre o entendimento da morte como pena para o criminoso e o direito visto como um privilégio, as percepções eram da sociedade sobre ações letais. [4] Apesar disso, existe esse mesmo valor em ações em nome do Estado?

Nesse sentido, vale retomar o diálogo entre o Relator da ONU e a Polícia no Rio de Janeiro sobre uma operação policial no Complexo do Alemão:

> Também perguntei ao chefe da polícia civil quais investigações tinham sido realizadas, para certificar se as mortes eram de fato resultado do uso justificado e necessário da força. Mas não me forneceram nenhuma evidência de que tivesse sido feita qualquer investigação séria sobre as mortes. Na realidade, me disseram que assumem que os policiais militares, ao registrar um caso de resistência, estão falando a verdade. *A principal resposta que recebi foi que <u>cada um dos 19 mortos tinham antecedentes criminais</u>.* É difícil entender como isso poderia ser do conhecimento da polícia quando matavam as vítimas. Além disso, essas alegações foram fortemente negadas pelos parentes de várias das vítimas, inclusive a de um menino de 14 anos, David Souza de Lima, que recebeu 4 tiros nas costas. A afirmação da polícia de usar como "justificativa" das mortes <u>os antecedentes criminais das vítimas nos diz</u> muito e é muito preocupante. Os antecedentes criminais de uma vítima nada me dizem se foram mortos por legítima defesa ou se a polícia fez uso justificado da força. *A resposta apropriada para atos criminosos é a prisão – não a execução.* [Grifo nosso.]

Além desse posicionamento público, outra situação que exemplifica a reprodução deste "consenso" sobre a relativização da vida a depender de quem é a pessoa pode ser vista nas decisões do Tribunal do Júri como exemplo da expressão da opinião pública que aceitam a argumentação de que a vítima morreu em confronto, logo a ação policial foi em devido cumprimento do dever.

Em síntese, ressaltamos as seguintes situações apresentadas como justificativa para uma prática estatal: (i) uso de auto de resistência, (ii) estrito cumprimento do dever legal como argumentação aceita em julgamento de homicídios contra civis, (iii) mortes por ocasião de operações policiais como parte de uma política na "guerra contra a criminalidade". São situações em que a argumentação sobre crime e a pessoa do criminoso se repetem.

2.2.1. APROXIMAÇÃO ENTRE POLÍTICAS PÚBLICAS E RECOMENDAÇÕES DA ONU

Como essas situações compõem a política de direitos humanos no Brasil? Aqui localizamos a expressão políticas públicas como menciona Maria Paula Dallari Bucci:

> (...) programa de ação governamental que resulta de um processo ou conjunto de processos juridicamente regulados – processo eleitoral, processo de planejamento, processo de governo, processo orçamentário, processo legislativo, processo administrativo, processo judicial – visando coordenar os meios à disposição do Estado e as atividades privadas, para a realização de objetivos socialmente relevantes e politicamente determinados. Como tipo ideal, a política pública deve visar à realização de objetivos definidos, expressando a seleção de prioridades, a reserva de meios necessários à sua consecução e o intervalo de tempo em que se espera o atingimento do resultado.[105]

A complexidade entre o campo jurídico e as políticas públicas são postas de forma explícita por Comparato no sentido de concordar que expressões jurídicas são elementos de uma política pública:

> A primeira distinção a ser feita, no que diz respeito à política como programa de ação, é de ordem negativa. Ela não é uma norma ou um ato, ou seja, ela se distingue nitidamente dos elementos da realidade jurídica, sobre os quais os juristas desenvolveram a maior parte mede suas reflexões, desde os primórdios da *iurisprudentia* romana (...). Mas se a política deve ser claramente distinguida das normas e dos atos, é preciso reconhecer que ela acaba por englobá-los

---

105 BUCCI, Maria Paula Dallari (org). O conceito de política pública em direito. In: Política Pública. Reflexões sobre o Conceito Jurídico. São Paulo: Saraiva, 2006, p. 39.

com seus componentes. É que a política aparece, antes de tudo, como uma atividade, isto é, um conjunto organizado de normas tendentes à realização de um objetivo determinado. O conceito de atividade, que é também recente na ciência jurídica, encontra-se hoje no centro da teoria do direito empresarial (em substituição ao superado "ato de comércio") e constitui o cerne da moderna noção de serviço público, de procedimento administrativo e de direção estatal da economia. A política, como conjunto de normas e atos, é unificada pela sua finalidade. Os atos, decisões ou normas que a compõem, tomadas isoladamente, são de natureza heterogênea e submetem-se a um regime jurídico que lhes é próprio.[106]

A atenção às políticas públicas de direitos humanos não despreza a abordagem normativa, em que tratados internacionais de direitos humanos são uma referência sobre o compromisso de proteção da pessoa para os Estados. Tais compromissos vão da revisão de leis e constituições à implementação das decisões judiciais para compor o ordenamento jurídico de proteção dos seres humanos no plano nacional.[107] Enquanto isso, tais tratados apresentam mecanismos de acompanhamento ou monitoramento do conteúdo desses direitos. Ao longo desse acompanhamento, o que o Estado apresenta de informações para a ONU diz respeito às ações de Estado sobre direitos humanos, que podem tanto delinear uma política pública como ser parte de uma ação mais organizada institucionalmente sobre determinada preocupação de direitos humanos.

As bases normativas e institucionais de direitos humanos implicam diálogos entre Estados, denúncias da realidade e uma capacidade de diálogo, onde os Estados não são os únicos agentes. Apresentam-se ao indivíduo "diversas modalidades para ser ouvido" nesse Sistema Internacional de Direitos Humanos,[108] em face do que pode ser con-

---

106 COMPARATO, Fábio Konder. Ensaio sobre o juízo de constitucionalidade de políticas públicas. In: BANDEIRA DE MELLO, Celso Antônio. Estudo em homenagem a Geraldo Ataliba. São Paulo: Malheiros, 1997, p. 353-354.
107 TRINDADE, 1997.
108 RAMOS, 2002, p. 270.

siderada "uma base sólida legal e institucional" para a ação das redes de direitos humanos.[109]

A *Relatoria Especial sobre Execuções Sumárias, Arbitrárias ou Extrajudiciais* é um mecanismo da ONU que compõe o sistema de proteção dos direitos humanos. Antes da institucionalização de mecanismos de monitoramento por temas em 1980,[110] como a Relatoria da ONU, a difusão de violações de direitos humanos já se configurava como uma estratégia das redes de direitos humanos para pressionar os Estados – *leveraging*.[111] Esses homicídios já se apresentavam no centro das denúncias e mobilizações internacionais, bem como a tortura, desaparecimento forçado e prisões arbitrárias, ameaças aos direitos civis e políticos em contexto de abusos dos Estados latino-americanos.[112]

As denúncias contra o Estado brasileiro já chegavam aos Procedimentos Especiais da ONU antes da Constituição de 1988 – condicionadas pela adesão do País à Carta da ONU, condição para acesso de casos no sistema extraconvencional. Foi depois de 2001 que a participação brasileira nesses mecanismos especiais se intensificou favorecida pelo convite aberto (*standing invitation*)[113] aos procedimentos especiais, com a missão no País de até dois relatores por ano, inclusive a mesma Relatoria temática, como foi o caso da Relatoria sobre Execuções Sumárias, Arbitrárias ou Extrajudiciais.[114]

Importa considerar que, em 1980, quando surgiram as Relatorias da ONU, tratava-se de um momento em que a busca pelos fatos era pouco questionada, somado à tentativa de convencer os governos

---

109 SIKKINK, 2006, p. 103; LEÃO, 2011; LEÃO, 2014.

110 Em 1967, a ONU cria os procedimentos especiais por países (Resolução 1235, ECOSOC). Os mandatos temáticos surgem a partir de 1980: desaparecimentos forçados (1980), execuções sumárias (1982) e tortura (1985). Desde outubro de 2013, existem 51 procedimentos especiais (37 mandatos temáticos e 14 por países), a maioria surgiu após 2000. Mais informações em <http://www.ohchr.org>. Acesso em 06.06.2014.

111 SIKKINK, 2006.

112 ALVES, 2007; TRINDADE, 2000.

113 LEÃO, 2011, p. 137 ss.

114 BELLI, 2009; ALVES, 2007; SABOIA, 1999.

de que se buscavam apenas fatos, e não se tratava, assim, de uma intervenção política – preocupação dos Estados para apoiar o mecanismo. A tarefa desempenhada pelos relatores hoje é muito maior que descobrir fatos (*fact-finding*),[115] cujo propósito inicial carece de condições para se realizar quando se observa o tempo de duração de uma missão; esse tempo curto[116] permite "avaliar" as informações que já foram apuradas por outros atores locais e fazer um trabalho de classificação, como explica Philip Alston em texto após finalizar seu mandato de Relator da ONU. Nesse ponto, é possível dizer que a experiência do especialista também permite contribuir com o olhar de quem conhece outras experiências, bem como trazer novos conteúdos aos trabalhos dos demais atores locais.[117]

Celina Souza, ao realizar um estudo da arte sobre políticas públicas, faz algumas considerações sobre a relação organismos internacionais e as políticas que podemos agregar ao estudo das recomendações da ONU sobre direitos humanos ao Brasil:

> A delegação para órgãos 'independentes' nacionais, mas também internacionais, passou a ser outro elemento importante no desenho das políticas públicas. Mas por que político (governantes e parlamentares) abriria mão do seu poder, delegando-o para agências sobre as quais não tem controle? A resposta estaria na credibilidade desses órgãos 'independentes' devido à experiência técnica de seus membros e para que as regras não fossem, aqui também, submetidas às incertezas dos ciclos eleitorais, mantendo sua continuidade e coerência.[118]

---

115 ALSTON, Philip. The challenges of responding to extrajudicial executions. *Journal of Human Rights Practice*, New York, n. 3, v. 2, p. 355-373, Nov. 2010.

116 A missão de Philip Alston no Brasil foi de 04 a 14 de novembro de 2007, e a de Asma Jahangir, de 16 de setembro a 08 de outubro de 2003.

117 LEÃO, 2011, p.130-131.

118 SOUZA, Celina. Estado da Arte da Pesquisa em Políticas Públicas. In: Hochman, Gilberto; Arretche, Marta; Marques, Eduardo. Políticas Públicas no Brasil. Rio de Janeiro: Editora Fio Cruz, 2007, p. 79.

De forma adicional, Alston afirma que a importância das visitas aos países não se restringe a fazer levantamento da situação dos direitos humanos naquele país, estende-se à formação de bases para estabelecer um diálogo construtivo com os Estados, pautado na cooperação.[119] Assim, o valor dessas missões e logo das recomendações da ONU permitem perspectivas mais amplas, em que a prática nacional e o monitoramento internacional devem ser pensados de maneira articulada.

Para o Brasil, acionar esses mecanismos é uma experiência recente e condicionada aos processos de redemocratização do País e da região. Esse protagonismo do Estado brasileiro com os direitos humanos foi favorecido pela abertura democrática operada com a promulgação da Constituição Federal de 1988, a qual, entre outros avanços em matérias de direitos humanos, lançou a dignidade da pessoa humana como fundamento da República (art. 1º, III) e a prevalência dos direitos humanos como princípio regente nas relações internacionais (art. 4º, II)[120].

A ruptura consagrada pela Constituição de 1988, marco institucional legislativo, justifica o fato de o crescimento do movimento de direitos humanos no Brasil ter se intensificado, sobretudo a partir da década de 1990. Assim pode-se entender um volume de casos sobre execuções sumárias contra o Brasil encaminhado à Comissão Interamericana de Direitos Humanos,[121] a exemplo dos episódios Carandiru, Eldorado dos Carajás e Corumbiara, e presentes nos relatórios enviados aos Comitês de Tratados da ONU e aos mecanismos especiais do Conselho de Direitos Humanos, tal qual a Relatoria Especial da ONU sobre Execuções, Sumárias, Arbitrárias ou Extrajudiciais. Somadas às recomendações das relatorias entre os anos de 1995 e 2010, as recomendações dos Comitês da ONU, tem-se um total de mais de 350 recomendações sobre direitos humanos ao

---

119 ALSTON, Philip. The challenges of responding to extrajudicial executions. *Journal of Human Rights Practice*, New York, n. 3, v. 2, p. 355-373, Nov. 2010.

120 PIOVESAN, 2010.

121 Ver estudo de casos em PIOVESAN, 2010.

Brasil. Estas, direta ou indiretamente, relacionam-se à violência e indicam ações ao Estado brasileiro referentes às execuções sumárias, arbitrárias ou extrajudiciais.[122]

Se os tratados de direitos humanos e a normativa nacional que protege os direitos fundamentais são considerados parâmetros a serem seguidos[123] por que as recomendações da ONU são importantes? Consideramos que os tratados e leis são normas com um amplo alcance com o fim de prevenir violações de direitos humanos,[124] sem analisar outras dimensões relativas aos direitos, bem como tendem a serem normas amplas e gerais para que seja possível um alcance universal.[125] Os tratados internacionais são construídos com esse objetivo de amplo alcance aos Estados e às pessoas. Protegem, por exemplo, o direito à garantia e à proteção judicial (investigação e responsabilização, conforme arts. 8° e 25° da Convenção Americana de Direitos Humanos), mas não informam como as instituições de Segurança e Justiça procedem cotidianamente para realizar esse direito. Essa especificidade surge com as manifestações dos Comitês, que acompanham a relação dos Estados com esses tratados, nas decisões do Sistema Interamericano e nas recomendações dos Relatores Especiais, que partem da realidade de cada país visitado e constituem o sistema de controle de violações de direitos humanos.

---

122 LEÃO, 2011, p.14 ss.

123 PIOVESAN, 2006; 2010.

124 "A igualdade perante a lei (concepção que é fruto do ideário liberal), formal, fria e seca, parece ser a melhor forma de garantir o efetivo desprezo do Estado perante as necessidades sociais" (BITTAR, Eduardo C. B. *O direito na pós-modernidade e reflexões frankfurtianas*. 2. ed. rev. e atual. Rio de Janeiro: Forense Universitária, 2009, p. 279).

125 Essa característica do direito, presente nos tratados internacionais de direitos humanos, é alvo de críticas que avaliam a impossibilidade da realização de um direito muito abstrato e geral – nesse sentido, são difundidas as críticas de Burke e Marx. Ver DOUZINAS, Costas. *O fim dos direitos humanos*. São Leopoldo: Unisinos, 2009, p. 159-219; GALTUNG, Johan. *Direitos humanos. Uma nova perspectiva*. Lisboa: Instituto Piaget, 1998.

A relação entre direitos humanos e políticas públicas é mais comum tomando como referência os tratados internacionais de direitos humanos. Nesse sentido, vale citar as considerações sobre direitos humanos segundo o ciclo de políticas públicas:

> O principal objetivo das PP na perspectiva de DH é o cumprimento do direito de todas as pessoas, e esta é uma das principais diferenças com a PP tradicional. Quando se pensa na estruturação do problema público, é preciso considerar que o objetivo final da política é o exercício efetivo do direito relacionado a esse problema, este é o fim da PP dessa perspectiva. Embora haja um problema quando temos mulheres violadas em sua integridade pessoal devido à violência familiar, por exemplo, a lógica de estruturação não parte da solução desse problema, mas do respeito ao direito a uma vida livre de violência.
> Surge aqui uma segunda diferença importante: na medida em que os DH são interrelacionados, interdependentes e indivisíveis a PP na perspectiva de DH se torna holística. A perspectiva de DH não se refere a um campo específico, não se refere às ações a cargo das instituições de DH ou a algum direito em particular, como a integridade pessoal; trata-se de dar perspectiva de DH a toda a PP estatal, de dar perspectiva de DH ao Plano Nacional de Desenvolvimento, ao programa de meio ambiente, ao programa de política agrícola, ao programa de política social, de água, de segurança, de política fiscal, de jovens, idosos, indígenas, migrantes, administração de justiça, etc. Nesse sentido, ela é uma espécie de "guarda-chuva" transversal que se estabelece como padrão normativo para entrar em contato com toda a PP e verificar se respeita a perspectiva de DH.[126]

Com isso, mesmo que os tratados de direitos humanos sejam parâmetros a serem seguidos pelas políticas públicas, as recomendações possuem um nível de refinamento que inclusive apresenta ações com propostas de aprimorar instituições ou impulsionar outras. Todos esses parâmetros de direitos humanos devem ser considerados pelo Estado, e por seus agentes, mas possuem alcances distintos. Por isso, a busca por concretização dos direitos humanos reforça a importância do

---

126 VÁZQUEZ, Daniel e DELAPLACE, Domitille. Políticas Públicas na Perspectiva dos Direitos Humanos: um campo em construção. SUR – Revista Internacional de Direitos Humanos. V. 8, n° 14, jun. 2011, p. 50.

estudo das políticas públicas,[127] como "campo do conhecimento que busca colocar o 'governo em ação' e/ou analisar essa ação (variável independente) e, quando necessário, propor mudanças no rumo ou cursos dessas ações e propor mudanças".[128]

As características assumidas pelas Recomendações da ONU, tal qual explicitamos acima, estão bem mais próximas da política se considerarmos os objetivos que desejam alcançar e como se relacionam com a organização da ação governamental, ao se considerar o conceito de políticas públicas apresentado por Bucci.[129] Com isso, a ação governamental quando associada à ideia de direitos humanos assume a configuração de um outro modelo de segurança pública, um padrão que prima pelos direitos individuais. Esse modelo de segurança tem sido chamado de segurança cidadã, nos seguintes termos pela Comissão Interamericana de Direitos Humanos:

> A construção de uma política sobre segurança cidadã deve incorporar os parâmetros de direitos humanos como guia e, por sua vez, como limite intransponível para as intervenções do Estado. Estes se encontram constituídos pelo marco jurídico emanado dos instrumentos que conformam o Direito Internacional dos Direitos Humanos, assim como pelos pronunciamentos e pela jurisprudência dos organismos de controle que integram os diferentes sistemas de proteção. As normas estabelecem orientações gerais, determinando níveis mínimos de proteção, que devem ser necessariamente respeitados pelo Estado. A Comissão reitera que tem recordado aos Estados Membros, em várias oportunidades, sobre sua obrigação de garantir a segurança pública e o Estado de Direito, dentro do pleno respeito aos direitos humanos. É a partir desta premissa que os Estados Membros devem definir, e levar adiante, as medidas necessárias para garantir os direitos mais vulneráveis frente a contextos críticos de altos níveis de violência e criminalidade (...)[130]

---

127 BUCCI, 2001; COUTINHO, 2013.
128 SOUZA, 2007, p. 69.
129 BUCCI, 2006, 2014.
130 COMISSÃO INTERAMERICANA DE DIREITOS HUMANOS. Relatório sobre a situação dos direitos humanos no Brasil (OEA/Ser. L/V/II.97; Doc. 29 rev.1, 29, set. 1997). Washington, OEA, 1997.

A aproximação da política pública dos direitos humanos não se trata de uma nova nomenclatura ou de novos conceitos, mas sim o deslocamento da atenção para a manutenção da lei e da ordem pública para os direitos dos cidadãos.[131]

No caso brasileiro, a expressão segurança pública se mantém no regime democrático com o intuito de se diferenciar de segurança interna e segurança nacional. Apesar disso, a normativa constitucional pós 1988 não foi precisa em definir a proteção do Estado, governo ou cidadão. Na explicação de Mesquita Neto,[132] a imprecisão levou ao uso de diferentes termos: "segurança cidadã", "segurança urbana" e "defesa social". Para o pesquisador, essa diferença poderia dificultar mais o processo de mudança:

> Além disso, essa substituição conceitual mantém a ideia de que a segurança pública, cidadã ou urbana é essencialmente uma função de agentes públicos e não de agentes privados – ideia esta que não corresponde aos fatos e mais especificamente às mudanças nos sistemas e políticas de segurança pública na sociedade contemporânea.[133]

Com isso, a principal concepção de segurança pública e direitos humanos será a sua construção em um regime democrático de direito, com foco assim mais na sua prática do que na terminologia que possa assumir ao longo do levantamento.

---

131 "Em regimes democráticos, o conceito de segurança pública tende a fazer referência principalmente à garantia dos direitos dos cidadãos, particularmente à vida, a liberdade, e à igualdade de todos perante a lei, elementos fundamentais do ' estado de direito'. Em regimes autoritários, ao contrário, o conceito de segurança pública tende a fazer referência principalmente à garantia da lei e da ordem pública no interior do Estado, sendo muitas vezes associado ao conceito de 'segurança interna', por oposição à 'segurança externa', as duas faces do conceito de 'segurança nacional'" (MESQUITA NETO, Paulo de. *Ensaios sobre Segurança Cidadã*. São Paulo: Quartier Latin; Fapesp, 2011, p. 32).

132 MESQUITA NETO, 2011.

133 MESQUITA NETO, 2011, p. 35.

Tal tarefa demanda uma abordagem de análise. Para tanto, um mapeamento realizado por Celina Souza e Eduardo Marques sobre a literatura na ciência política podem auxiliar a conhecer as possibilidades de estudo[134]. As abordagens se diferenciam quanto à perspectiva de olhar às políticas públicas, variam de preocupações sobre a formulação até questionamento sobre a implementação.

Em síntese, Souza selecionou oito esquemas interpretativos de políticas públicas que são referências como modelos de analíticos e tipologias de aplicação, quais sejam: (i) tipo de política pública ou Modelo de Lowi que apresenta 4 tipologias (distributiva, regulatória, redistributivas e constitutivas); (ii) Incrementalismo; (iii); Ciclo das Políticas Públicas; (iv) *Garbage Can*(lata de lixo); (v) Coalizões de Defesa; (vi) Arenas Sociais; (vii) Equilíbrio Interrompido; (viii) Gerencialismo Político e Ajuste Fiscal[135]. Ao final, também menciona a importância do neoinstitucionalismo. Enquanto que Marques[136] acrescentou considerações sobre uma agenda de pesquisa brasileira sobre o estudo de políticas públicas: (i) conexão entre a produção de políticas e os estudos recentes sobre processos legislativos; (ii) análises focadas nos efeitos de formatos institucionais sobre as políticas públicas no país; (iii) funcionamento do Estado à implementação de políticas e às suas burocracias e estruturas institucionais. O desenvolvimento desta pesquisa encontrou no segundo levantamento uma maior liberdade para estudar o direito tendo em vista que a presente pesquisa não se concentra em um programa específico de Segurança Pública ou de Direitos Humanos, e sim na relação do agir estatal com o conteúdo das recomendações da ONU ao Brasil.

Outro aspecto da questão a acrescentar é que encontramos na abordagem sobre ativismo transnacional uma chave de leitura mais abrangente que a divisão "âmbito internacional" ou "âmbito nacional".

Nessa direção, a expressão transnacional se baseia em processos que não se restringem a atuação internacional e não se limitam a relação

---

134 SOUZA, 2007; MARQUES, 2013.
135 SOUZA, 2006.
136 MARQUES, 2013.

entre Estados, bem como a concepção de mobilização jurídica não se reduz a litigância judicial, conforme ressalta Cecília Mcdoweel dos Santos:[137]

> A mobilização transnacional do direito refere-se, por sua vez, às mobilizações do direito que vão além das fronteiras do estado-nação (...). As mobilizações sociais de âmbito nacional ou internacional que têm por objeto ou se valem de referenciais jurídicos supranacionais, tais como os movimentos sociais que incorporam em seu repertório de ação os valores, os ideais e as concepções globalizadas dos direitos humanos (sic), também exemplificam ou se relacionam com práticas de mobilização transnacional do direito.[138]

Tal abordagem vislumbra a participação dos movimentos sociais na construção dos conteúdos dessas recomendações, o que é útil diante do próprio formato das missões nos países e ainda pela possibilidade de interlocução com a ONU por meio de comunicações enviadas por organizações da sociedade civil sobre violações de direitos humanos. Isto não só fortalece o conteúdo dos relatórios, mas pode representar outro passo para a formulação da política, além do diagnóstico temático para um cenário de maior complexidade para delimitar reivindicações locais. Vale dizer que a expressão "movimentos sociais" não está nos documentos da ONU. A nomenclatura usual para se referir a esse grupo é "sociedade civil". Essas organizações também são caracterizadas como redes, apesar disso "suas identidades, suas ações políticas e suas estratégias se ajustam mais à imagem de um movimento social", conforme os estudos de Sikkink[139] sobre a formação de redes internacionais de direitos humanos.

A mobilização transnacional dos direitos permite evidenciar outros atores além de ONU e Estado brasileiro, o que deve ser levado em

---

137 SANTOS, Cecília MacDowell. Ativismo jurídico transnacional e o Estado: reflexões sobre os casos apresentados contra o Brasil na Comissão Interamericana de Direitos Humanos. *SUR – Revista Internacional de Direitos Humanos*, ano 4, n. 7, p. 20 e ss., 2007.

138 SANTOS, Cecília MacDowell dos (org.). *A Mobilização Transnacional do Direito: Portugal e o Tribunal Europeu dos Direitos Humanos*. Coimbra: Edições Almedina, 2012, p. 14.

139 SIKKINK, 2006, p. 102.

conta no processo de formação da política pública quanto à implementação, favorecendo um modelo de baixo pra cima tendo em vista esses outros atores.

Vale acrescentar que apesar do método da ciência jurídica se valer da interpretação e aplicação do direito a partir da norma, localizamos a importância de considerar os movimentos de construção das recomendações da ONU. Essa perspectiva de estudo pode contribuir para perceber as relações entre Estado e ONU para além de processos *top-down*. Essa questão é colocada por Santos e Rodrigues-Garavito[140] ao fazer uma revisão das abordagens sobre Direito e globalização. Como a relação direitos humanos e ONU fazem parte desse cenário global, não podemos ignorar essa dimensão da temática.

2.2.2. DIREITOS HUMANOS NA POLÍTICA PÚBLICA BRASILEIRA

Ao mesmo tempo em que se associa a transnacionalização do mercado com a flexibilização da soberania, o que permite falarmos de adesão aos tratados internacionais de direitos humanos como um elemento positivo dos tempos de globalização para quem analisa os direitos humanos no sistema internacional,[141] os direitos humanos não estão dissociados dos efeitos que esses processos globais sobre a economia acarretam a direitos sociais, como saúde e educação. No entanto, essa relação entre direitos humanos e uma nova configuração das políticas de Estado são mais abrangentes,[142] atingem a concepção de política de Estado a ponto de afirmar uma presença forte em alguns setores.

---

140 SANTOS; RODRÍGUEZ-GARAVITO, 2005, p. 2.

141 PIOVESAN, 2000.

142 "Ninguém quer identificar-se com um pobre, já que o pobre, na sociedade de consumo é, por definição um perdedor. Existem outros perdedores, que vêm a tornar-se mais perdedores por pertencerem a certos grupos (homossexuais, negros e índios entre nós, por exemplo). Desta forma, o fundamento de uma política de direitos humanos é a identificação geral de todos com um grupo universal, o gênero humano, e nestes termos abrange a exclusão econômica — a pobreza, mas não se esgota nela" (LOPES, 1996, p. 4).

Diante da importância do modelo de Estado, buscou-se compreender a interação globalização, direitos humanos e violência institucional. Nessa direção, José Eduardo Faria (1999), que prefere se referir a globalização pelas características que o Estado assume – Estado schumpeteriano, analisa os impactos desse "globalismo" sobre os direitos:

> Com a globalização econômica, em outras palavras, os excluídos dos mercados de trabalho e consumo perdem progressivamente as condições materiais para exercer em toda a sua plenitude os direitos humanos de primeira geração e para exigir o cumprimento dos direitos humanos de segunda e terceira geração; tornam-se supérfluos no âmbito do paradigma vigente, passando a viver sem leis protetoras efetivamente garantidas em sua universalidade. Condenados à marginalidade socioeconômica e, por consequência, a condições *hobbesianas* de vida, eles não mais aparecem como portadores de direitos subjetivos públicos. Nem por isso, contudo, os "sem direitos" são dispensados das obrigações, responsabilidades e deveres estabelecidos pela legislação. Com suas normas e procedimentos penais, o Estado os mantém vinculados ao sistema jurídico basicamente em suas feições marginais e criminalizadas, isto é, como transgressores de toda a natureza.[143]

Com isso, ao se considerar esse modelo de política global logo se pensa no rigor das políticas de segurança pública dentro de um cenário mais amplo, em um campo de flexibilização também de direitos civis e políticos. Nesse contexto, as populações que vivenciam o impacto dessas ações são as que proporcionalmente estão na exclusão dos direitos ao trabalho, saúde e educação. E assim também podem se encontrar ações rigorosas do Estado com base no direito penal para fundamentar o uso da força, mesmo em situações que não cheguem a homicídio, tal qual se conheceu sobre as manifestações em 2013, experiência que será considerada importante para o estudo do uso excessivo da força sob a categoria execuções sumárias ou ainda o que se conhece sobre encarceramento na última década.

---

143 FARIA, José Eduardo. O direito na economia globalizada. São Paulo: Malheiros, 1999, p. 68-69.

Com isso, relacionamos esse desenho de ação do Estado com as questões relacionadas a execuções sumárias, onde as operações policiais mencionadas pela ONU são uma amostragem dessa tendência. A situação não se desvincula de um cenário macro de como o Estado brasileiro toma suas decisões de política econômica e assegura ou coloca em risco os direitos humanos.

A visão acima sobre o impacto do modelo econômico e os direitos humanos se aproxima de um dos aspectos da globalização, denominada por Boaventura de Sousa Santos como *globalismo localizado*, para assim diferenciam características afirmativas de direitos e a fragilização de direitos dentro do processo de "globalização" que não é uniforme. Santos apresenta o *globalismo localizado* como um processo de cima para baixo que convive com outras características que autor nomeia de *localismo globalizado*. A resistência a esses dois processos conhecidos por *cosmopolitismo e patrimônio da humanidade*.[144] Ressalta-se, por ora, os dois primeiros modelos:

> A primeira forma de globalização é o localismo globalizado. Consiste no processo pelo qual determinado fenômeno local é globalizado com sucesso, seja a actividade mundial das multinacionais, a transformação da língua inglesa em língua franca, a globalização do fast food americano ou da sua música popular, ou a adopção mundial das mesmas leis de propriedade intelectual, de patentes ou de telecomunicações promovida agressivamente pelos EUA.
> À segunda forma de globalização chamo globalismo localizado. Consiste no impacto específico nas condições locais produzido pelas práticas e imperativos transnacionais que decorrem dos localismos globalizados. Para responder a esses imperativos transnacionais, as condições locais são desintegradas, desestruturadas e, eventualmente, reestruturadas sob a forma de inclusão subalterna. Tais globalismos localizados incluem: a eliminação do comércio de proximidade; criação de enclaves de comércio livre ou zonas francas; desflorestação e destruição maciça dos recursos naturais para pagamento da dívida externa; uso turístico de tesouros históricos, lugares ou cerimónias religiosos, artesanato e vida selvagem; dumping ecológico ("compra" pelos países do Terceiro Mundo de lixos tóxicos produzidos nos países capitalistas centrais para gerar divisas externas); conversão da agricultura de subsistência em agri-

---

144 SANTOS, 2001, p.14-15.

cultura para exportação como parte do "ajustamento estrutural"; etnicização do local de trabalho (desvalorização do salário pelo facto de os trabalhadores serem de um grupo étnico considerado "inferior" ou "menos exigente").[145]

Por que direitos humanos? Como as execuções sumárias se apresentam com um problema de direitos humanos? Primeiramente, vale retomar que a expressão "execuções sumárias, arbitrárias ou extrajudiciais" é uma nomenclatura usual da linguagem internacional que hoje ocupa o centro de um mecanismo da ONU, como mencionamos na introdução deste estudo. Mas não seria essa a razão de estarmos frente ao debate de direitos humanos. A institucionalização dessa temática em tratados e mecanismos de proteção, como ONU e OEA, pode ser vista como consequência desse enquadramento da questão como direitos humanos.

Quanto ao que seria direitos humanos, não existe uma única concepção ou definição conceitual, muito menos se constitui como um único campo de conhecimento. Sob uma perspectiva normativa, a associação com os direitos humanos busca ressaltar as leis e tratados que são desrespeitados para afirmar que uma prática é uma violação de direitos humanos. Mas essas referências não respondem o que são os direitos humanos[146] e nem quais são os objetivos que os direitos humanos assumem[147] e assim são respostas insuficientes. São formas que necessitam de contextualização para se perceber quais interesses foram protegidos ou estão em desvantagem e assim ir além da afir-

---

145 SANTOS, 2001, p.13.

146 "Even though many international lawyers and human rights activists – in particular – would consider the open and critical discursive approach to human rights either hopelessly vague, or ethically questionable (or both), there is no doubt that scholars of 'human rights' beyond the narrow confines of international law". GOODALE, Mark. Locating Rights, Envising Low Between The Global and the Local. In: GOODALE, M; MERRY, S. E. (org). *The Practice of Human Rights: Tracking Law Between the Global and the Local.* Cambridge: Cambridge University Press, 2007, p. 9.

147 BAXI, 2006; WARAT, 2009.

mação sobre números de tratados de direitos humanos assinados.[148] Nesse sentido, um ponto de partida sobre direitos humanos e execuções sumárias é perceber a prática nos países e não apenas adesão a documentos internacionais de direitos humanos,[149] ou seja, a prática local como um elemento chave para declarar uma política de direitos humanos. Por isso que as execuções sumárias podem assumir um viés diferente de uma país para outro ou de uma região para outra dentro do mesmo país, sob a condição de critérios mínimos que moldurarn uma ação como execução sumária ou extrajudicial.

Por vezes essa prática de direitos humanos pode levar a recusar qualquer visão positiva sobre direitos humanos, um certo descrédito a linguagem que se apresenta como direitos humanos, principalmente quando existe "uma acumulação histórica de injustiças", com diz Dallari.[150]

2.2.3. PADRÕES PARA AÇÕES DE DIREITOS HUMANOS: SEGURANÇA PÚBLICA E IGUALDADE RACIAL

Após localizar as recomendações da ONU na definição da agenda e identificação de alternativas sobre execuções sumárias, pode-se afirmar que o relatório da ONU analisa e propõe diferentes ações para fortalecer as instituições brasileiras ou ações que impulsionam novas medidas legislativas ou em políticas públicas em andamento no País. Desse conjunto, considerações sobre a operação policial no Complexo do Alemão são abordadas ao longo do relatório pela ONU. Tais observações, apesar de serem sobre uma ação organizada

---

148 KAPUR, 2006.

149 "Um Estado que assina e aceita convenções e declarações de direitos humanos. Direitos humanos são, então, vistos como um discurso indeterminado de legitimação do Estado, ou como a retórica vazia da rebelião, discurso este que pode ser facilmente cooptado por todos os tipos de oposição, minoria ou líderes religiosos, cujo projeto político não é humanizar Estados repressivos, mas substituí-los por seus próprios regimes igualmente homicidas" (DOUZINAS, 2009, p. 129).

150 DALLARI, 2007, p.30.

em 2007, anterior a Unidade de Polícia Pacificadora (UPP), serão validadas em razão de configuração como uma ação estatal com características abusivas em que o uso da força excessivo ou abusivo é tratado como uma ocorrência inevitável, reforçando assim a possibilidades de episódios de execuções sumárias e a impunidade.

Essas ações policiais e outras são conhecidas por atuar em áreas periféricas e de manter um relacionamento com cidadãos identificados como pardos e pretos, que para essa pesquisa serão denominados de população negra. Esses dois elementos – local de moradia e perfil racial – estão relacionados como variáveis de acesso e garantia de direitos, elementos que a pesquisa jurídica deve considerar, bem como as ações de Estado.

Sem ainda focalizar nas razões apresentadas pela ONU ao Brasil quanto à prática de execuções sumárias, o ponto de partida que vincula as políticas públicas aos sujeitos excluídos da cidadania é a orientação constitucional sobre o projeto de Brasil que se busca alcançar. Embora as execuções sumárias sejam identificadas como um método na história brasileira para fomentar um modelo de nação elitizado e ainda hoje esse método de tratamento do outro seja usado para exclusão de "obstáculos" a favor de grupos poderosos, existe uma orientação constitucional sobre a proteção da pessoa humana e que indica a cidadania como um critério público. Assim, não é possível realizar o estudo sem saber quem são os sujeitos excluídos desse projeto de cidadania no Brasil.

Essa orientação de projeto de sociedade é o ponto de partida do Estado. Com isso, olhar as execuções sumárias sob o viés das vítimas não é uma escolha, é a única alternativa quando se associa direitos humanos ao projeto de República do Brasil.

As execuções de homens negros no Brasil é uma parte dos homicídios violentos a atingir jovens de 15 a 29 anos, o que representa uma demanda mais larga de políticas públicas de proteção da vida, incluem a violência perpetrada por particulares e por agentes estatais. Uma Comissão Parlamentar de Inquérito foi criada pela Câmara dos Deputados, em 2015, visando causas, razões e consequências desses episódios no Brasil contra jovens negros e pobres, a partir do contato com a comunidade. O relatório da *CPI Violência contra Jovens Negros e*

Pobres[151] é uma fonte importante de pesquisa sobre políticas públicas e assim será abordada na medida em que as recomendações da ONU ao Brasil também forem reforçadas nas conclusões da Comissão, a exemplo do tratamento sobre auto de resistência. Por ora, importa mencionar que essas mortes além de serem tratadas como parte de um processo de exclusão de direitos que não se limitam à Segurança Pública, traz uma expressão recorrente de "genocídio da população negra".

> Juridicamente, não se pode falar no delito previsto na Lei n° 2.889, de 1956, que deu concreção às disposições da Convenção Internacional para a Repressão do Crime de Genocídio, concluída em Paris, a 11 de dezembro de 1948, por ocasião da III Sessão da Assembleia Geral das Nações Unidas (Decreto n° 30.822, de 1952). Procede-se, aqui, a um reconhecimento sociológico, atestando o descalabro da matança desenfreada de jovens negros e pobres no Brasil e a condenação dessa população à falta de políticas que promovam o seu bem-estar. Trata-se de iniciativa que promove a maturidade do Estado brasileiro, que, por iniciativa o Poder Legislativo, dá um passo decisivo para a mudança de tal quadro, independentemente d e qualquer ingerência externa em sua História e Soberania. O genocídio com o qual esta Comissão entrou em contato é uma matança simbólica de todo um grupo em meio a uma quantidade absurda de mortes reais. É uma tentativa de amordaçar a vontade, de esmagar a autoestima e d e suprimir a esperança da população negra e pobre ao longo dos séculos em que está presente no território deste País. Ao sufocá-la pela quase completa ausência dos serviços mais básicos que o Estado tem o dever de prestar, promove-se o surgimento de todo o tipo de sentimentos negativos, incluindo o medo, na população em relação aos agentes do Estado nos territórios onde a violência se instalou.[152]

Além da Comissão na Câmara dos Deputados, o Senado Federal também instaurou um procedimento sobre homicídios de jovens, o que acaba por também contemplar a violência contra jovens negros, embora seu escopo seja mais amplo. Podemos contextualizar as duas propostas de Comissão como consequência dos levantamentos sobre homicídio no Brasil que progressivamente passou a especificar o perfil raça/cor e a diferenciar vítimas de 15 a 29 anos como jovens. Além disso, essa

---

151 BRASIL. Câmara dos Deputados. Comissão Parlamentar de Inquérito Violência contra Jovens Negros e Pobres: Relatório Final. Brasília, 2015.
152 BRASIL, 2015, p. 36.

pauta representa a conformação de uma agenda de políticas públicas para a juventude negra que ganha impulso com a atuação política de familiares de vítimas em operações policiais ou chacinas.[153] Apesar disso, a violência institucional, marca das execuções sumárias, não é a única experiência desse cenário, embora seja a de mais difícil apuração.

▼ O Senado reconheceu a diversidade nas características de homicídios e mesmo assim assumiu a questão de mortes decorrentes da ação policial como um dos aspectos da questão[154]. O Senado também assumiu a expressão "genocídio da população negra" para caracterizar a experiência brasileira de extermínio da juventude negra,[155] tal qual fez a Câmara dos Deputados na CPI sobre violência contra jovens negros e pobres (2015).

Antes de afirmar os conceitos sobre relações raciais, é imprescindível contextualizar a expressão genocídio negros, conhecida na obra e trabalho de Abdias Nascimento. Embora as duas comissões deem ênfase ao processo de genocídio que a população negra, especialmente a juventude, enfrenta quando se fala em disparo por armas de fogos

---

153 De acordo com o relatório final da CPI no Senado: "O fio condutor do assassínio da população negra e jovem foi elas que trouxeram. À sua maneira, pela sua história pessoal, elas perceberam na pele e na carne que a democracia racial no Brasil é um mito. Suas falas são contextualizadas, trazem muita informação, carregam a dor e o cansaço de quem se sente lutando sozinha contra o aparato estatal, que reflete, na verdade, o espírito da desigualdade histórica no tratamento entre brancos e negros no Brasil. Essas mulheres vieram à CPI, cada uma delas empoderada de sua história pessoal de perda, munidas de denúncias. Esperamos, ao longo do relatório que se segue, honrar sua luta. Em muitas ocasiões, ao longo dos sete meses de oitivas, não conseguimos apurar circunstâncias mais detalhadas a respeito das vítimas, seus filhos. Ao morrer, esses jovens se tornam ainda mais invisíveis do que quando estavam vivos. Em outra dimensão, a CPI esbarrou na morosidade estatal, na burocracia para a busca de informações, na dificuldade de encontrar fontes confiáveis de dados para apurar circunstâncias trazidas ao nosso conhecimento". (BRASIL, 2016, p. 7-8).

154 BRASIL, 2016, p.34.

155 BRASIL, 2016, p.33-34.

e violência policial, o genocídio negro não se atém a experiência da morte perpetradas nesses contextos. A atuação policial ou a atuação da segurança pública é vista como uma das ferramentas de extermínio dessa população dentro de um processo de silenciamento que Nascimento assim explica:

> Além dos órgãos do poder – o governo, as leis, o capital, as forças armadas, a polícia – as classes dominantes brancas têm à sua disposição poderosos implementos de controle social e cultural: o sistema educativo, as várias formas de comunicação de massas – a imprensa, o rádio, a televisão – a produção literária. Todos esses instrumentos estão a serviço dos interesses das classes no poder e são usados para destruir o negro como pessoa e como criador e condutor de uma cultura própria.[156]
> (...)
> As técnicas usadas têm sido diversas, conforme as circunstâncias, variando desde o mero uso de armas, às manipulações indiretas e sutis que uma hora se chama assimilação, outra hora aculturação ou miscigenação, outras vezes é o apelo à unidade nacional à ação civilizadora, e assim por diante.[157]

Embora este estudo e outros possam falar da morte física, do corpo dito no sentido de matéria, não significa que a negação da existência como pessoa não esteja em curso em outros processos de exclusão de direitos, o que representa a anulação da dignidade humana de forma sistemática até que chegue o encerramento da vida.

Processos de exclusão por meio do extermínio do outro, da negação da condição de pessoa e logo a legitimação para ausência de direitos, não atinge apenas a população negra, embora no Brasil seja bastante expressiva quando se observa a configuração populacional do país. Outros marcadores sociais são evidenciados a partir de práticas não oficiais, como grupos de extermínio e seus procedimentos que privilegiam determinado grupo conforme se explicita quando se busca entender a dinâmica dos assassinatos da população indíge-

---

156 NASCIMENTO, 2016, p.112.
157 NASCIMENTO, 2016, p. 131.

na ou LGBT[158], por exemplo. Nesse sentido, as recomendações da ONU sobre outros procedimentos temáticos da ONU reforçam tal relação. Em 2018, a Relatoria sobre Execuções Sumárias publicou um relatório dedicado às questões de gênero.

2.2.3.1. Execuções sumárias e relações raciais: conceitos para operacionalizar um entendimento

Avançar na apresentação do estudo das recomendações impõe considerar que a permanência de mortes cometidas por agentes do Estado e suas consequências atinge de forma prioritária um grupo social. Esse aspecto da informação mortes por agentes do Estado se relaciona com a negação do direito à vida para uma parte dos brasileiros.

Do conjunto de assassinatos, a população negra é o grupo social mais atingido pelos homicídios no Brasil,[159] logo a questão racial se impõe como elemento chave para o estudo das políticas públicas de direitos humanos no Brasil quando se observar o grupo social mais atingindo

---

158 "Rosangela Gomes rebateu críticas de outros deputados, feitas na reunião de ontem, sobre pontos do relatório que falam de "genocídio" e "racismo" contra jovens negros e pobres, relatando situações pessoais de discriminação. As expressões foram mantidas no relatório. 'A razão primordial do genocídio institucionalizado de jovens negros e pobres é o racismo, que historicamente acompanhou nossa trajetória. O povo brasileiro, desde sua origem, caracteriza-se pela colocação do não-branco como inferior', diz o relatório. Porém, por sugestão da própria relatora, foram suprimidas todas as referências à violência por questões relativas a orientação de gênero e contra a população LGBT. A deputada Erika Kokay (PT-DF) lamentou essa mudança. 'A discriminação tem o mesmo DNA; não tem como construir uma sociedade que enfrente o racismo se não enfrentarmos a discriminação à comunidade LGBT. Por isso, retirar essas expressões é uma concessão que a democracia não suporta mais'". CÂMARA NOTÍCIAS. CPI da Violência contra Jovens Negros aprova relatório final, em 15. 07.2015 Disponível em: <http://www2.camara.leg.br/camaranoticias/noticias/DIREITOS-HUMANOS/492351-CPI-DA-VIOLENCIA-CONTRA-JOVENS-NEGROS-APROVA-RELATORIO-FINAL..html>. Acesso em 23.03.16.

159 Ver BRASIL. Comissão Parlamentar de Inquérito Violência contra Jovens Negros e Pobres. Brasília, 2015.

por violações. Com esse ponto de partida, os posicionamentos que afirmam violações de direitos humanos e racismo no Brasil não são tidos como de fácil aceitação por isso as controvérsias sobre racismo no país são levadas em conta nesta pesquisa.

Não se pode esquecer, por exemplo, que a própria ciência jurídica já assumiu a questão no sentido inverso, ou seja, reforçou um perfil racial sob o viés racista, segundo se conhece na criminologia liderada por Cesare Lombroso e Nina Rodrigues,[160] aderindo às teorias pseudocientíficas que, no início do século XX, cunharam uma concepção racializada de sociedade, fundamentada na superioridade racial do branco europeu, que vai estruturar o projeto civilizatório de branqueamento populacional do Brasil republicano. A descendência africana era entendida como elemento negativo do povo brasileiro e explicava os insucessos dessa sociedade. O mestiço representava a degenerescência do brasileiro[161] até os anos de 1930.

Assim, a ciência também pode assumir um viés genocida, como explica Nascimento ao confrontar os acadêmicos que trataram a questão como "tolerância", "benevolência" ou "democracia racial".[162] Nesse contexto, a visão internacional sobre o Brasil era totalmente oposta à realidade, tanto por conta essa visão acadêmica tanto por conta de um discurso diplomático que só começou a ser contestado com pesquisa que logo enfrentaram algumas tentativas de desmoralização.[163]

Com o esvaziamento das teorias racialistas nas ciências europeia e norte-americana, um outro paradigma identitário passa ser gestado discursivamente no meio acadêmico brasileiro, especialmente com o livro *Casa Grande e Senzala*, de Gilberto Freire (1930), que, ao introduzir o conceito de cultura para explicar as relações sociais brasileiras (e não mais a raça), valoriza positivamente a miscigenação e a contribuição dos povos africanos à nossa formação social. Assim, a

---

160 GUIMARÃES, 2012.
161 MUNANGA, Kabengele. *Rediscutindo a mestiçagem no Brasil*: identidade nacional *versus* identidade negra. 3. ed. Belo Horizonte: Autêntica, 2008.
162 NASCIMENTO, 2016, p.131.
163 NASCIMENTO, 2016, p. 105-108.

identidade nacional passa a ter como referência o ideal de uma nação miscigenada e sem conflitos raciais, uma genuína "democracia racial" que, posteriormente, foi denunciada como mito por sociólogos como Roger Bastide e Florestan Fernandes (1955).[164]

Tais questões sobre as relações sociais acompanham o do problema de pesquisa, pelos seguintes fatores: (i) o perfil racial da perda arbitrária da vida no Brasil; (ii) a responsabilidade com a produção acadêmica a partir dessa ruptura teórica com a democracia racial advinda dos estudos nas ciências sociais; (iii) a percepção de ambas as razões afetarem as escolhas e as ações do Estado no que diz respeito a institucionalização de medidas para tratar as execuções sumárias, arbitrárias ou extrajudiciais, de acordo com as recomendações da ONU ao Brasil sobre essa prática.

O contexto atual é oportuno, pois, a partir de 2001, a pauta da população negra entra na agenda política do Estado[165], e os governos, a partir de 2002, passam a adotar ações de combate ao racismo e às desigualdades raciais, especialmente no campo da educação e do trabalho,[166] mediante um grande esforço para institucionalizar a

---

164 BASTIDE, Roger; FERNANDES, Florestan (orgs.). *Relações raciais entre negros e brancos em São Paulo*. São Paulo: Unesco/Anhembi, 1955.

165 Foi na 3ª Conferência Mundial contra Discriminação Racial, em Durban, África do Sul, em 2001, que o Estado brasileiro reconheceu a existência de desigualdades raciais no país. Um posicionamento público no sentido de desmistificar a antiga crença de que no Brasil se vive uma "democracia racial", se comprometendo assim com a comunidade internacional a instituir políticas de ações afirmativas, a fim de promover a inclusão social de grupos racialmente discriminados, como negros e índios. Ver mais em ALVES, Lindgren J. A. *A Conferência de Durban contra o Racismo e a Responsabilidade de Todos*. Revista Brasileira de Política Internacional, vol. 45, n. 2, Brasília, 2002.

166 Ver base normativa: Política Nacional de Promoção da Igualdade Racial (Decreto 4886/2003), Secretaria de Políticas de Promoção da Igualdade Racial (Lei 10678/2003), Lei 10639/2003, que obriga o ensino de história e cultura da África e afro-brasileiros na educação básica e o Parecer CNE/CES nº 211/2004, Estatuto da Igualdade Racial (Lei 12.288/2010), Plano Nacional de Promoção da Igualdade Racial – PLANAPIR (Decreto 6872/2009), Lei 12.711/2012, que

questão racial no âmbito das instituições estatais, numa perspectiva transversal, buscando envolver todas as esferas de governo e setores sociais.[167] De acordo com a análise do IPEA, que disponibiliza anualmente a coleção "Políticas sociais – acompanhamento e análise", sensibilizar políticos, gestores e agentes estatais sobre a questão racial é um grande desafio (político) na implementação de políticas públicas, especialmente aquelas que não estão focalizadas no problema racial, mas perpassam por ele, como é o caso das execuções sumárias no Brasil[168]. Assim, no campo da segurança pública e da "ação policial" essa questão torna-se mais sensível e o desafio ainda maior.

Nesse sentido, é importante demarcar os conceitos operacionais para a compreensão da questão racial na formação social brasileira – raça,

---

regulamenta o ingresso nas universidades federais e instituições federais de ensino técnico (lei das cotas), Sistema Nacional de Promoção da Igualdade Racial – SINAPIR (Decreto 8136/2013) e a Portaria nº 08, de 11 de fevereiro de 2014 que trata dos procedimentos de adesão e modalidades de gestão para os entes, e a Lei 12.990/2014, que reserva aos negros 20% das vagas oferecidas nos concursos públicos para provimento de cargos efetivos e empregos públicos no âmbito da administração pública federal, autarquias, fundações públicas empresas públicas e sociedades de economia mista controlados pela União.

167 *O Governo Federal impõe a si a responsabilidade de fazer com que todos os agentes sociais significativos incorporem a perspectiva da igualdade racial, seja por meio da ação direta, seja direcionando o conjunto dos programas federais de governo para assimilarem os princípios da Política Nacional de Promoção da Igualdade Racial (transversalidade, participação e descentralização), seja fornecendo às instituições o conhecimento necessário à mudança de mentalidade para eliminação do preconceito e da discriminação raciais, seja induzindo as organizações não-governamentais e as empresas, por meio de incentivos, convênios e parcerias, a adotarem programas de promoção da igualdade racial.* Ver BRASIL. Secretaria Especial de Políticas de Promoção da Igualdade Racial – SEPPIR. Política Nacional de Promoção da Igualdade Racial. Brasília, 2003. Disponível em: <http://bvsms.saude.gov.br/bvs/publicacoes/politica_nacional_promocao_igualdade_racial.pdf>. Acesso em 18.06.2018.

168 IPEA, 2015, p. 454.

racismo, discriminação racial, preconceito, estigma e democracia racial. Para assim delimitar as consequências das respostas públicas às execuções arbitrárias diante do perfil das vítimas.

Raça: O conceito de raça é objeto de acirrados e profundos debates nas ciências sociais tanto sobre sua história quanto sobre seus usos e sentidos na atualidade. Para os propósitos desta tese, interessa compreender o conceito à luz das questões sobre a transversalidade da questão racial nas políticas públicas, ou seja, do racismo como problema social assumido pelo Estado que, assim sendo, incorpora formalmente para o agir estatal, mais um parâmetro de ação (combater o racismo) a ser operacionalizado através de medidas efetivas e mensuráveis.[169]

Nesse sentido, uma ação de segurança não pode se coadunar com um viés racista e discriminatório.

A raça é um mecanismo teórico de classificação, uma categoria de análise oriunda das ciências naturais que serviu para explicar as particularidades físico-morfológicas dos seres humanos a partir do final do século XVIII. Essa categoria é apropriada e ampliada pelas ciências sociais, de modo a relacionar os elementos físicos com características morais, psicológicas e intelectuais dos indivíduos, estabelecendo, a partir dessa relação entre marcadores externos e comportamentos, a hierarquização dos diferentes grupos humanos na organização da vida social.

Kabengele Munanga e Antonio Sérgio Alfredo Guimarães, estudiosos das relações raciais, no âmbito de suas abordagens antropológica e sociológica, explicam que a classificação da humanidade em raças hierarquizadas foi objeto das teorias racialistas ou da raciologia, desenvolvidas nas ciências sociais de final do século XIX e início do século XX, e que adquire seu viés racista com o fundamento na superioridade racial do branco europeu.[170]

---

169 A Política Nacional de Promoção da Igualdade racial estabelece os princípios e as diretrizes da ação estatal, indicando, a título exemplificativo, um rol de medidas a serem realizadas.

170 Esse saber científico foi muito difundido e serviu de suporte teórico para ações políticas de dominação durante todo o século XX, desde

A categoria raça foi abandonada pela biologia, pois, com o avanço das pesquisas na área da genética, o conceito se torna inoperável para explicar a variedade humana, ao passo que no imaginário coletivo, por mecanismos diversos, persistiram as raças fictícias, construídas a partir de diferenças fenotípicas como a cor da pele, que reproduzem os racismos populares[171] e estão na base psicossocial de um histórico "desleixo" estatal sobre as necessidades da população negra.[172]

Como nos explica Guimarães, o antirracialismo que se seguiu nas ciências sociais e na política brasileiras a partir de 1930 não significou um antirracismo efetivo, não foi suficiente para desmobilização das estruturas racializadas de poder no Brasil. E o paradigma culturalista que se seguiu implicou na negação da raça e, ao mesmo tempo, do racismo e, com isso, no mascaramento das desigualdades sociais profundas entre brancos e negros que assolava a sociedade brasileira e que são escancaradas com a crítica mais acirrada ao mito da democracia racial.

---

a política de branqueamento no início do século no Brasil, passando pelo nazismo na Alemanha e a neocolonização europeia na África, e se expandiu dos círculos acadêmicos para o tecido social das populações ocidentais, assumindo cada vez mais o seu aspecto ideológico. Ver CARVALHO, Camila Magalhães. *Por uma perspectiva crítica de direitos humanos*: o caso das cotas para a população negra no acesso ao ensino superior público. Dissertação de mestrado. Faculdade de Direito da Universidade de São Paulo, 2011.

171 A raça, sempre apresentada como categoria biológica, isto é, natural, é de fato uma categoria etnossemântica. De outro modo, o campo semântico do conceito de raça é determinado pela estrutura global da sociedade e pelas relações de poder que a governam. Os conceitos de negro, branco e mestiço não significam a mesma coisa nos Estados Unidos, Brasil, África do Sul, Inglaterra etc. Por isso, o conteúdo dessas palavras é etnossemântico, político-ideológico e não biológico(...) É a partir dessas raças fictícias ou "raças sociais" que se produzem e se mantêm os racismos populares. MUNANGA, Kabengele. *Uma abordagem conceitual das noções de raça, racismo, identidade e etnia*, cit., p. 22.

172 GUIMARÃES, Antônio Sérgio Alfredo. *Racismo e antirracismo no Brasil*. 2. ed. São Paulo: Editora 34, 2009, p. 68-69.

Portanto, o uso do conceito de raça hoje possui finalidades sociológicas e políticas. A disputa pelo sentido do conceito de raça produz dois tipos de discursos antirracistas, o universalista e o diferencialista.[173] No antirracismo universalista, a raça é uma categoria nociva socialmente, produz o racismo, e, assim, não sendo uma realidade biológica, torna-se prescindível enquanto elemento identitário e de organização da ação política (Paul Gilroy, Peter Fry e Yvonne Maggie). No antirracismo diferencialista, a perspectiva biológica da raça é rejeitada, porém, ao mesmo tempo, o uso do conceito é instrumentalizado politicamente na organização da resistência ao racismo, e, sociologicamente, para ressaltar a dimensão propriamente racial das desigualdades no Brasil.

As explicações pela categoria da classe são reducionistas e fazem sentido somente na medida em que esta se relaciona com a categoria da raça. Nesse sentido, o antirracismo diferencialista reivindica uma atuação estatal objetiva no enfrentamento do racismo, por meio de políticas focalizadas, mas, transversalmente, no contexto mais amplo de outras políticas públicas, como as econômicas e as de segurança pública.[174]

Na leitura antropológica de Munanga, a principal preocupação é o sujeito negro, aquele indivíduo que é afetado em sua subjetividade pelo racismo e suas práticas discriminatórias. Assim, o problema da identidade e, com ele, o da mestiçagem, são centrais. Segundo o antropólogo, as condições históricas e sociais das relações raciais no Brasil, não permitem o agrupamento dos negros dentro de uma cultura negra, assim como também não permite falar em uma cultura branca e, sendo assim, o apelo a uma identidade racial tem objetivos políticos de organização e mobilização coletiva do grupo, de empoderamento.

---

173 MUNANGA, Kabengele. *Rediscutindo a mestiçagem no Brasil*: identidade nacional versus identidade negra. 3. Ed. Belo Horizonte: Autêntica, 2008.

174 Ver Política Nacional de Promoção da Igualdade Racial (Decreto 4886/2003).

Com a crítica ao mito da democracia racial, especialmente a partir dos anos de 1980, o movimento negro passa a reivindicar uma mudança de postura do Estado mediante a implementação de políticas de combate à discriminação e a reversão do quadro de desigualdades entre brancos e negros no país.

A categoria classe, utilizada para explicar as relações sociais no âmbito de um capitalismo avançado, por si, é insuficiente para explicar as desigualdades no Brasil, pois, segundo Florestan Fernandes, o capitalismo aqui foi periférico e, ao lado, do desenvolvimento de uma sociedade capitalista de classe, estruturada juridicamente pela igualdade formal, persistiu uma ordem estamental fundada na diferenciação racial.[175] A população negra, na competição social por educação e mercado de trabalho, por exemplo, enfrenta, além do passado escravista, que já oferece uma desvantagem na origem, novas discriminações que ampliam essa desvantagem.[176]

Na leitura sociológica de Guimarães "o fator racial está diluído numa série de características pessoais, todas de ordem atribuída (*ascribed*)",[177] as quais não correspondem ao que socialmente se compreende como algo positivo, pelo contrário, comunicam o que é desvalorizado na sociedade: a pobreza, a marginalidade, o incômodo social. Assim, a discriminação de classe no Brasil foi naturalizada e legitimada, a serviço de justificar as atitudes discriminatórias expressas contra as pessoas que carregam em si o conjunto de características que compõe o imaginário coletivo de uma pessoa pobre, especialmente a cor da pele.

Munanga, a partir de Abdias do Nascimento, enfatiza o pressuposto violento do estupro de origem da miscigenação e a caracteriza como estratégia política de organização social tanto no período colonial quanto no republicano, pois, no pós-abolição, o mestiço passa a representar simbolicamente as relações raciais cordiais, base da ideia de democracia racial. A histórica ambuiguidade do mestiço, que ora

---

175 FERNANDES, Florestan. *O negro no mundo dos brancos*. 2 ed. São Paulo: Global, 2007.

176 CARVALHO, 2011, p. 116.

177 GUIMARÃES, 2012, p. 67.

é tido como degenerescência, ora como símbolo da nacionalidade, tende a sustentar as posições contrárias às políticas afirmativas para a população negra, pois coloca em questão o problema da identidade racial e da identificação de quem seria negro no Brasil.

O IBGE adota o critério da autodeclaração e, para as políticas públicas focalizadas, agrupa as categorias de cor parda e preta como constitutivas da população negra, enquanto grupo beneficiário dessas políticas. Munanga explica que a classificação racial brasileira é do tipo cromática, isto é, com base na marca, principalmente na cor da pele, em oposição ao sistema americano de uma gota de sangue, por isso, a depender do grau de miscigenação e de outros atributos corporais, o mestiço pode ser conduzido para a categoria branca. Por isso, o movimento negro tem se concentrado em recuperar a construção de identidade étnico-racial comum, politicamente mobilizadora e capaz de contribuir para a efetivação da cidadania dos negros e dos mestiços, afirmando a condição multirracial da sociedade brasileira.

Guimarães também reconhece a legitimidade científica, ética e política do uso do termo raça, contudo, ressalta a necessidade de sua superação.[178] Com efeito, o uso do conceito demonstra a fissura do sistema social, localiza a tensão entre a necessidade de superação da ideia de raças por meio da afirmação da identidade racial (política) de um grupo historicamente discriminado. Nessa medida, o conceito expressa as dificuldades e desafios à implementação das ações de combate ao racismo, pois a situação presente é de continuidades (estruturas de poder racializadas) e, ao mesmo tempo, de transformações, pois estão em curso políticas afirmativas nas universidades, nos concursos públicos, no ensino da educação básica, etc.

Democracia racial: Gilberto Freyre é o referencial teórico para explicar as relações raciais a partir da cultura e não mais da raça, com base em uma narrativa sobre a miscigenação cultural havida entre europeus e africanos mediante a qual é criada uma "zona de confraternização"[179] entre as raças, promovendo relações raciais amistosas, que não geraria barreiras de mobilidade social, especialmente para o mestiço.

---

178 GUIMARÃES, 2012, p. 50.
179 MUNANGA, 2008, p. 76.

Florestan Fernandes, Roger Bastide, Carl Wagley, dentre outros, vão denunciar essa perspectiva como mito, pois tal discurso resultava no mascaramento dos conflitos raciais, das desigualdades profundas entre brancos e negros no acesso aos bens públicos, na fruição de direitos, etc. Hoje, alguns cientistas sociais entendem a democracia racial como um ideal a ser alcançado (Peter Fry e Yvonne Maggie, por exemplo) e outros focam na crítica ao mito.

Nessa perspectiva, o discurso da democracia racial conduz ideologicamente um jogo complexo de pequenas concessões simbólicas, como a nacionalização de símbolos da cultura africana, ao mesmo tempo em que, no campo político e social, produz silenciamentos, depreciação e violências contra a população negra, a exemplo da rigorosa punitividade no campo penal,[180] da discriminação religiosa, da construção da imagem negra como "mau aparência" em oposição à "boa aparência" exigida nos mercados de trabalho,[181] que seria representativa do indivíduo normal, branco.

Assim, para os mais críticos, como Munanga, o mito da democracia racial é uma ideologia pela qual se mascara as condições (re)produtoras das desigualdades raciais. Esse discurso dilui o elemento racial nas diferenças socioeconômicas e, assim, as desigualdades seriam explicadas pela categoria sociológica da classe. Também acaba por localizar o "problema racial" na dimensão individual do preconceito (especialmente de cor), portanto como algo residual, decorrente de uma herança cultural do passado escravista, e com isso banaliza as práticas discriminatórias que estão integradas nas instituições como normais[182] e desresponsabiliza as gerações presentes e governos atuais pelas desigualdades contemporâneas e suas possíveis soluções.[183]

---

180 ADORNO, Sérgio. Discriminação racial e justiça criminal em São Paulo. *Revista Novos Estudos*, n° 43, novembro, 1995.

181 GUIMARÃES, 2012.

182 GOMES, Joaquim B. Barbosa. *Ação afirmativa e o princípio constitucional da igualdade*: o direito como instrumento de transformação social. A experiência dos EUA. Rio de Janeiro: Renovar, 2001, p. 17-33.

183 GUIMARÃES, 2012, p. 65.

Racismo: entre distintas abordagens teóricas sobre o conceito de racismo, Jacques d'Adesky entendem o racismo como um comportamento social presente na história da humanidade que foi expresso de diferentes formas em distintos contextos históricos e sociais. Para Kabengele Munanga o termo racismo é polissêmico, diferenciando o racismo em sentido estrito e o racismo derivado. Em ambos os sentidos, contudo, há um componente comum, o mecanismo de "biologização", que consiste em explicar comportamentos em função de características físicas, fundamentando (e naturalizando) uma hierarquização dos grupos em raças superiores e inferiores.[184]

Nesse mesmo sentido, Antonio Sergio Alfredo Guimarães designa como uma das especificidades do racismo moderno o fundamento biológico (científico) das distinções/classificações sociais e suas hierarquizações.[185]

---

184 Sobre classificação racial humana ver MUNANGA, Kabengele. *Uma abordagem conceitual das noções de raça, racismo, identidade e etnia*, op. cit., p. 25-26.

185 "Vou tratar do *preconceito de cor* e *racismo* no Brasil restringindo-me à época moderna, que começa com a geração de 1870, nas escolas de direito, do Recife e de São Paulo, e nas escolas de medicina, da Bahia e do Rio de Janeiro. Tal recorte não é arbitrário: tem a ver com a minha compreensão do que seja o racismo moderno. Sigo o que aprendi com Louis Dumont (1966) e Collete Guillaumin (1992), entre outros, para quem o discurso sobre a diferença inata e hereditária, de natureza biológica, psíquica, intelectual e moral, entre grupos da espécie humana, distinguíveis a partir de características somáticas, é resultado das doutrinas individualistas e igualitárias que distinguem a modernidade da Antiguidade ou do Medievo e, no nosso caso, do Brasil colonial e imperial. Sem minimizar a importância política da hierarquia e da desigualdade sociais entre os povos conquistadores e conquistados, entre senhores e escravos, na história do Ocidente, mas antes para maximizá-la, acredito que o distintivo no racismo moderno seja justamente a ideia de que as desigualdades entre os seres humanos estão fundadas na diferença biológica, na natureza e na constituição mesmas do ser humano. A igualdade política e legal seria, portanto, a negação artificial e superficial da natureza das coisas e dos seres. Ora essa compreensão do racismo significa circunscrevê-lo à modernidade, pois nos remete logicamente ao aparecimento da ciência da biologia e da filosofia política liberal". GUIMARÃES, Antonio Sergio Alfredo. Preconceito de cor e racismos no Brasil. *Revista de Antropologia*. Vol. 47, n° 01, São Paulo, 2004.

O racismo em sentido estrito é, assim, um fenômeno moderno, ligado à história da ciência e cultura ocidental, situado a partir do final do século XVIII, quando a ciência passa a classificar os seres humanos em raças hierarquizadas. O termo surgiu nos anos de 1920 e é constituído por três elementos: a ideologia racista, que consiste em determinada concepção de mundo apresentada, muitas vezes, como uma teoria científica; o preconceito racial, que é uma "disposição afetiva imaginária, ligada aos estereótipos étnicos" e que pode ou não ser externalizada por quem o sente; e a discriminação racial, traduzida em comportamento coletivo observável.[186]

Aqui, é importante ressaltar a diferença entre preconceito e discriminação. Munanga explica que o preconceito se localiza na esfera individual, é uma disposição afetiva, dificilmente afetada pelas ações antirracistas que visam diretamente comportamentos discriminatórios e as manifestações sociais da discriminação, como os marcadores de desigualdades entre brancos e negros.

Joaquim Barbosa[187] elabora uma classificação das formas de discriminação racial, para definir os comportamentos violadores da regra geral da igualdade, destacando que, alguns deles prescindem do requisito subjetivo da intencionalidade, dentre eles o que autor denomina de: 1. discriminação por impacto desproporcional (*Disparate Impact Doctrine*), manifestada em situações de desigualdade resultantes de fatores histórico-culturais, por isso, geralmente, são práticas discriminatórias legitimadas socialmente e juridicamente; 2. discriminação na aplicação do direito, cuja norma ou decisão não dispõe de forma discriminatória, contudo os resultados de sua aplicação implicam num favorecimento desproporcional de um grupo em detrimento de outro; e 3. discriminação presumida, manifestada nas "disparidades estatísticas" entre os diversos grupos formadores de uma sociedade, isto é, na ausência ou baixa representatividade da pluralidade de grupos étnico- raciais da sociedade aferida estatisticamente nos campos da educação, do emprego, das instituições públicas.

---

186 MUNANGA, 1998 p. 47.

187 GOMES, Joaquim B. Barbosa. *Ação afirmativa e o princípio constitucional da igualdade*: o direito como instrumento de transformação social. A experiência dos EUA. Rio de Janeiro: Renovar, 2001, p. 17-33.

No racismo derivado, surgido nos anos de 1970, o conceito se amplia para abarcar outros elementos diferenciadores, outros marcadores identitários dos sujeitos, que se distinguem do padrão dominante na sociedade e acabam sofrendo um processo de estigmatização que culmina em outras hierarquizações sociais, em analogia ao mecanismo da biologização que culminou na hierarquização entre o homem branco europeu e o negro africano. O seu núcleo passa a ser a intolerância ao diferente, o "racismo" contra homossexuais, imigrantes, deficientes físicos e mentais, idosos, etc., seriam racismos por analogia ou metaforização.

Ervin Gofman,[188] na década de 60, conceitua o estigma como um processo social, construído nas interações sociais, de modo que um atributo característico de certo sujeito e seu grupo se torna depreciativo, uma vez que, na perspectiva das pessoas tidas como "normais", esse atributo frustra as exigências normativas de comportamento, estética, cultura, isto é, o padrão social dominante de "normalidade". Nesse sentido, o estigma é uma marca hétero atribuída e incorporada na dinâmica das relações intersubjetivas, que gera processos de exclusão do sujeito estigmatizado e afetam, em diferentes graus, o processo de construção das suas identidades. Retomando Munanga, as identidades coletivas são pressupostos para organização da ação social, para a mobilização coletiva necessária à luta contra um problema social.

2.2.3.2. Problematizando o racismo nas políticas de segurança pública

Além da informação quantitativa sobre o alvo de uma ação violenta, os critérios identificados para fundamentar o uso da força ou a vitimização tem se aproximado mais, para não dizer quase que exclusivamente, pelas características pessoais da vítima de homicídio (aparência, local de moradia) do que das ações desprendidas pela pessoa a justificar um perigo iminente – única razão para que a defesa com morte seja considerada legítima após avaliação do uso

---

188 GOFFMAN, E. Estigma: notas sobre a manipulação da identidade deteriorada. Trad. Márcia Bandeira de Mello Leite Nunes. Rio de Janeiro: LTC, 1975. MELO, Z. M. Estigma: espaço para exclusão social. Revista Symposium. Ano 4, n° especial, 2000. p. 18-22. Disponível em:<www.unicamp.br/Arte/ler.php?art_cod=1486> Acesso em 08.05.2016.

da força, de acordo com os princípios de direitos humanos a reger a ação estatal no que diz respeito ao cumprimento da lei.

Quem é o alvo das execuções sumárias é pergunta recorrente nos relatórios do procedimento temático em estudo.[189] A ênfase no perfil das vítimas se comunica com a dinâmica das execuções sumárias em determinado local, não podendo afirmar um perfil único na leitura desses documentos, mas há uma convergência: a condição de vulnerabilidade social.

Com isso, atentamos para a noção de que um marcador social (raça, etnia, gênero, classe) é um elemento que compõem o exercício de um direito, isto é determinada diferença se converte em desigualdade social.[190] Essa concepção se arrobusta quando visualizamos na sociedade quem são as pessoas detentoras do exercício de um direito de fato.

Quando da sua negação de forma tão sistemática, a partir de um desses marcadores ou múltiplos marcadores, estamos diante da concepção de discriminação racial ou de gênero,[191] sendo comuns as interseções.

---

189 Ver seção sobre grupos vitimizados por execuções sumárias com base nos relatórios anuais da ONU em PROJETC ON EXTRAJUDICIAL EXECUTION. The UN Special Rapporteur on Extrajudicial Executions Handbook, 2010. Disponível em: <http://extrajudicialexecutions.org/LegalObservations>. Acesso em: 13 mai. 2010.

190 COMPARATO, 2006.

191 "1.O Comitê observa que a discriminação racial nem sempre afeta mulheres e homens igualmente ou da mesma maneira. Há circunstâncias em que a discriminação racial atinge, exclusiva ou primeiramente, as mulheres, ou as atinge de forma distinta, ou em grau diverso do que os homens. Este tipo de discriminação racial será, frequentemente, imperceptível, caso não haja explícito reconhecimento ou admissão das experiências de vida distintas de homens e mulheres, nas esferas da vida pública e privada. 2.Algumas formas de discriminação racial poderão ser especialmente dirigidas às mulheres em virtude do gênero, com a violência sexual cometida contra mulheres membros de grupos raciais ou étnicos particulares por ocasião de detenção ou conflitos armados; (...)5. Como parte da metodologia para a plena consideração das dimensões relacionadas a gênero da discriminação racial, o Comitê incluirá em seus métodos de trabalho nas sessões uma análise da relação entre gênero e discriminação racial, atribuindo particular atenção: a) A

Discriminação racial é o termo mais conhecido nos documentos jurídicos, dá nome a Convenção da ONU sobre o tema – *Convenção sobre a Eliminação de Todas as Formas de Discriminação Racial* (1965) –, e significa "toda distinção, exclusão, restrição ou preferência baseada na raça, cor, descendência ou origem nacional ou étnica para anular ou restringir" direitos humanos, como explicita o artigo primeiro da Convenção. No decorrer do documento, a abrangência dessa prática é desenvolvida e interpretada pelo Comitê CERD, estabelecido como órgão de monitoramento de sua implementação. As observações gerais do Comitê CERD auxiliam na compreensão da complexidade da questão em relação ao compromisso dos Estados.[192]

Vale mencionar que a configuração de uma agenda internacional antirracista não coincidiu com a imagem do Brasil na ONU. Até a apresentação de um estudo da UNESCO sobre as tensões das relações raciais e negação de direitos no Brasil, em 1968, o discurso que prevalecia era único sobre o convívio harmônico entre as raças como exemplar para o mundo, tal qual se conhecia nos discursos diplomáticos.[193]

No caso em estudo, passa a interessar quem são as pessoas atingidas por mortes em ações policiais? Onde esses procedimentos ocorrem? As respostas para essas indagações se orientam pelo princípio da igualdade com o direito à vida. No Brasil, a resposta encontrada é sobre um perfil racial,[194] problema recentemente debatido e documentado pela Câmara dos Deputados (2015) e Senado Federal (2016).

---

forma e manifestação da discriminação racial; b) As circunstâncias nas quais ocorrem a discriminação racial; c) As consequencias da discriminação racial; e d) A avaliação e o acesso aos recursos e mecanismos de reclamação contra a discriminação racial." Recomendação Geral n. 25 In: PIOVESAN, Flávia (Coord). Código de Direito Internacional dos Direitos Humanos Anotado. São Paulo: DPJ Editora, 2008, p.288-289.

192 Sobre discriminação de indígenas ver Recomendação Geral n. 23, discriminação de comunidades ciganas ver Recomendação Geral n. 27.

193 NASCIMENTO, 2016, p.105-107.

194 "Ficamos, portanto, presos em duas armadilhas sociológicas quando pensamos o Brasil contemporâneo. Primeiro, o conceito de classe não é concebido como podendo referir-se a uma certa identidade social

Ao falar em mortes por execuções extrajudiciais e conhecer o perfil das pessoas atingidas, a questão racial é inadiável. Porém, a localização dessas práticas pode reforçar que não se trata de um problema racial e sim de desigualdade econômica[195] em que a população preta e parda está como maioria numérica.

Contudo, uma análise histórica das relações raciais no Brasil demonstra que a relação imbricada entre pobreza e cor se constituiu no bojo de uma estrutura de poder que permaneceu racializada, mesmo após o período escravocrata. Isto foi continuamente reforçado por uma atuação estatal, no mínimo, indiferente a situação social da população negra. Tal "desleixo" do Estado, nas palavras de Guimarães,[196] impôs ao grupo dificuldades quase instransponíveis para mobilidade e ascensão social. Ou seja, o agir estatal, após três séculos e meio de escravização dos negros africanos e afro-brasileiros, se não foi aberta

---

ou a um grupo relativamente estável, cujas fronteiras sejam marcadas por formas diversas de discriminação, baseada em atributos como a cor – afinal é esse o sentido do dito popular, de senso comum, de que a discriminação é de classe e não de cor. Segundo, o conceito de "raça" é descartado como imprestável, não podendo ser analiticamente recuperado para pensar as normas que orientam a ação social concreta, ainda que as discriminações a que sejam sujeitos os negros sejam, de fato, orientadas por crenças raciais." (GUIMARÃES, 2012, p.47).

195 "Quando os conceitos de 'raça' e 'gênero' são aplicados aos estudos sobre desigualdades socioeconômicas ou pobreza eles têm o efeito virtuoso de revelar aspectos que o conceito de 'classe' não poderia explicar. Eles desvelam certas particularidades na construção social da pobreza que eram antes ignoradas. Em vez de continuarmos a pensar que a relação entre 'cor' e pobreza é de coincidência, passamos a investigar o papel constituinte da 'cor' sobre a pobreza. Passamos também a buscar os fundamentos raciais da classificação por cor no Brasil. Em nenhum momento, querem esses estudos negar a construção da pobreza pela situação de classe (ou pela de classes, pela exploração capitalista etc.). Tudo o que fazemos é mostrar outras determinações que não são subsumíveis ao conceito de classe social. Do mesmo modo, nos estudos de identidade nacional há aspectos que só podem ser revelados quando investigamos o imaginário racial e de gênero. Sem imperialismos ou reducionismos" (GUIMARÃES, 2012, p. 78).

196 GUIMARÃES, 2012, p.68.

e diretamente racista tal qual ocorreu no modelo de segregação racial nos EUA e África do Sul, contribuiu para a pobreza da população negra e reforçou padrões racistas de relações raciais.

Na última década, o governo federal foi pioneiro em ações com preocupação racial: modificar o quadro de desigualdades raciais no Brasil, para transformar a igualdade formal em igualdade de oportunidades e de tratamento para população negra. O Brasil adotou medidas para implementação de ações concretas e coordenadas de curto, médio e longo prazo.[197] Uma das diretrizes da PNPIR – Política Nacional de Promoção da Igualdade Racial – é o fortalecimento institucional da questão racial e, dentre as ações planejadas, está a capacitação (conscientização) dos servidores públicos.

Tratar as relações raciais e direitos humanos ainda é tarefa em construção também para a agenda da segurança pública. Uma tensão notória sobre a questão é uma negação do racismo apõe meio da afirmação de que o contingente efetivo de policiais coincide com o perfil racial e econômico das pessoas afetadas pelos homicídios. Como entender a negação do racismo com argumentos sobre cor ou origem de vítimas e perpetradores? Na tese de Munanga sobre a mestiçagem, o antropólogo entende que o paradigma culturalista da democracia racial afetou negativamente o processo intersubjetivo de construção das identidades individual e coletiva dos negros, impactando negativamente na autorrelação prática do sujeito e nas relações de solidariedade social entre o grupo. Comparar o perfil racial de agente e vítima não é o suficiente para afastar a relação de violência, como explica Paulo Freire sobre as contradições vividas na relação opressor e oprimido.[198]

Como vimos nos conceitos sobre relações raciais, o racismo e a discriminação racial no Brasil podem prescindir do requisito de intencionalidade e da própria consciência racial que, pelo contrário, se estivesse presente nas estruturas subjetivas do policial, poderia contribuir para um outro padrão de tratamento. Ter a cor da pele preta ou parda não

---

197 Ver Decreto 4886/2003.

198 FREIRE, Paulo. A pedagogia do oprimido. Rio de Janeiro: Paz e Terra, 2005, p. 35-36.

garante solidariedade coletiva entre os semelhantes; como vimos, a cor da pele é um dos elementos que compõe ideia de identidade racial no contexto das relações sociais no Brasil. Retomando Munanga:

> Apesar de o processo de branqueamento físico da sociedade ter fracassado, seu ideal inculcado através de mecanismos psicológicos ficou intacto no inconsciente coletivo brasileiro, rodando sempre nas cabeças dos negros e mestiços. Esse ideal prejudica qualquer busca de identidade baseado na "negritude e na mestiçagem", já que todos sonham ingressar um dia na identidade branca, por julgarem superior.[199]

É habitual oferecer como resposta cursos de direitos humanos. Apesar de direitos humanos no currículo da formação policial representar a afirmação de valores, não consideramos que a relação violência está vinculada a perspectiva individual a partir da prestação do serviço público apenas. Do contrário, um funcionário não-violento apresentaria instrumentos de modificar o estado de coisas. Assim, a prioridade é compreender o funcionamento do Estado, das organizações para o tema direitos humanos e para o problema execução sumária.

O Racismo, nas explicações de Wieviorka, "é suscetível de se expandir cada vez que as instituições e o sistema político se mostram incapazes de oferecer um tratamento democrático a dificuldades sociais ou culturais, e mais ainda à suas combinações".[200] A tentação racista não depende da razão e educação, na conclusão de Weiviorka, ela convive com relações de poder mais próximo de regimes autoritários do que regimes democráticos tendo em vista a relativização da dignidade da pessoa humana. Exemplo histórico recente se encontra nos processos deflagrados nos regimes nazistas em torno da percepção do inimigo e como o direito estava a serviço dessas premissas,[201] procedimentos detalhados na obra de Hannah Arendt.

---

199 MUNANGA, 2008, p. 16.

200 WIEVIORKA, 2007, p. 157.

201 "Em busca da gênese desse pensamento intolerante (que transforma seres humanos em párias, em seres indesejáveis) temos procurado analisar as diferentes versões assumidas pelo discurso da intolerância que, de acordo com a teoria weberiana, tem servido ao Estado e à Igreja católica

A relação de grupos com o processo de decisão do Estado é uma preocupação atual para a democracia. Embora não seja objeto desta tese, esses processos de participação social[202] devem ser considerados quando se está diante de uma sociedade desigual como a brasileira e por conta de novos instrumentos jurídicos[203] que assumem o racismo e os direitos humanos como objetivo, a exemplo de Plano Nacional de Direitos Humanos ou legislações como Estatuto da Igualdade Racial (Lei 12.288\2010), e leis para inclusão da história e cultura afro-brasileira e indígena no currículo escolar (Leis ns. 10.639\2003 e 11.645\2008).

As políticas públicas são a consolidação de decisões do Estado perante determinado compromisso. Tal compromisso se expressa nos deveres e obrigações para com a população em proteger e assegurar determinado aspecto da cidadania. Em relação ao racismo, órgãos do Estado que promovam ações de reconhecimento e igualdade racial é uma perspectiva de ação, por exemplo com novas leis sobre discriminação positiva por meio de ação afirmativas. Mas outras duas podem ser uma perspectiva discriminatória: a ação de funcionários

> para se sustentarem como *grupo de status*, privilegiado, superiores (ora pela honra, ora pelo sangue puro). É esse discurso que temos procurado investigar em nosso projeto sobre o inventário das obras racistas no Brasil e suas matrizes europeias. É esse discurso – desconstruído – nos revela a postura dos intelectuais brasileiros frente ao outro, apresentado como pária, imaginado como um ser sub-humano, representado como um animal. Interessa-nos, assim, verificar como se processou – ao longo da história do Brasil e no decorres do Holocausto (tendo em vista os projetos étnico-político do III Reich e também do Estado republicano brasileiro) – o processo de *animalização* do estrangeiro, o processo de *diabolização* do judeu ou do comunista" (CARNEIRO, Maria Luiza Tucci. A tolerância como virtude. In: *Revista USP*. Racismo II. São Paulo: USP, Mar\abr\mai, 2006, n. 6 p.10).

202 Ver mais em FROWEIN, J; BANK, Roland. A participação das minorias no processo de tomada de decisões. SAREMENTO, D; IKAWA, D; PIOVESAN, F (Coords). Igualdade, Diferença e Direitos Humanos. Rio de Janeiro: Lumen Juris, 2008, p. 77-109.

203 Sobre instrumentos jurídicos e racismo ver PRUDENTE, Eunice Aparecida de Jesus. Educação em direitos: um caminho para a igualdade racial. In: *Revista Brasileira de Filosofia*, ano 60, n. 236, jan-jun, 2001, p.35-70; PRUDENTE, Eunice Aparecida de Jesus. *Preconceito racial e igualdade jurídica no Brasil*: a cidadania negra em questão. São Paulo: Julex, 1989.

públicos mesmo diante da missão institucional por igualdade e direitos humanos e ações do Estado planejadas de tal forma que afetam negativamente setores da população, não se apresentando como uma ação pontual. Esse impacto desproporcional sobre a população negra se localiza na modalidade de discriminação racial, quando orientados pela classificação e critérios apresentados por Joaquim Barbosa.[204]

O racismo está como objeto de enfrentamento entre esses compromissos. Ao estar em um lugar institucional significa que o Estado assume sua existência e refuta sua prática, buscando assim ações que respondam às práticas excludentes com viés racial. Tais ações de Estado não se limitam a afirmação de uma sociedade igualitária e sem discriminações, exige também ações não discriminatórias e a promoção da igualdade no cotidiano da organização estatal. As ações de Estado ganham mais um valor, o agir estatal incorpora mais um parâmetro.

Dito isto, uma ação de segurança não pode se coadunar com um viés racista e discriminatório.

Por isso, se entendemos as execuções sumárias como um método de eliminação do outro visando determinado objetivo que afeta à vida da pessoa atingida mas também uma percepção de vantagem por parte do agente – expressão marcante de graves violações de direitos humanos – a concepção de racismo fica difícil de ser afastada das análises sobre essas mortes e igualmente sobre as ações de Estado que buscam enfrentá-la ou que se relacionam com essas práticas (segurança pública, acesso à justiça, por exemplo).

2.2.3.3. Operações policiais, Unidade de Polícia Pacificadora e militarização

O ano de 2018 fica marcado como a data de uma medida extrema na segurança pública do Rio de Janeiro sob a denominação de Intervenção Federal, desde o mês de fevereiro com vigência até o mês de dezembro.[205] Após três meses da Intervenção, um novo

---

204 GOMES, 2011, p.17-33.

205 NOTA DE REVISÃO (2018): este subcapítulo da tese de doutorado, defendida em 2016, foi consideravelmente modificada em função de novos acontecimentos desde 2015 em relação as práticas de segurança pública no Brasil a partir do Rio de Janeiro. A primeira versão apenas abordava o projeto UPP.

decreto, com validade de uma semana, é assinado pelo Presidente da República, para autorizar o uso das Forças Armadas em todo o território nacional, sob a denominação Garantia da Lei e da Ordem (GLO). Na primeira ação, exclusiva ao Estado do Rio de Janeiro, foi nomeado um interventor, que é militar, e a pasta segurança pública saiu da gestão estadual e passou para o executivo federal enquanto na segunda medida, o controle da segurança ficou sob o Ministério da Defesa e o Exército com poder de polícia. Embora essas duas situações recentes não estejam no relatório de Philip Alston, elas se relacionam diretamente como o modelo de policiamento e direitos humanos, centro das preocupações e análises da ONU[206] a partir de um exemplo de atuação, de acordo com o relatório final da missão em 2007, a Operação Complexo do Alemão.

A avaliação dessa operação policial no Rio de Janeiro, pelo relator, baseou-se em entrevistas com familiares de vítimas, moradores de comunidades e encontros com autoridades do governo.[207] Somados aos laudos periciais, relatos de testemunhas, também documentados por Philip Alston, caracterizou a operação no Complexo do Alemão como execução sumária, conforme se conhece as circunstâncias do uso da força:

> Dezenove pessoas morreram e pelo menos 9 foram feridas na operação que durou 8 horas. Todas as 19 mortes foram registradas como "resistência" seguida de morte. Mas existem fortes evidências de que pelo menos alguns dos mortos foram executados extrajudicialmente. Ouvi relatos confiáveis de parentes de vítimas que alegaram que as mesmas foram baleadas pelas costas ao se distanciarem da polícia ou arrastadas para fora de casa desarmadas e executadas ou desarmadas e depois baleadas na cabeça. Moradores e parentes também testemunharam que policiais invadiram as suas casas...

Acrescenta o relatório da missão que a operação policial ocorreu nas seguintes condições:

---

206 Recorda-se que qualquer referência a ONU não exclui analises de pesquisadores no tema e organizações da sociedade civil.

207 Observação presente tanto no informe preliminar da visita quanto no informe de seguimento dessa missão, apresentado ao Conselho de Direitos Humanos em 2010, incluindo o Caso Complexo do Alemão.

(...) uma invasão de grande porte no local, que mobilizou 1.280 policiais civis e militares, além de 170 integrantes da Força Nacional de Segurança Pública (FNSP). A invasão começou pela manhã, com a entrada dos veículos blindados do Batalhão de Operações Especiais – BOPE. Outros policiais civis e militares entraram em seguida, enquanto alguns policiais tentavam remover as barreiras – manilhas, carros abandonados etc. — que foram colocadas nas entradas estratégicas da comunidade. O complexo inclui 17 favelas espalhadas por morros íngremes, e a polícia tentou chegar à parte alta tendo, no final, ocupado aproximadamente 60% da área. (...) Os moradores com os quais conversei me disseram ter ouvido tiros e ter visto o avanço gradativo dos policiais nas suas próprias ruas. Muitos me disseram que não puderam sair de casa durante todo o dia por receio de ficarem no meio do tiroteio. Nesse ínterim, o efetivo da FNSP se posicionou no entorno da favela para "sufocar" os criminosos, evitar que traficantes fugissem da favela e impedir que traficantes de outras favelas entrassem na favela e aderissem ao confronto...[208]

Esta situação posiciona procedimentos excessivos e letais na ação formal do Estado, na possibilidade de uma ação planejada que pode apresentar traços que contrariam os direitos humanos, com a qual o Brasil está comprometido. A questão também é um problema para o campo das políticas públicas do ponto de vista da sua implementação. Na operação policial citada se reproduziu o entendimento de mortes legítimas por considerar que a ação estava sendo executada contra a criminalidade. Tal fundamentação repete as explicações da antropóloga Teresa Caldeira[209] sobre o extermínio do mal na pessoa do criminoso.

Complexo do Alemão é uma área com cerca de quinze comunidades, uma delas é a Favela Nova Brasília que foi cenário de sentença da Corte Interamericana de Direitos Humanos contra o Brasil sobre violência institucional, tortura, execuções sumárias e estupro, perpetrados por policiais – civis e militares na primeira incursão e apenas policiais civis na segunda incursão. Uma das ocorrências apresenta o episódio como "tráfico de drogas, grupo armado e resistência seguida

---

208 ONU, 2009, par. 18.
209 CALDEIRA, 2000.

de morte".[210] O caso Favela Nova Brasília se refere a duas chacinas com vinte e seis pessoas mortas após incursão da polícia em 1994 e 1995,[211] ou seja, oito anos antes da megaoperação relatada por Philip Alston.

Temos uma continuidade desse modelo com a UPP? Não será possível dar neste trabalho uma resposta sistemática, porém esse programa de segurança pública chama atenção pelo reforço da possibilidade de confronto civil e policial diante do significado da palavra "pacificadora". É nesse aspecto, que operações policiais são preocupação da ONU e estão neste trabalho. A atenção é com um modelo de ação[212] que venha a ameaçar direitos humanos a partir de sua concepção, o que enfraquece a tese de que o uso abusivo da força seja um excesso de uma atuação individual. O modelo predominante é o da militarização do território.[213]

O diálogo entre Philip Alston e o Secretário de Segurança do Rio de Janeiro, narrado acima, ocorreu em torno de operações policiais e megaeventos. Naquele ano da visita ao Brasil, a cidade do Rio de Janeiro recebia os jogos pan-americanos. Desde então, outros even-

---

210 Caso Favela Nova Brasília vs Brasil, par.131.

211 Caso Favela Nova Brasília vs Brasil, par.113 ss.

212 Para Marielle Franco não se pode falar em modelo de policiamento: "Portanto, não se trata de um modelo de segurança, nem ao menos o modelo de ação policial, mas uma administração da ação militarizada, tendo na ocupação policial uma adequação do ambiente para melhor responder às exigências dos grandes eventos". (FRANCO, 2014, p.72)

213 "Seja como for, a questão da militarização na favela é uma questão central, que permanece com as UPPs, tendo em vista que a ocupação responde ao terror causado pelas chamadas incursões policiais, mas não responde ao poder das armas territoriais. A diminuição da força armada dos grupos criminosos, com uma política que tira desses grupos o poder da circulação das armas, acabou por apresentar uma realidade em que hoje as armas circulam na mão dos policiais. Pode-se dizer que há ainda um processo de militarização que substituiu a ostensividade das armas, antes na mão dos grupos criminosos e hoje nas mãos do braço armado e legal do Estado, que possui o poder do uso da força." (FRANCO, 2014, p.91)

tos como Copa do Mundo e Olimpíadas se realizaram na cidade e foram episódios que justificaram o policiamento com o uso das forças armadas.

No caso do mundial de futebol, que ocorreu em julho de 2014, as tropas militares estiverem no policiamento até o ano seguinte. Se por um lado não se pode atribuir aos grandes eventos a militarização da segurança pública quando se conhece que a lei da Garantia da Lei e da Ordem é de 2010, por outro pode se ver um crescimento da atuação das Forças Armadas na medida em que a noção de ocupação do território ganha força associada a uma opinião pública por mais segurança, enquanto não se aprofundou a relação de confiança na Polícia Militar. Nesse processo, as operações de grupos especiais da polícia militar se equipam com carros blindados de grande porte e helicópteros.[214] Quando o Relator visitou o Rio de Janeiro, ganhou de presente uma réplica pequena do carro blindado, conhecido por Caveirão.

A Unidade de Polícia Pacificadora (UPP) é um projeto que se apresenta com os objetivos de recuperação do controle territorial de áreas que estavam sob o domínio de grupos criminosos armados, e o fim dos confrontos armados. Trata-se de ações que buscam um incremento do investimento público e privado nestes locais (melhoria dos serviços urbanos, infraestrutura, projetos sociais e oportunidades de emprego, etc.), de forma a melhorar a integração entre estas comunidades e o resto da cidade. As etapas do programa são como:

> a) Intervenção Tática, desenvolvida preferencialmente por grupos de operações especiais (BOPE e BP Choque) que realizam ações táticas para a efetiva recuperação do controle territorial; b) Estabilização, que contempla ações táticas e de cerco para preparar o terreno para a implantação; c) Implantação da UPP, quando policiais especificamente designados e treinados para essa função ocupam o local; d) Avaliação e Monitoramento, fase que não foi plenamente implementada por enquanto.[215]

---

214 Sobre uso de blindados ver ANISTIA INTERNACIONAL. "Vim buscar sua alma": o caveirão e o policiamento no Rio de Janeiro. Londres, 2006 (AMR 19/007/2006).

215 FBSP, 2012, p. 20.

O objetivo "enfrentar a criminalidade" se repete na fundamentação do projeto, porém diferentemente das operações anteriores, como a Complexo do Alemão, passa a incluir uma perspectiva social e urbana. À primeira vista, a perspectiva de "confronto" se repete, o que pode impactar o número de mortes sem investigação e a permanência ou aumento do número de autos de resistência. Principalmente pelo que representa a expressão "pacificação", identidade do projeto. Com isso, o presente estudo focaliza também as medidas que possam evitar excessos do uso da força e eventuais mortes em serviço.[216]

Ainda sobre os propósitos do programa, afirmação de que se trata de policiamento comunitário agrega, nesse momento, a perspectiva diferente do enfrentamento. Paulo de Mesquita Neto[217] explica que novos conceitos se afirmam para diferenciar a prática policial de regimes autoritários da prática em regimes democráticos, como o conceito de segurança cidadã, que "não é apenas o fato de que os governos responsáveis por políticas democráticas são escolhidos através de processos eleitorais, mas também que as políticas democráticas são caracterizadas pela transparência, participação social, subordinação à lei e respeito aos direitos humanos". A concepção de polícia comunitária surge também nessa direção de uma autorreforma que deve considerar os direitos da comunidade e assim reforçar uma organização "dedicada à proteção dos direitos de cidadania e da dignidade humana", nas palavras do pesquisador.[218]

---

216 "Houve 20 mortes decorrentes de intervenção policial em áreas de UPP em 2014, o que equivale a uma redução de 85%, se comparado ao número registrado em 2008 (136 vítimas). Apesar desses avanços, ainda há inúmeras denúncias de abusos por parte dos policiais militares dessas unidades, incluindo uso desnecessário e excessivo da força e execuções extrajudiciais. Um exemplo é o caso de Amarildo de Souza, levado por policiais da UPP da Rocinha, na Zona Sul da cidade, em julho de 2013. Amarildo foi torturado, morto e seu corpo ainda está desaparecido. As investigações indicaram que mais de 20 policiais, inclusive o comandante da UPP, estão envolvidos no caso" (ANISTIA INTERNACIONAL, 2015, p. 16).

217 MESQUITA NETO, 2011, p.82.

218 MESQUITA NETO, 2011, p. 137.

De dezembro de 2008, quando se iniciaram as operações, até o ano de 2014, data das últimas informações em fontes oficiais, o projeto alcançou 264 comunidades, com um efetivo de mais de 9.500 policiais em 38 unidades implantadas, com mais de 1,5 milhão de pessoas beneficiadas nas áreas pacificadas, segundo os dados do Estado do Rio de Janeiro.[219]

A avaliação positiva desses benefícios sociais (serviços públicos e privados) e da ação desse projeto de policiamento pacificador (mais segurança) está bastante relacionado com o perfil de quem teve uma relação direta com a abordagem policial, como a juventude e moradores com casas revistadas. Apesar do descontentamento de parte desses moradores, no geral, o discurso da população local é no sentido de afirmar mais indiferença ao projeto do que mudanças positivas, de acordo com pesquisa realizada com moradores em 2016, pelo Centro de Estudos de Segurança e Cidadania.[220]

> Essas opiniões variam bastante, porém, quando se consideram certas características dos indivíduos e das comunidades, assim como certas experiências diretas com a polícia:
> Quanto mais jovem o(a) morador(a), menor a chance de que admita benefícios da UPP e maior a de que aponte malefícios.
> Pessoas que sofreram abordagens ou tiveram a casa revistada nos últimos 12 meses antes da pesquisa negam benefícios e apontam malefícios em proporções muito superiores às que não passaram por essas experiências.
> Moradores de pequenas UPPs enxergam benefícios em proporção bem maior (42 a 29%) e malefícios em proporção bem menor (22 a 45%) do que moradores de UPPs grandes.
> Também há diferenças significativas entre UPPs de distintas regiões da cidade: moradores da Zona Centro/Sul são os que mais afirmam que a UPP trouxe benefícios (48%) e os da Zona Oeste, os que menos acreditam nisso (23%); viceversa, os desta última região acham que a UPP trouxe problemas em proporção muito maior que os da região Centro/Sul (45 contra 18%)[221].
> (...)

---

219 Ver mais em http://www.upprj.com. Acesso em 11.05.2014.
220 MUSUMECI, 2017, p.16.
221 MUSUMECI, 2017, p.17.

Pessoas que haviam sido abordadas e revistadas mais de uma vez por policiais da UPP nos últimos 12 meses responderam que se sentiam mais seguras antes da chegada da UPP em proporção bem maior do que entre as que não haviam sido revistadas nenhuma vez (31 contra 14%).[222]

A percepção de exercício de direitos daqueles que moram em área de atuação do Projeto UPP ou outras ações policiais encontram na morte de moradores a sua máxima tradução, mas não se resumem a assassinatos. Episódios que envolvem desaparecimento, como mobilizou a campanha "onde está o Amarildo"[223] ou ações de tortura e crueldade, como repercutiu as imagens de Cláudia da Silva Ferreira[224] arrastada por viatura policial após ser atingida por um tiro no peito, são casos emblemáticos que qualificam mais as ações do que número de óbitos. Episódios de tensão e medo que são narradas sob a expressão "bala perdida", "toque de recolher" ou ainda com a suspensão de atividades como aulas nas escolas.[225]

O programa mantém uma página *on-line* onde informa sobre suas ações. Os resultados apresentados são muito positivos com foco na diminuição no número de homicídios ou em pesquisas de opinião pública que aceitam a presença da UPP nas áreas ocupadas. Os relatórios de monitoramento do programa não são atualizados, existem pesquisas pontuais e algumas avaliações de especialistas – consideradas valiosas para compor a resposta sobre como o programa convive com ações letais e o uso excessivo da força.

---

222 MUSUMECI, 2017, p.19.

223 Ver COELHO, Henrique. Caso Amarildo: entenda o que cada PM condenado fez, segundo a Justiça. G1, 02.02.2016. Disponível em: < http://g1.globo.com/rio-de-janeiro/noticia/2016/02/caso-amarildo-entenda-o-que-cada-pm-condenado-fez-segundo-justica.html>. Acesso em 17.06.2018.

224 Ver GOMES, Marcelo. Caso Claudia: 72% dos socorridos por PMs não resistiram. Estado de S. Paulo, em 19.03.2014. Disponível em:< https://www.estadao.com.br/noticias/geral,caso-claudia-72-dos-socorridos-por-pms-nao-resistiram,1142754>. Acesso em 17.06.2018.

225 MUSUMECI, 2017, p.19.

Dessas percepções, um ponto convergente entre os especialistas é quanto à baixa participação da sociedade civil desde a fase de formulação da política. Embora, alguns possam negar que a UPP seja uma política pública com base nessa característica,[226] consideramos uma informação importante sobre o tipo de política pública que se busca impulsionar. Se a sua implementação não envolve atores não estatais não pode negar que ela existe, mas sim questionar como política de segurança cidadã. Outra avaliação diz respeito às áreas de implantação da UPP que se concentram na Zona Sul e não em área de maiores índices de criminalidade o que passa a vincular o projeto de policiamento comunitário com outros objetivos de gestão da cidade, atrelados a grandes eventos esportivos.[227]

O Programa Unidade de Polícia Pacificadora está prestes a completar dez anos e impressiona pelo seu tamanho. Esses dois fatores dificultam uma avaliação da implementação de forma integral do impacto, o que não é objeto desta tese. Apesar disso, destacamos o aspecto participação da implementação associado ao modelo de policiamento comunitário, que agregam as preocupações da ONU sobre operações policiais no que diz respeito a perda arbitrária da vida, a partir dessas ações coordenadas pelo Estado e prestação de contas.

---

226 Ver DIAS, R; ZACCHI, J.M. Visões sobre as unidades de polícia pacificadora (UPPs) no Rio de Janeiro. SUR – Revista Internacional de Direitos Humanos, v. 9, n.16, jan, 2012, p. 208-2016.

227 BORGES, D; RIBEIRO, E; CANO, I. 'Os Donos do Morro': Uma Avaliação Exploratória do Impacto das Unidades de Polícia Pacificadora (UPPs) no Rio de Janeiro. São Paulo, Rio de Janeiro: Fórum Brasileiro de Segurança Pública, LAV/UERJ, 2012. Disponível em: <http://www.lav.uerj.br/docs/rel/2012/RelatUPP.pdf >.Acesso em 10.05.2014.

3

EXPECTATIVA DE AÇÕES DO ESTADO BRASILEIRO: ESTUDO DE RECOMENDAÇÃO DA ONU AO BRASIL

O estudo das recomendações da ONU é o ponto de partida deste capítulo. Uma análise com vistas nas políticas públicas que atingem as mortes por agentes do Estado. Foram apreciadas como uma matriz para orientar a leitura realizada das ações do Estado brasileiro. Assim, o estudo é a base para (re)formulação das políticas públicas com foco nas execuções sumárias.

Apesar da Relatoria da ONU ter sido criada em 1982, sua metodologia tem acompanhado o dinamismo da prática das execuções no mundo conforme tem demonstrado os relatórios temáticos que aprofundam determinado aspecto da questão. Por conta disso, dedicamos um item para "uso da força", considerando os estudos temáticos sobre o problema no mundo realizados pelo *expert* no mandato da Relatoria da ONU no período 2010 a 2016 – Christof Heyns. Vale dizer que o relatório temático é um dos métodos de trabalho dos Procedimentos Especiais, tal qual a visita aos países. E, no caso em estudo, não se destinam ao Brasil exclusivamente, mas a um aspecto da prática da proteção da vida, risco e prática de execuções sumárias no mundo.

Após o levantamento, outros relatórios podem ser conhecidos na página da ONU sob o mandato de outra *expert*, Agnes Callamard, desde agosto de 2016 até 2020, com mandato renovável. Até o momento seis especialistas assumiram as atividades da Relatoria desde os anos de 1980, acrescenta-se os nomes de S. Asmo Wako (1982-1992), Bacre Waly Ndiaye (1992-1998) e Asma Jahangir (1998-2004).

Neste terceiro capítulo são apresentadas e apreciadas as recomendações de Philip Alston, último relator da ONU sobre a temática a visitar o Brasil em 2007. O estudo apresentado em trabalho em 2010[228] foi atualizado até 2014. A atualização auxiliará na compreensão do movimento interno que o Brasil realiza – ou deveria realizar – em relação aos direitos humanos, em especial sobre ocorrências de execuções extrajudiciais. Assim, o estudo é a base para compreender o que chamamos aqui de expectativa de política pública com foco em práticas violentas, tais como as execuções sumárias. Duas questões temáticas dividem a apresentação: a perda arbitrária da vida (dimensão material do direito à vida) e o direito a investigação (dimensão processual do direito à vida).

3.1. RECOMENDAÇÕES DA ONU: CONTEÚDO DOS COMPROMISSOS DE DIREITOS HUMANOS

3.1.1. O UNIVERSO DE RECOMENDAÇÕES DOS PROCEDIMENTOS ESPECIAIS

Quando as recomendações da ONU são mencionadas, a referência é um conjunto de ações sobre determinado problema de direitos humanos os quais o Brasil tem o dever de enfrentar de forma efetiva e prática. As recomendações sobre execuções sumárias, como um problema de direitos humanos, não estão restritas à Relatoria Especial da ONU sobre o tema. Existem recomendações recebidas de diferentes organismos da ONU[229] e de outras instâncias internacionais,

---

228 LEÃO, 2011.

229 "Nessa linha, a escolha de mecanismo não convencional, ilustrativamente, poder-se-ia pautar na inexistência de Convenções específicas sobre o direito violado, na ausência de ratificação pelo Estado- violador de uma Convenção determinada ou na existência de forte opinião pública favorável à adoção de medidas de combate à violação. Já a escolha de mecanismos convencionais poder-se-ia basear efetiva ratificação de uma Convenção específica pelo Estado-violador, na ausência de von-

como a Comissão Interamericana de Direitos Humanos e a Corte Interamericana de Direitos Humanos.

A diversidade de fontes sobre ações para o enfrentamento de um problema de direitos humanos acaba por aprofundar determinado aspecto da situação. No caso em estudo, encontramos mortes ou ameaças cometidas por agentes do Estado em um contexto de atuação de defensores de direitos humanos (Representante Especial para Situação dos Defensores de Direitos Humanos) ou por tensões em torno dos direitos indígenas (Relatoria sobre Povos Indígenas) ou ainda sob o viés de um grupo atingido de forma prioritária (Grupo de Trabalho sobre Afrodescendentes e Relatoria Especial sobre Formas Contemporâneas de Racismo, Discriminação Racial e Intolerância Correlatas) e circunstâncias que culminam em outras graves violações de direitos humanos (Detenção Arbitrárias e Tortura e outros Tratamentos Cruéis, Desumanos ou Degradantes).

Não se trata apenas de "fontes de informações", os demais mandatos temáticos falam sobre o alvo das execuções sumárias, que o próprio Relator da ONU menciona em suas análises[230] e que no Brasil não é diferente. Os assassinatos não são aleatórios, uma vez que encontram um "alvo" privilegiado, aspecto que será mencionado ao longo do texto por ser um elemento a se considerar para a efetividade das recomendações. Além disso, o que se apresentam como temáticas de direitos humanos acabam por favorecer uma atuação conjunta quando se assume um viés de interdependência dos direitos em risco. A comunicação conjunta entre as Relatorias evidencia essa relação.

---

tade política dos membros da Comissão em adotar medidas contra as violações cometidas por determinado Estado, na interação de construir precedentes normativos ou na inexistência de opinião pública suficientemente forte para legitimar um procedimento de elevada natureza política, como são os procedimentos adotados pela então Comissão de Direitos Humanos" (PIOVESAN, 2010, p. 239).

230 UN. OHCHR. Fact Sheet n. 11(Rev 1). *Extrajudicial, Summary or Arbitrary Executions*, p. 8.

Sobre o Brasil e as relatorias, recordam-se a comunicação de três relatorias da ONU sobre "Escola Sem Partido" em abril de 2017[231] e o comunicado de imprensa sobre o assassinato de Marielle Franco em março de 2018. Esse último comunicado ao Brasil foi bastante expressivo ao ser assinado pela Relatora Especial sobre violência contra mulher, suas causas e consequências; Relatora Especial sobre execuções extrajudiciais, sumárias ou arbitrárias; Relatora Especial sobre formas contemporâneas de racismo, discriminação racial, xenofobia e intolerância relacionada; Presidente do Grupo de Trabalho dos Especialistas em Pessoas de Origem Africana; Especialista Independente em proteção contra violência e discriminação baseada em orientação sexual e identidade de gênero; Presidente do Grupo de Trabalho sobre temas relacionados à discriminação, legal ou prática, contra a mulher; Especialista Independente sobre os efeitos de dívida externa e outras obrigações financeiras internacionais dos Estados sobre o gozo pleno de todos os direitos humanos, particularmente direitos econômicos, sociais e culturais; Relator Especial sobre a situação dos defensores de direitos humanos; Relator Especial sobre pobreza extrema e direitos humanos; Relatora Especial sobre moradia adequada como componente do direito a um padrão de vida adequado e o direito de não-discriminação nesse contexto.[232]

As recomendações construídas sob os mandatos dos Procedimentos Especiais da ONU[233] estão no relatório da visita ao Brasil. As informações levantadas no país fundamentam as ações indicadas ao Estado

---

231 CHADE, J; TOLEDO, L.F. Relatores da ONU classificam 'Escola sem Partido' como 'censura'. *Estado de São Paulo*, em 13.04.18. Disponível em: https://educacao.estadao.com.br/noticias/geral,relatores-da-onu-denunciam-escola-sem-partido-e-classificam-projeto-de-censura,70001737530. Acesso em 12.06.2018.

232 Comunicado de Imprensa. Brazil: UN experts alarmed by killing of Rio human rights defender who decried military intervention. Em 26.03.18. Disponível em:< https://www.ohchr.org/EN/NewsEvents/Pages/DisplayNews.aspx?NewsID=22901&LangID=E>. Acesso em 12.06.2018.

233 Até 01 de agosto de 2015, são 44 mandatos temáticos e 12 mandatos por países. Mais informações em: < https://www.ohchr.org/EN/HRBodies/SP/Pages/Welcomepage.aspx>. Acesso em 13.06.2018.

brasileiro. As informações são apresentadas como parte do relatório anual de cada mandato temático da ONU. Esses documentos trazem as atividades desenvolvidas pela Relatoria, bem como os métodos de trabalho que além da missão nos países, inclui o recebimento de comunicações sobre violações de direitos humanos que enseja pedido de informações e providências da Relatoria para o Estado.[234]

Embora o foco desse estudo seja as missões realizadas no Brasil (*country visit*), não se pode esquecer que denúncias de práticas ou riscos de execução sumária chegam à Relatoria Especial por meio de comunicações individuais ou coletivas. Com base nessa documentação, o Relator envia ao Brasil uma carta de denúncia – informando violação de direitos humanos ao Estado, ou uma ação urgente – e solicitação de providências.

As comunicações recebidas pela Relatoria Especial da ONU sobre execuções sumárias estão classificadas nos relatórios anuais como: pena de morte, uso excessivo da força, ameaças de morte, morte sob custódia, impunidade, expulsão, e conflitos armados. Um mesmo episódio pode estar em mais de uma categoria do relatório anual.[235]

---

234 Ver Res 5\2 que aprova o Código de Conduta do Mandato dos Relatores Especiais do Conselho de Direitos Humanos, em 18.06.2007 (A\HRC\RES\5\2).

235 "The present report contains observations by the Special Rapporteur on extrajudicial, summary or arbitrary executions on communications sent between 1 March 2013 and 28 February 2014 and responses received from States and other actors between 1 May 2013 and 30 April 2014. During the period under review, the Special Rapporteur sent a total of 128 communications to 55 States and other actors. This includes 75 urgent appeals and 53 allegation letters. The main issues covered in the communications were attacks or killings (56), the death penalty (39), excessive use of force (21), death threats (22), deaths in custody (8), impunity (2), expulsion (4) and armed conflict (4). The numbers if of the main issues do not accord with the total number of communications due to the fact that some communications addressed more than one issue" (Report of the Special Rapporteur on extrajudicial, summary or arbitrary executions, Christof Heyns. Addendum. *Observations on communications transmitted to Governments and replies received*.Documento A/HRC/26/36/Add.2, apresentado na 26ª Sessão do Conselho de Direitos Humanos, em 02 de junho de 2014).

A categorização é explicada nos seguintes termos pela Relatoria:[236]

    a. Desrespeito às normas internacionais sobre garantias e restrições relativos à imposição da pena capital ("Pena de morte");

    b. Ameaças de morte e temor iminente de execução extrajudicial por agentes do Estado, grupos paramilitares ou grupos que cooperem com ou tolerado pelo Governo, assim como pessoas não identificadas que estejam relacionadas às categorias mencionadas anteriormente, quando o Governo falha na adoção de medidas apropriadas ("Ameaças de morte");

    c. Morte sob custódia mediante tortura, negligência ou uso da força ou temor de morte sob custódia em função das condições degradantes da detenção ("Morte sob custódia");

    d. Mortes por uso excessivo da força por agentes do Estado ou pessoas que direta ou indiretamente colaborem com o Estado, quando o uso da força é inconsistente com os critérios de uso de absoluta necessidade e proporcionalidade ("Força excessiva");

    e. Mortes por ataques ou assassinatos por forças de segurança do Estado, ou grupos paramilitares, esquadrão da morte, ou outras forças privadas que estejam cooperando com ou tolerados pelo Estado ("Ataques ou assassinatos")

    f. Violação do direito à vida durante conflitos armados, especialmente da população civil a outros não combatentes, contrário ao direito internacional humanitário ("violação do direito à vida em conflitos armados");

    g. Expulsão, repulsão, ou retorno de pessoas ao país ou lugar onde suas vidas estão em perigo ("Expulsão")

    h. Impunidade, compensação e direitos das vítimas ("Impunidade").[237]

---

236 Christof Heyns. Op. cit. Documento A/HRC/26/36/Add.2, 2014.

237 Tradução minha. Texto original: (a) Non-respect of international standards on safeguards and restrictions relating to the imposition of capital punishment ("Death penalty safeguards"); (b) Death threats and fear of imminent extrajudicial executions by State officials, paramilitary groups, or groups cooperating with or tolerated by the Government, as well as unidentified persons who may be linked to the categories mentioned above, when the Government is failing to take appropriate protection measures ("Death threats"); (c) Deaths in custody owing to torture, neglect, or the use of force, or fear of death in custody due to life-threatening conditions of detention ("Deaths in custody"); (d) Deaths due to the use of force by law enforcement officials or persons acting in direct or indirect compliance with the State, when the use

São expressões que permitem um panorama de que as execuções sumárias na prática não se resumem às mortes cometidas por agentes do Estado, e que, portanto, implicam em mais elementos que devem ser considerados para melhor compreensão das preocupações às quais uma recomendação se vincula.

Além dessas manifestações sobre um país específico, o Relator da ONU elabora estudos temáticos[238] sobre execuções sumárias, arbitrárias ou extrajudiciais, a exemplo do informe sobre *uso da força durante a prisão* (A\66\30\2011) que será exibido no item seguinte.

A partir de 1996, o relatório anual com recomendações sobre a situação das execuções sumárias no mundo passou a ser apresentado à Assembleia Geral da ONU. Antes da Assembleia, o momento público do relatório anual é a apresentação ao Conselho de Direitos Humanos com a participação dos representantes governamentais e não governamentais. O relatório da visita é um anexo do relatório anual.[239]

A Relatoria Especial da ONU sobre execuções sumárias, arbitrárias ou extrajudiciais que é uma referência no tema execuções, começou a surgir com essa temática nos relatórios elaborados pela Subcomissão para Prevenção da Discriminação e Proteção das Minorias, no bojo do grupo de trabalho sobre desaparecimento forçado ou involuntário. O volume de ocorrências sobre execuções associadas ao desaparecimento levou a fundamentar um mandato específico por meio da Resolução 1983\35.

---

of force is inconsistent with the criteria of absolute necessity and proportionality ("Excessive force"); (e) Deaths due to attacks or killings by security forces of the State, or by paramilitary groups, death squads, or other private forces cooperating with or tolerated by the State ("Attacks or killings"); (f) Violations of the right to life during armed conflict, especially of the civilian population and other non-combatants, contrary to international humanitarian law ("Violations of right to life in armed conflict"); (g) Expulsion, *refoulement*, or return of persons to a country or a place where their lives are in danger ("Expulsion"); (h) Impunity, compensation and the rights of victims ("Impunity"). Christof Heyns. Op. cit. Documento A/HRC/26/36/Add.2, 2014.

238 A\HRC\RES\5\2; UN. OHCHR. Fact Sheet n. 11(Rev 1). *Extrajudicial, Summary or Arbitrary Executions*.

239 UN. OHCHR. Fact Sheet n. 11(Rev 1). Extrajudicial, Summary or Arbitrary Executions.

Até 2018, foram 19 mandatos temáticos que realizaram missão no Brasil desde 1992, com a missão de até mais de duas visitas por mandato, como é o caso da *Relatoria sobre execuções sumárias, arbitrárias ou extrajudiciais*. O quadro abaixo especifica essas visitas por mandato, nome do especialista de uma Relatoria Especial ou do Grupo de Trabalho de acordo com o ano da missão no Brasil.

Quadro 1: Visitas da ONU ao Brasil (1992-20018)

Mandato Temático	Expert	Ano da Visita
Venda de Crianças, Prostituição e Pornografia Infantil	Vitit Muntarbhorn	1992
	Juan Miguel Petit	2003
Formas Contemporâneas de Racismo, Discriminação Racial, Xenofobia e Intolerância Correlata	Maurice Gléle-Ahanhonzo	1995
	Doudou Diene	2005
Violência Contra a Mulher, suas Causas e Consequências	Radhika Coomaraswamy	1996
Gestão ambiental e tratamento de substâncias e resíduos perigosos	Fatma Zohra Ksentini	1999
Tortura e outros Tratamentos Cruéis, Desumanos ou Degradantes	Nigel Rodley	2000
Direito à Alimentação	Jean Ziegler	2002
	Olivier De Schutter	2009
Execuções Sumárias, Arbitrárias ou Extrajudiciais	Asma Jahangir	2003
	Philip Alston	2007
Direito ao Desenvolvimento*	Arjun Sengupta	2003
Direito à Moradia Adequada	Miloon Khotari	2004
Independência de Juízes e Advogados	Leandro Despouy	2004
Representante Especial para Situação dos Defensores de Direitos Humano	Hina Jilani	2005
Direitos dos Povos Indígenas	James Anaya	2008
	Victoria Tauli-Corpuz	2016
Formas Contemporâneas de Escravidão	Gulnara Shahinian	2010
Direitos Culturais	Farida Shaheed	2010

Mandato Temático	Expert	Ano da Visita
Afrodescentes*	MireilleFanon-Mendès-France; Maya Sahli	2013
Direitos Humanos, e Água Potável e Saneamento	Catarina de Albuquerque	2013
Detenção Arbitrária*	Roberto Garretón; Vladimir Tochilovsky	2013
Direitos Humanos e Solidariedade Internacional	Virginia Dandan	2012
Empresas e Direitos Humanos*	Pavel Sulyandziga e Dante Pesce	2015

Elaborada pela autora com base nas informações da ONU (2018).

Grupo de Trabalho

O conjunto dessas visitas ao Brasil representam mais de 300 recomendações sobre direitos humanos no Brasil, se registravam 280 recomendações em levantamento realizado até o ano de 2014. São ações direcionadas ao Estado brasileiro que buscam fortalecer um determinado aspecto de atuação do Estado, desde o trato com investigação de uma violação de direitos humanos, até o fortalecimento de medidas para prevenção de uma execução sumária.

3.1.2. UM SENTIDO PARA O CONTEÚDO DOS PROCEDIMENTOS ESPECIAIS

Aqui não se pode perder de vista que ao se direcionar uma recomendação ao Estado brasileiro, estamos diante de um compromisso de responsabilidade do Executivo, Judiciário e Legislativo, bem como de todos os órgãos e serviços estatais das três esferas de governo.[240]

---

240 TRINDADE, Antônio Augusto. *Tratado de Direito Internacional dos Direitos Humanos*. vol.1. Porto Alegre: Sergio Antonio Fabris Editor, 1997, p.401-448; ARAUJO, Nádia; ANDREIUOLO, Inês da Mata. "A Internalização dos Tratados no Brasil e os Direitos humanos", in ARAUJO, Nadia; BOUCAULT, Carlos Eduardo (orgs). *Os Direitos Humanos e o Direito Internacional*. Rio de Janeiro, Renovar, 1999, pp. 63-114.

Dos estudos sobre o dever do Estado com os direitos humanos, o foco tem sido o papel do legislativo no que diz respeito à recepção de tratados internacionais de direitos humanos no ordenamento constitucional, e secundariamente como o judiciário[241], quando se manifesta a respeito da interpretação de uma normativa de direitos humanos (legislação brasileira e tratado internacional).[242] A questão pode ser vista como o compromisso primeiro para o Estado que ratifica um tratado: adequar seu ordenamento jurídico interno à normativa internacional. Tarefa de grande relevância tendo em vista que não cabe ao Estado alegar dispositivo de direito interno para justificar descumprimento de tratado. Apesar dessa etapa primordial, a realização dos direitos humanos no plano interno não se reduz às fases de assinatura, ratificação e depósito de um tratado de direito humanos, do ponto de vista formal. Tal formalidade em face do cumprimento dos direitos humanos não estar fundamentado nesses procedimentos, e sim na supremacia do princípio da dignidade humana.[243]

---

241 Em 2008, o Supremo Tribunal Federal decidiu que os tratados de direitos humanos possuem hierarquia maior que a lei ordinária e menor que a Constituição Federal, quando fora da hipótese do art.5º,§3º da CF após EC 45\04, Ver MAUÉS, A. A. *Supralegalidade dos Tratados Internacionais de Direitos Humanos e Interpretação Constitucional.* Revista Internacional de Direitos Humanos – Revista SUR, 2013, p. 215-233.

242 "As iniciativas no plano internacional não podem se dissociar da adoção e do aperfeiçoamento das medidas nacionais de implementação, porquanto destas últimas – estamos convencidos –, depende em grande parte a evolução da própria proteção internacional dos direitos humanos. Como vimos sustentando há vários anos (cerca de duas décadas), no contexto da proteção dos direitos humanos a polêmica clássica entre monistas e dualistas revela-se baseada em falsas premissas e superada" (TRINDADE, A. A.C., 2000, p. 163-164).

243 "Grócio salientou que as convenções entre Estados, analogamente aos contratos do direito privado, podem classificar-se em duas grandes espécies: bilaterais e as multilaterais. As primeiras, disse ele, *dirimunt partes*, isto é, contrapõem os interesses próprios das partes contratantes, ao passo que as multilaterais *communionemadferunt*, vale dizer, criam relações de comunhão. Esse objetivo comunitário é mais acentuado no caso de convenções multilaterais voltadas no seio de uma organização

Quanto à etapa legislativa, esse acompanhamento é constante frente à possibilidade de novos atos normativos contrariarem obrigação internacional e necessitarem de monitoramento na fase de aprovação legislativa e ainda ser levado ao controle pelo Judiciário, sob a consequência de responsabilização internacional do Estado brasileiro por violação de direito humanos.[244]

De forma explícita, tal compromisso de respeitar os direitos no plano interno e logo o dever em adotar medidas nacionais estão no artigo 1 e 2 da Convenção Americana de Direitos Humanos, a qual o Brasil faz parte, interpretada pela Corte Interamericana assim no caso Almonacid Arellano e outros VS. Chile:

> A obrigação legislativa descrita no artigo 2 da Convenção tem também a finalidade de facilitar a função do Poder Judiciário de modo que o aplicador da lei tenha uma opção clara sobre como resolver um caso particular. Entretanto, quando o Legislativo falha em sua tarefa de suprimir e/ou não adotar leis contrárias à Convenção Americana, o Poder Judiciário permanece vinculado ao dever de garantia estabelecido no artigo 1.1 da mesma e, consequentemente, deve abster-se de aplicar qualquer norma contrária a ela. A aplicação, por parte de agentes ou funcionários do Estado, de uma lei que viole a Convenção gera responsabilidade internacional do Estado, sendo um princípio básico do direito da responsabilidade internacional do Estado, reconhecido pelo Direito Internacional dos Direitos Humanos, o fato de que todo Estado é internacionalmente

---

internacional, cujas decisões, tal como no âmbito das sociedades ou associações do direito privado, são normalmente tomadas por votação majoritária e não por unanimidade. O argumento de que a assinatura de um tratado internacional, ou a adesão a ele, é ato do Estado e não do governo, não colhe no caso, pois o ingresso do Estado na organização internacional já foi objeto de ratificação pelo seu parlamento ou órgão equivalente, e ela implicou, obviamente, a aceitação das regras constitutivas da organização internacional". (COMPARATO, 2006, p. 623).

244 RAMOS, André. *Supremo Tribunal Federal Brasileiro e o Controle de Convencionalidade*: levando a sério os tratados de direito humanos. In: Revista da Faculdade de Direito da Universidade de São Paulo, v. 104, jan-dez, 2009, p. 241-286; MAZZUOLI, Valério. *Teoria geral do controle de convencionalidade no direito brasileiro*. In: Brasília a. 46 n. 181 jan/mar. 2009, p. 113-139.

responsável por atos ou omissões de quaisquer de seus poderes ou órgãos que violem os direitos internacionalmente consagrados, segundo o artigo 1.1 da Convenção Americana. A Corte tem consciência de que os juízes e tribunais internos estão sujeitos ao império da lei e, por isso, são obrigados a aplicar as disposições vigentes no ordenamento jurídico. Mas quando um Estado ratifica um tratado internacional como a Convenção Americana, seus juízes, como parte do aparato estatal, também estão submetidos a ela, o que os obriga a velar para que os efeitos das disposições da Convenção não se vejam diminuídos pela aplicação de leis contrárias ao seu objeto e ao seu fim e que, desde o início, carecem de efeitos jurídicos. Em outras palavras, o Poder Judiciário deve exercer uma espécie de "controle de convencionalidade" entre as normas jurídicas internas aplicadas a casos concretos e a Convenção Americana sobre Direitos Humanos. Nesta tarefa, o Poder Judiciário deve levar em conta não apenas o tratado, mas também a interpretação que a Corte Interamericana, intérprete última da Convenção Americana, fez do mesmo.[245]

Após a abertura do Brasil aos tratados de direitos humanos, outro conjunto de situações emerge com a participação no sistema interamericano: o Estado brasileiro pode ser processado internacionalmente e com isso a implementação de decisão internacional sobre violação de direitos humanos começa a ser uma questão jurídica inadiável, principalmente após o Brasil reconhecer a jurisdição contenciosa da Corte Interamericana de Direitos Humanos em 1998. Antes disso, os casos de litígio se restringiam a Comissão Interamericana de Direitos Humanos, com um processo de comunicação entre peticionários, Comissão e Estado que poderia chegar a soluções amistosas. Todos esses atos exigiram do Estado brasileiro níveis de organização interna nos quais o que prevalece é a pessoa de direito internacional da União,[246]

---

245 Caso Almonacid Arellano e outros VS. Chile. Sentença em 26 de setembro de 2006. Par.123-124. In: MINISTÉRIO DA JUSTIÇA *et allí*. Jurisprudência da Corte Interamericana de Direitos Humanos. Brasília: Ministério da Justiça, 2014, p. 62 – ss.

246 "No son pocas las ocasiones en que responder a denuncias internacionales por falta cometidas por sus Estados federados y de las que las autoridades centrales no comparten y de hecho condenan. La circunstancia de que los agentes públicos de violaciones a los derechos humanos dependan de los gobiernos locales y no del federal dificul-

mesmo assim, quando se fala de realização do direito internamente, é imprescindível o exercício em identificar as instâncias de decisão e articulação de medida a ser adotada a favor dos direitos humanos. Um exemplo dessa relação União e Estados após a relação do Brasil com o sistema de proteção internacional dos direitos humanos é o Incidente de Deslocamento de Competência (IDC).[247] O mecanismo transfere a competência de investigação de graves violações de direitos humanos da esfera estadual para a federal, fragilidades que ganharam visibilidades pelos casos de litígio contra o Brasil. Nessa situação, sem avaliar o uso efetivo do IDC,[248] o seu estabelecimento

---

ta el cumplimiento del Estado de sus obligaciones internacionales. También resulta cierto que varios países han intentado ampararse en su estructura federal para limitar los efectos internos de la ratificación de tratados de derechos humanos o para restringir o alcance de su responsabilidad internacional. También autoridades locales han pretendido desatenderse de sus obligaciones argumentando que los tratados han sido ratificados por el gobierno federal y no por el estadual. Por supuesto que no puede excluirse que existan circunstancias en las que la estructura federal permite que la protección de los derechos humanos sea mayor a nivel local que a nivel federal. El alcance de las obligaciones internacionales de un Estado con estructura federal debe definirse claramente a fin de no restringir o limitar indebidamente la protección internacional para los habitantes de Estados con estructura federal así como para evitar que los órganos internacionales condicionen o impidan el armónico funcionamiento de la distribución de los poderes hacia el interior de las federaciones." DULITZKY, Ariel E. *Implementación del Derecho Internacional de los Derechos Humanos en los sistemas federales*: el caso de la Convención Americana sobre Derechos Humanos y la República Argentina p. 5-7. ABRAMOVICH, Victor; BOVINO, Alberto; COURTIS, Christian. *La aplicación de los tratados sobre derechos humanos en el ámbito local*: la experiencia. Ciudad Autónoma de Buenos Aires: Del Puerto: Buenos Aires: CELS, 2006, p. 5-52

247 CAZETTA, Ubiratan. *Direitos Humanos e federalismo*: o incidente de deslocamento de competência. São Paulo: Atlas, 2009.

248 Em 2010 foi federalizado o primeiro caso de direito humano – assassinato de Manoel Mattos. O primeiro pedido de IDC foi para o assassinato de Dorothy Stang no Estado do Pará em 2005. AGENCIA

reforça que as obrigações com as medidas necessárias não se resumem a ratificações de tratados e monitoramento de lei, o objetivo deve ser "remover os obstáculos, facilitar que as autoridades locais e federais cumpram com as obrigações convencionais e se evitem violações dos direitos reconhecidos"[249].

Uma recomendação recebida da Relatoria da ONU sobre execuções sumárias se relaciona com o contexto a qual está direcionada. Assim, na medida em que um episódio implique em direitos e a especificada da titularidade de um sujeito de direitos, centro dos demais mandatos temáticos da ONU, a probabilidade de encontrar a mesma recomendação destinada ao Brasil aumenta. Por exemplo, quando se fala na investigação de crimes cometidos por agentes do Estado, a situação está presente na execução sumária e no crime de tortura, o que justifica a convergência na recomendação quanto à independência da investigação que não deveria estar sob a autoridade da polícia, fortalecendo assim a competência do Ministério Público (Recomendação, 95, b).

Tanto as comunicações como as visitas dos Relatores são métodos dos *experts* conhecerem as práticas dos direitos humanas nos países,[250]

BRASIL. Condenação de assassinos de advogado reabre debate sobre a federalização de crimes. Brasília, 22.04.2015. Disponível em: <http://m.agenciabrasil.ebc.br>. Acesso em: 25.02.16.

249 DULITZKY, 2006, p. 19.

250 "Nos documentos encontrados, que incluem publicações e relatórios construídos em consórcio com organizações e movimentos, logo é possível associar o trabalho dessas organizações a um engajamento direto na missão da ONU ou a ações de seguimento. No Brasil, as organizações de direitos humanos prepararam publicações e relatórios que documentam violações de direitos humanos no Brasil segundo um mandato temático ou que buscam dar seguimento às recomendações da ONU. As organizações que enviam com frequência informações à Relatoria acabam por ser um ponto focal na organização da visita. Na mobilização de informações e de coleta de casos a serem apresentados ao relator, tem-se o cuidado de não alimentar expectativas às vítimas ou familiares que o encontram pessoalmente, em função de se saber os limites desses encontros na missão para o caso individual. Como a visita do relator é restrita a algumas cidades, é comum as organizações

no caso em estudo com foco no dever de proteção e garantia do direito à vida e determinados elementos que caracterizam as execuções sumárias, como mencionado desde o capítulo primeiro.

A prática de direitos humanos se conhece a partir da reclamação de quem sofre uma negação de direitos ou violação sistemática de direitos – que não se restringe à vítima daquela situação. São práticas locais, que contextualizam determinada situação, com potencial de produzir normas.[251] Nessas situações, a atenção maior é para os procedimentos adotados para assegurar direitos ou restringi-los, não identificando assim nominalmente a vítima e seus familiares, como comumente se faz em petições individuais de responsabilização do Estado brasileiro em outros mecanismos. O objetivo é documentar violações sistemáticas de direitos humanos, disseminar a informação numa perspectiva de *accountability*.

Além disso, as situações levadas à ONU não estão apartadas de uma forma de mobilização da sociedade civil em torno da categoria direitos humanos que antecedem os regimes democráticos na América Latina, como preconiza os estudos na área.[252] O levantamento das recomen-

> da sociedade civil deslocarem-se ao seu encontro; assim, as informações colhidas podem ir além da limitação geográfica (delimitada pela agenda do relator no Brasil). Da mesma forma, as ONGs e os movimentos mobilizam-se em busca de informações sobre o tema, que, inclusive, fazem uso de dados produzidos pelo próprio Estado brasileiro, como os dados sobre o Estado do Rio de Janeiro. Outro cuidado é produzir documentos em inglês para garantir o acesso do relator a essas informações." (LEÃO, 2014, p. 7).

251 GOODALE, M; MERRY, S. E. (org). *The Practice of Human Rights: Tracking Law between the Global and the Local*. Cambridge: Cambridge University Press, 2007.

252 SIKKINK, Kathryn. *A emergência, evolução e efetividade da rede de direitos humanos da América Latina*. In: JELIN, Elizabeth; HERSHERBERG, Eric (Org.). *Construindo a democracia: direitos humanos, cidadania e sociedade na América Latina*. São Paulo: Edusp, 2006. v. I; KECK, Margaret; SIKKINK, Kathryn. *Transnational Advocacy Networks*. In: *International Politics*, in Activists beyond Borders: Advocacy Networks in InternationalPolitics. Ithaca e London: Cornell University Press, 1998, p.1-37.

dações dos Procedimentos Especiais ao Brasil é do período de 1995 a 2014, tomando como ponto de partida para análise de conteúdo das recomendações de Philip Alston.[253] Com isso, esse volume de recomendações também será encarado como parte de um momento de advocacia de direitos humanos no Brasil[254] com a recepção de missões no Brasil e que não representa o início de envio de informações aos procedimentos especiais. Tal advocacia implica em diferentes processos envolvidos que vão desde conhecer como funciona o Sistema

---

253 LEÃO, 2011, p.83.

254 "Considerando a advocacia dos tratados de direitos humanos às instâncias internacionais e, em particular, as ações internacionais perpetradas contra o Estado brasileiro perante a Comissão Interamericana de Direitos Humanos, conclui-se que ela oferece relevantes estratégias de ação, potencialmente capazes de contribuir para o reforço da promoção dos direitos humanos no Brasil (...). Demonstrou-se que a advocacia dos instrumentos internacionais permite a tutela, a supervisão e o monitoramento do modo pelo qual o Estado brasileiro garante os direitos humanos, o que é positivo, já que os Estados são convocados a responder com mais seriedade aos casos de violação desses direitos. Na experiência brasileira, a ação internacional tem também auxiliado a publicidade das violações de direitos humanos, oferecendo o risco de constrangimento (*embarrasment*) político e moral ao Estado violador. Nesse sentido, surge como significativo fator para a proteção dos direitos humanos, bem como as pressões internacionais, o Estado brasileiro vê-se 'compelido' a apresentar justificativas a respeito de sua prática. A ação internacional e as pressões internacionais podem, assim, contribuir para transformar uma prática governamental específica, referente aos direitos humanos, conferindo suporte ou estímulo para reformas internas. Com o intenso envolvimento das organizações não governamentais, a partir de articuladas e competentes estratégias de litigâncias, os instrumentos internacionais constituem poderosos mecanismos para a promoção do efetivo fortalecimento do sistema de proteção dos direitos humanos no âmbito nacional. Observa-se, no entanto, que o sucesso da aplicação dos instrumentos internacionais de proteção dos direitos humanos requer ampla sensibilização dos agentes operadores do direito, no que se atém à relevância e à utilidade de advogar esses tratados junto a instâncias internacionais e nacionais, o que pode viabilizar avanços concretos na defesa do exercício dos direitos da cidadania". (PIOVESAN, 2010, p. 380).

ONU, o que requer alguma especialidade técnica que marcam uma profissionalização do ramo, bem como estrutura de acompanhamento em diferentes níveis (local, nacional ou internacional).[255]

O seguimento da relação do Brasil com o sistema de monitoramento internacional de direitos humanos é habitualmente trabalhado em estudos de decisões no sistema interamericano,[256] embora o Sistema ONU também faça parte do sistema de proteção internacional dos direitos humanos, trabalhando com outras ferramentas e com potencial para outras incidências a depender da perspectiva. Essas ferramentas são compreendidas como consequência da flexibilização da soberania a favor de um novo paradigma do Estado no contexto de globalização.[257]

Boaventura de Sousa Santos identifica diferentes fenômenos de globalizações, expressos em formas hegemônicas e contra-hegemônicas, que implicam em abordagens e usos opostos dos direitos humanos em um cenário de contradições para a efetivação de direitos.

---

255 CEBRAP. *Advocacia de Interesse Público no Brasil*: a atuação das entidades de defesa de direitos da sociedade civil e sua interação com os órgãos de litígio do Estado. Brasília CEBRAP; Ministério da Justiça, 2013; MACIEL, Débora Alves. *Mobilização do direito no Brasil*: grupos e repertórios. Abril, 2015.

256 Para mais informações sobre atuação no Sistema Interamericano, ver SANTOS, Cecília MacDowell. *Ativismo jurídico transnacional e o Estado*: reflexões sobre os casos apresentados contra o Brasil na Comissão Interamericana de Direitos Humanos. SUR – Revista Internacional de Direitos Humanos, ano 4, n. 7, p. 29-59., 2007; CARDOSO, Evorah. L. C. *Litígio Estratégico e Sistema Interamericano de Direitos Humanos*. São Paulo: Fórum, Coleção Fórum Direitos Humanos, 2012; GONÇALVES, Tamara Amoroso. *Direitos Humanos das Mulheres e a Comissão Interamericana de Direitos Humanos*. São Paulo: Saraiva, 2013.

257 LEWANDOWSKI, Enrique Ricardo. *Proteção dos direitos humanos na ordem interna e internacional*. Rio de Janeiro: FORENSE, 1984; ALVES, J. A. *Os direitos humanos como tema global*. São Paulo: Perspectiva; Brasília: Fundação Alexandre de Gusmão, 2007. (Coleção Estudos).

Ao observar o processo anterior à visita dos relatores da ONU, com envio de informações e comunicações, e ainda durante a visita, passamos a valorizar a forma contra- hegemônica, numa concepção de cosmopolitismo insurgente que

> (...) consiste na resistência transnacionalmente organizada contra os localismos globalizados e os globalismos localizados. Trata-se de um conjunto vasto e heterogêneo de iniciativas, movimentos e organizações que partilham a luta contra a exclusão e a discriminação sociais e a destruição ambiental produzidas pela globalização neoliberal, recorrendo a articulações transnacionais tornadas possíveis pela revolução das tecnologias de informação e de comunicação. As atividades cosmopolitas incluem, entre outras, diálogos e articulações Sul-Sul; redes transnacionais de movimentos anti-discriminação, pelos direitos interculturais, reprodutivos, e sexuais; redes de movimentos e associações indígenas, ecológicas ou desenvolvimento alternativo; redes transnacionais de assistência jurídica alternativa (...)[258].

Os movimentos sociais[259] estão na construção das recomendações e também como sujeitos atingidos pelo conteúdo desses documentos, em situações de vulnerabilidade de direitos por conta de sua agenda política ou ativismo. Na ONU, essas organizações são identificadas de forma mais ampla como sociedade civil ou organizações não governamentais, no primeiro caso, ou defensores de direitos humanos no segundo caso.

---

258 SANTOS, 2001, p.10.
259 Ver MUTZENBERG, Remo. "A Questão dos Movimentos Sociais na Atualidade". In: MARTINS, C. B (Coord.) *Sociologia: Horizontes das Ciências Sociais no Brasil.* ANPOCS. São Paulo, 2010, pp. 405-440. PAOLI, Maria Célia, TELLES, Vera da Silva. *Direitos sociais – conflitos e negociações no Brasil contemporâneo.* In: ALVAREZ, Sonia E.; DAGNINO, Evelina; ESCOBAR, Arturo (orgs.). *Cultura e política nos movimentos sociais latino-americanos.* UFMG, Belo Horizonte: 2000. p. 103-148. SCHEINGOLD, S. A. The *politics of Rights: lawyers, public policy and political change.* Michigan Press, 2004, pp. 3-22; HUNT, A. Right and Social Movements: Counter-Hegemonic Strategies in McCann, M. *Law and Social Movements,* Ashgate, 2006, p. 455-474.

Assim, no caso das execuções sumárias, entendemos que as recomendações estão mais próximas de uma perspectiva contra-hegemônica de globalização, pois valorizam a legitimidade local e incorporam as percepções dos sujeitos atingidos. Quando se fala de recomendação da ONU ao Brasil, não se pode desvincular esse processo de construção da informação pelos métodos de participação de indivíduos e grupos, pois essa condição fortalece o instrumento em seu conteúdo.

As recomendações se diferenciam das sentenças internacionais. Recomendações, como sufraga a própria lexicografia do vernáculo, não se trata de opinião vinculante,[260] conforme explica Ramos[261], ao classificar o "produto" dos processos de responsabilidade internacional por violação dos direitos humanos. Se quando as organizações de direitos humanos levam uma situação a ONU, já são conhecidas é conhecido a natureza e finalidade deste mecanismo, qual seria então a importância desses relatórios?[262]

Em matéria de Direito Internacional, o poder de embaraço é o que impulsiona alguma mobilização do Estado, por ser um propósito do Estado. Propósito mais associado a mudanças de políticas internas de direitos humanos e a formas de pressão política, em que a comunidade internacional passa a ser um aliado para a causa em questão.

As ações identificadas nesses documentos da ONU são consequências das análises de práticas locais, tanto ao considerar cartas enviadas a ONU, como os encontros proporcionados pela visita *in locu*. Todos

---

260 Diferentes métodos: petições ou comunicações, relatórios ou investigação. Métodos estes que são determinados pelo tipo de mecanismo que se pretende acionar.

261 RAMOS, 2002, p. 298.

262 Acrescente-se que, embora recomendações e resoluções não apresentem força obrigatória vinculante, com mais dedicação ao tema, será possível encontrar resoluções que se fazem mais obrigatórias do que algumas decisões – por exemplo, o Caso Sudoeste Africano no Tribunal de Haia, que reconheceu caráter de "decisão" de uma resolução da ONU. Ademais, novas organizações supranacionais estão dando outro caráter aos atos que se apresentam como recomendações; todavia, são em estruturas que seguem o princípio da subordinação. Ver. PEREIRA, A. G.; QUADROS, F. 193, p. 27.

esses canais, como explicado no item anterior, são espaços de interação entre sociedade civil e ONU, bem como ONU e os Estados.

Reivindicações de direitos e denúncias de violações de direitos encontram um respaldo normativo e institucional que ultrapassaram as fronteiras nacionais. As recomendações da ONU ao Brasil encontram no ativismo transnacional uma chave de leitura mais abrangente que a divisão "âmbito internacional" ou "âmbito nacional".

Existem referenciais normativos e institucionais que se afirmam em uma linguagem internacional sobre reivindicações que também são locais. Os mecanismos e procedimentos[263] da ONU são um exemplo da internacionalização de denúncias de violações de direitos humanos. Tais mecanismos da ONU recebem informações sobre as práticas abusivas nos países, além de seu propósito de proteger a pessoa humana e responsabilizar agentes por violações de direitos humanos.

O impacto do direito costuma ser medido pela norma alcançada. Nesta tese, vamos abordar as políticas públicas como um espaço de alcance das recomendações em que a normativa seria um elemento, a depender da ação.

3.2. OBSERVAÇÕES DA ONU SOBRE USO DA FORÇA

A Relatoria Especial sobre execuções sumárias, arbitrárias ou extrajudiciais, como mencionado acima, apresenta estudos temáticos nos relatórios anuais ao Conselho de Direitos Humanos e a Assembleia Geral da ONU. Os temas focalizados nesses informes priorizam determinado aspecto da prática das execuções sumárias no mundo, tais como uso da força por agentes privados de segurança, regras sobre investigação forense na proteção do direito à vida, a aplicação da pena de morte ou a proteção do direito à vida de jornalistas.

---

263 LEÃO, 2011, p. 121-122.

Entre os quinze relatórios temáticos até 2016,[264] daremos atenção a três trabalhos[265] realizados por Christof Heyns: (i) proteção da vida em operações de manutenção da ordem (2014) com foco na proteção legislativa e que retoma o trabalho sobre (ii) o uso da força durante manifestações (2011) e se relaciona com outro informe sobre (iii) o uso da força durante a prisão (2011).

Sem contar a preocupação em conhecer e difundir os instrumentos básicos de direitos humanos e uso da força, que podemos ver como um primeiro passo entre tantos da política pública para proteção da vida. A principal preocupação dos relatórios é como os Estados assimilam a normativa de direitos humanos nos seus ordenamentos nacionais quando o tema é uso da força. A metodologia adotada foi o estudo da legislação para entender o sistema jurídico na tomada da decisão sobre uso da força, já que é no plano nacional que as normas de direitos humanos se tornam aplicáveis.[266]

Desde o início do trabalho, o *expert* enfatiza que o exercício da atividade policial se desenvolve em circunstâncias perigosas em que o uso da força está em constante avaliação, bem como não é possível vislumbrar a implementação de um sistema de direitos humanos sem

---

264 Outros relatórios temáticos de 2014 a 2016: uso da força por agentes privados de segurança, regras sobre investigação forense na proteção do direito à vida, a aplicação da pena de morte aos estrangeiros, uso das tecnologias de informação e comunicação para assegurar o direito à vida, pena de morte (critérios restritos), pena de morte (retomada), armas menos letais e drones na aplicação da lei, robôs autônomos letais, proteção do direito à vida de jornalistas, sistemas regional de direitos humanos, aeronaves remotas (ou drones) e sistemas de armas autônomas, e indicadores estatísticos. Disponível em:< https://www.ohchr.org/EN/Issues/Executions/Pages/Issues.aspx>. Acesso em 12.06.2018.

265 Nota-se que os documentos da ONU recebem um símbolo de referência. A sigla identifica o órgão e sessão em que o documento foi apresentado, e quando mencionado seu conteúdo, há indicação do parágrafo, tendo em vista as diferentes versões em língua estrangeira.

266 ORGANIZAÇÃO DAS NAÇÕES UNIDAS (ONU). Assembleia Geral. Informe del Relator Especial sobre ejecuciones extrajudiciales, sumarias o arbitrarias, Cristof Heyns, 23 mai, 2011, A\HRC\17\28, par. 30.

em determinada ocasião recorrer à força,[267] assim, a questão é de interesse comum a todos. Apesar disso, a prevalência, segundo reafirma o Relator da ONU, é da responsabilidade do Estado em proteger a vida. Ao violar esse dever, uma gravidade estaria no comprometimento da capacidade do Estado em impedir que outros cometam violações.[268]

O ponto de partida é o direito à vida como direito fundamental, condição para a realização dos demais direitos da pessoa humana.[269] Qualquer restrição à vida deve observar os critérios de proporcionalidade e necessidade com o objetivo de proteger outra vida, de acordo com o princípio da inviolabilidade da vida no direito internacional,[270] bem como não cabe suspensão desse direito em qualquer situação excepcional.

As situações de limitação do direito à vida por uso da força para que não seja considerada arbitrária deve seguir um conjunto de normas do ordenamento jurídico nacional. O contexto do levantamento é a convivência de leis dos tempos coloniais ou ditatoriais com os direitos humanos, mas que podem inclusive estar em processo de harmonização entre direito nacional e internacional, e ainda situações que representam avanço legislativo no que diz respeito à proteção da vida e, outras, risco de retrocesso, por exemplo, com a repressão ao terrorismo ou medidas contra os protestos.[271] Aqui se entende a legislação nacional como "a primeira linha de defesa para a proteção do direito

---

267 ORGANIZAÇÃO DAS NAÇÕES UNIDAS (ONU). Assembleia Geral. Informe del Relator Especial sobre ejecuciones extrajudiciais, sumarias o arbitrarias, Cristof Heyns, 01 abr, 2014, A\HRC\26\36, par. 22.

268 A\HRC\26\36, par.26.

269 Ver Caso Villagrán Morales y otros ("Niños de la Calle") vs Guatemala. Sentença em 19 de novembro de 1999, par. 144; In: PIOVESAN, Flávia (Coord). Código de Direito Internacional dos Direitos Humanos Anotado. São Paulo: DPJ Editora, 2008.

270 ORGANIZAÇÃO DAS NAÇÕES UNIDAS (ONU). Assembleia Geral. Informe del Relator Especial sobre ejecuciones extrajudiciais, sumarias o arbitrarias, Cristof Heyns, 30 ago, 2011, A\HRC\66\30, par. 25- 28.

271 A\HRC\26\36, par. 30-32.

à vida e, em muitos casos, na prática também a última, levando em conta o caráter irreversível da violação à vida", segundo o relatório.[272]

Com isso, o relatório anual de 2014, quando destacou "a proteção do direito à vida nas operações de manutenção da ordem: a necessidade de reforma na legislação nacional", o fez com o objetivo de contribuir com a ampliação da proteção do direito à vida, centro do mandato da Relatoria. A metodologia do levantamento buscou saber se os marcos normativos nacionais, quando disponível, acompanha determinados critérios para afastar a condição de arbitrariedade: fundamento jurídico suficiente, objetivo legítimo, necessidade, prevenção, proporcionalidade, não discriminação, disposições especiais sobre manifestações, disposições especiais sobre pessoas sob custódia ou detidas e requisitos depois do uso da força. Tais critérios devem ser vistos no seu conjunto.[273] Foram analisadas leis sobre o uso da força em 146 países no ano de 2013.

A principal conclusão desse estudo foi a existência de divergências consideráveis entre a normativa internacional e a legislação dos países analisados no que diz respeito ao uso da força e a prestação de contas.[274] Deve-se considerar em que medida o princípio da proteção da vida é ou não reconhecido no conjunto de cada ordenamento jurídico, o que deveria ser perguntado aos Estados pela ONU. Entre as recomendações aos Estados, é dada particular atenção para a necessidade de uso da força em manifestações.[275]

O uso da força em manifestações não necessariamente é uma violência que culmina em um homicídio, no entanto é também a ação de instituições encarregadas de fazer cumprir a lei e que colocam em risco o direito à vida ou colocam esse direito em segurança. Ultrapassar o limite da força não encontra na morte biológica a sua única tradução. Um assassinato, uma execução seria a máxima violação do direito à vida, que são tratados no termo chacinas e execuções sumárias. Nesse item, avaliamos por bem trazer padrões de violência que não

---

272 A\HRC\26\36, par. 29.
273 A\HRC\26\36.
274 A\HRC\26\36, par. 115.
275 A\HRC\26\36, par. 117 e 122.

são assassinatos, porém se configuram em ameaças ao direito à vida, antecedem uma conduta letal, e são apresentadas como ação formal do Estado perante a ONU, atingindo consequentemente ao Brasil.

Entre todos esses assuntos, quando se fala em "execução sumária" logo se pensa em morte ou ameaça de morte. Assim, escolhemos incluir a atuação policial em reuniões pacíficas por conta de: (i) a situação à primeira vista não ser encarada como uma ameaça à vida; (ii) o uso de armas menos letais ser uma forma de moderar o uso da força, porém não assegurar práticas não violentas.

Somados a essas razões, o Brasil presenciou uma movimentação nas ruas em que o aparato policial foi mobilizado, exigindo assim a máxima atenção quanto ao uso da força contra agrupamentos de pessoas nas vias públicas. Os episódios foram em 2013, quando se iniciou protestos por redução de tarifa de transporte urbano, com episódios documentados e noticiados nas cidades brasileiras, conhecidos por "jornadas de junho".[276] Um ano depois, novos registros ficaram conhecidos por conta da realização do mundial de futebol no Brasil em julho de 2014, nas cidades sedes da Copa da FIFA, sob a reivindicação de diferentes direitos aproveitando que o evento atraia atenção do mundo para o Brasil e e logo causar impacto no debate sobre as obras do evento, do ponto de vista econômico e social, segundo o discursos dos manifestantes registrados naquele momento. Um terceiro acontecimento chamou atenção em Curitiba-PR, em 2015, quando mais de 200 professores foram feridos em ação policial por ocasião de protesto em frente à Assembleia Legislativa durante a votação de projeto de lei que alterava a previdência estadual.

Nessas manifestações nas ruas, o uso de bala de borracha, *spray* de pimenta, gás lacrimogêneo e outros métodos de baixa letalidade

---

276 Mais sobre reivindicações nas ruas ver: SINGER, André. *Brasil, junho de 2013*: classes e ideologias cruzadas. Dossiê: Mobilizações, Protestos e Revoluções. Novos estudos CEBRAP n. 97, São Paulo, Nov, 2013; MARICATO, Hermínia et al. *Cidades Rebeldes:* Passe Livre e as manifestações que tomaram as ruas do Brasil. São Paulo: Boitempo: Carta Maior, 2013; DOWBOR, Monika; SZWAKO, José. *Respeitável público...*: performance e organização dos movimentos antes dos protestos de 2013. *Novos estud.* – CEBRAP, São Paulo, n. 97, p.43-55, Nov, 2013.

ganharam proporções que não poderiam ser ignoradas e coincidiram com o período do debate na ONU sobre o direito ao protesto e o uso da força por agentes de segurança nessas situações.

Antes de tudo, no contexto do informe da ONU, a preocupação com as manifestações se apresenta como urgente em face de ser um fenômeno que tende a ganhar mais corpo de acordo com os seguintes aspectos indicados pelo Relator (2011): a) a maior pressão sobre recursos escassos em uma situação de risco devido à pobreza; b) o uso das tecnologias de informação e comunicação por novos agentes fora do controle estatal; c) a urbanização acelerada tendo em vista que os protestos ocorrem nos centros urbanos; d) o crescimento demográfico se relaciona com o número de jovens, que são os principais protagonistas das manifestações; e) a ideia de democracia e direitos humanos se tornaram por direito um catalisador de ativismo.[277]

O centro desse estudo temático foram reuniões pacíficas sem necessariamente riscos de assassinatos. Com isso, vale ressaltar que já existia uma deliberação específica no mandato Relatoria de execuções sumárias desde 1996 para ter atenção ao direito à vida em contexto de repressão em manifestações e reuniões (Resolução 1996\74), apesar da análise sobre manifestações ser de 2011, logo após as mobilizações de rua no mundo árabe. O principal argumento para atuação dessa Relatoria Especial seria que a repressão teria como objetivo a destruição de um opositor político do Estado.[278] As manifestações e o uso da força pela Polícia também são o centro de atenção do mandato do Relator Especial sobre defensores de direitos humanos, e mais recentemente do mandato do novo Procedimento Especial sobre direito à liberdade de reunião e a associação pacífica.[279]

O Relator reconhece a legitimidade para se restringir manifestações e reuniões: segurança nacional, ordem pública, proteção de direitos, porém a preocupação central é com a afirmação de uma discricionariedade no uso da força em face desses argumentos. Essa discricionariedade pode despontar na legislação nacional por meio

---

277 A\HRC\17\28, par. 19.
278 A\HRC\17\28, par. 25.
279 A\HRC\17\28, par. 123.

▼ de termos vagos e abertos[280] como "razoável" e "necessário", o que levaria a interpretação de uma "licença para matar" e nas palavras do Relator poderia significar um "mini estado de emergência".[281]

Quando se fala em parâmetros sobre uso da força, o Código de conduta para funcionários encarregados de fazer cumprir a lei e os Princípios básicos sobre o emprego de arma de fogo são as referências de *soft low* no que diz respeito à proteção da vida no contexto de prisão, detenção ou legítima defesa.[282] As disposições direcionadas ao uso da força em manifestações não impedem a participação da polícia ou operações policiais para facilitá-la ou controlá-la. É por isso, critérios não podem ser esquecidos. A ação deve considerar três princípios: (i) Não é permitido usar a força em reuniões lícitas e pacíficas (Princípio 12); (ii) Caso exista algum motivo em reunião ilícita, somente é aceito a mínima força necessária (Princípio 13), proibido uso de força. Eventual conduta violenta de um manifestante não converte a manifestação em reunião não pacífica; (iii) Em caso de reunião violenta, também fazer uso apenas da mínima força possível e somente uso de arma de fogo em conformidade com o princípio 9, não sendo permitido disparar indiscriminadamente contra a multidão.[283]

Embora não se use arma de fogo na manifestação no Brasil, isso não significa que o uso da força esteja liberado, esteja sem controle, ao utilizarem outros armamentos chamados de não letais, sob a crença de que não causam a morte. A proteção do direito à vida não é apenas evitar a morte (obrigação negativa), mas implica em adoção de medidas (obrigação positiva) que possam afastar ameaças em seu exercício.[284]

Quanto ao tipo de armamento, a ONU tem denominado certos tipos como menos letais ao considerar que só podemos falar de letalidade quando se avalia a situação real, o "indivíduo em concreto",[285] sendo

---

280 A\HRC\17\28, par. 84 e 85.

281 A\HRC\17\28, par. 93 e 95.

282 A\HRC\26\36, par. 43; A\66\330, par. 36.

283 A\HRC\26\36, par. 75.

284 Nesse sentido ver Caso Damião Ximenes *vs* Brasil, par. 147-148.

285 A\HRC\26\36, par. 103.

que entre as variantes estão o tipo de arma, o contexto, a vítima, e a possibilidade de atingir um terceiro.[286] Não há estudos sobre os riscos de substâncias químicas utilizadas nesses armamentos.

Esse estudo de 2011 analisou a legislação de 76 países como base para uma maior compreensão da implementação das normas de respeito à liberdade de reunião e o uso da força, objetivo principal do levantamento. Desses países, aproximadamente um terço dispõe de legislação específica sobre manifestações, e mesmo na sua ausência, diferentes formas de limitar ou suprimir a liberdade de reunião se realizam de forma não explícita na norma.[287] Segundo o relatório anual de 2011, dos 76 países estudados, a maioria apresenta normas sobre uso da força, em menor número quando o assunto é uso da força em manifestações. Quando existem, se identificou uma maior faculdade no uso da força em manifestações do que em outros casos.[288]

Em síntese, os países utilizam as mesmas regras para uso da força em qualquer situação para manifestações, as quais o informe dividiu em três subcategorias: (i) norma vaga e mal definida, sem orientação clara: "qualquer agente da polícia pode utilizar a força que, em as circunstâncias do caso, possa ser razoavelmente necessária"; (ii) norma que viola norma internacional de direitos humanos: uso de arma de fogo em manifestações; (iii) países que cumprem em boa medida as normas internacionais.[289]

O estudo "proteção do direito à vida no contexto de manutenção da ordem em reuniões" retoma a importância do critério para se compreender as massas. Hoje, a forma predominante é o paradigma "gestão negociada" que diferencia o grupo do indivíduo, onde os manifestantes não podem ser vistos como uma "unidade irracional e monolítica" a ponto de justificar a intensidade da força, modelo da década de 1960:

---

286 A\HRC\26\36, par. 104.
287 A\HRC\17\28, par. 79 e 83.
288 A\HRC\17\28, par. 92.
289 A\HRC\17\28, par. 97-101.

A abordagem da gestão negociada supõem aceitar parte dos efeitos colaterais do protesto em troca de garantias sobre o caráter pacífica do ato. Portanto, o importante nessa abordagem é garantir a paz, em vez de fazer cumprir a lei. Seguindo esse paradigma de "cumprimento mínimo" da lei, a polícia deve usar a força em sua própria defesa e não fazer valer a autoridade da lei em abstrato. As práticas policiais listadas abaixo são algumas das encontradas ao seguir este paradigma: facilitar o acesso dos manifestantes às ruas, o que de outro modo eles não teriam, com a expectativa de que certas medidas de autocontrole tenham sido adotadas. participação de mulheres e homens na manutenção da ordem durante o protesto; assegurar que todos os membros da polícia sejam identificáveis (por exemplo, com seus nomes visíveis nos uniformes); e manter as forças de segurança apartadas do caminho quando elas não forem necessárias.[290]

As principais razões para o exercício da força são ordem pública e proteção de direitos. Segundo a ONU, o enfoque de intensificação da força está a serviço da proteção da ordem.[291] Uma questão fundamental é "adaptar categorias genéricas nos ordenamentos nacionais aos requisitos provenientes das normas internacionais os quais estão mais baseados em princípios".[292] Essa tensão também esteve presente na negociação da resolução sobre "promoção e proteção dos direitos humanos em contexto de manifestações pacíficas" no Conselho de Direitos Humanos, aprovada em 2014. Foi apresentada emenda que nomeava os riscos para a segurança nacional e a responsabilização da organização do protesto por ato de violência.

No estudo anterior sobre uso da força no contexto de prisão, o Relator desenvolveu os conceitos de proporcionalidade e necessidade tendo em vista que a situação prisão remete logo à ideia entre estar se falando da vida do suspeito, da vítima ou de terceiro.[293] Aqui exige um percurso de avaliação onde dois critérios despontam: ameaça grave à vida e a gravidade do delito cometido pelo suspeito.

---

290 Tradução nossa. A\66\330, par.113-114

291 A\HRC\17\28, par. 134.

292 A\HRC\26\36, par. 73.

293 A\66\330, par. 30.

Esse terceiro relatório em destaque privilegia o uso de arma em prisão de um suspeito, em operação oficial, ao negar cooperar com a polícia, situação muito comum no Brasil quando se fala de registros de resistência seguida de morte, mencionada desde o capítulo primeiro. Os episódios de uso de armas e forças policiais [294] são tratados na Relatoria de execuções sumárias por conta da função desses agente de manter a ordem ser considerada quanto à atribuição adicional do uso da força letal.[295] Assim acrescenta:

> Existem várias razões pelas quais o uso de força letal pela polícia, também no contexto de detenção, deve ser considerado uma questão de máxima seriedade, e estar baseado em um sólido arcabouço ético e jurídico, cuja aplicação se sujeite a uma avaliação constante. Tais razões são a natureza fundamental do direito à vida; o caráter irreversível da morte e, em alguns casos, a incapacidade; a possibilidade de cometer erros na ação e de julgamento; a possibilidade de que resultem na morte ou ferimentos de pessoas inocentes; o efeito sobre a legitimidade da polícia e do Estado; e o trauma que sofrem todos os envolvidos, possivelmente também os policiais envolvidos, quando se coloca fim em uma vida pela violência.[296]

Por vezes, esse comportamento da polícia pode atingir certos grupos raciais.[297] Com isso, vale mencionar o relatório da missão do Grupo de Trabalho sobre Afrodescendentes[298] (2014):[299] reforçou a relação entre grupo racial e violência policial por ocasião da visita ao Brasil,

---

294 Sobre decisão no Sistema Interamericano nesse sentido, ver Caso los hermanos Gómez Paquiyauri vs Perú. Sentença em 08 de julho de 2008, par. 88. In: PIOVESAN, Flávia (Coord). Código de Direito Internacional dos Direitos Humanos Anotado. São Paulo: DPJ Editora, 2008. In: PIOVESAN, Flávia (Coord). Código de Direito Internacional dos Direitos Humanos Anotado. São Paulo: DPJ Editora, 2008.

295 A\66\330, par. 7.

296 Tradução nossa. A\66\330, par. 9.

297 A\66\330, par.10.

298 O termo utilizado pela ONU é "african descent".

299 ORGANIZAÇÃO DAS NAÇÕES UNIDAS (ONU). Assembleia Geral. Report of the Working Group on Arbitrary Detention on its visit to Brazil (18 to 28 March 2013), 30 jun, 2014, A\HRC\27\68\Add.1.

retomando as considerações de outros Relatores da ONU que antecederam essa visita – tortura e execuções sumárias. Os especialistas destacaram um item sobre múltiplas discriminações vivenciadas pela população negra, em que a violência policial atinge aos jovens. No mesmo sentido, sobre o Brasil, o Grupo de Trabalho sobre Detenção Arbitrária (2013) avaliou, abusos durantes as apreensões e prisões no tocante a delitos de jovens afrodescendentes,[300] sem falar no perfil racial da população carcerária no país. Com isso, o momento do uso de arma na detenção com morte pode ser visto como uma sequência máxima do uso abusivo da força, porém não se poderia afirmar como único episódio até o cumprimento da pena.

A preocupação apresentada no relatório anual de 2011 foi sobre assegurar que um suspeito seja julgado pela instância competente por um delito cometido. Para tanto, o uso de arma de fogo é o primeiro parâmetro a considerar no momento de abordar o suspeito ou acusado de crime, tendo em vista o seu uso não poder configurar, ao invés de um instrumento a facilitar o trabalho da polícia, um meio de "punição" da pessoa do "criminoso". Nesse sentido, o uso da força letal no momento da prisão é uma premissa importante para um sistema jurídico e para a noção de prisão arbitrária ou ilegal,[301] bem como o princípio de proteção da vida que orienta a vida como um único objetivo legítimo para o uso da força, logo "não se poderá matar um ladrão que está fugindo e não haja um perigo imediato, ainda que possa escapar".[302] Convém aqui uma ponderação:

> Claramente a dificuldade estaria em encontrar o equilíbrio adequado entre ser excessivamente permissivos ou excessivamente restritivos. O ponto de partida é que o Estado não deveria privar a vida, e qualquer medida que busque se enquadrar dentro dos estreitos limites das exceções a essa regra exige forte motivação. As normas aplicáveis devem ser definidas de tal forma que possam

---

300 ORGANIZAÇÃO DAS NAÇÕES UNIDAS (ONU). Assembleia Geral. Informe del Grupo de Trabajo sobre la Detención Arbitraria, Misión al Brasil, 25 jun, 2014, A\HRC\27\48\Add.3, par 143.

301 A\66\330, par. 13-14.

302 A\HRC\26\36, par. 72.

ser facilmente utilizadas pelos policiais para tomar decisões, em princípio, quando estiverem sujeitos a fortes pressões.[303]

Após a análise da legislação de 101 países, o Relator da ONU sistematizou em cinco modelos o uso de força durante a prisão: Qualquer delito (não se estabelece outro requisito); Delito violento (unicamente); Delito violento ou perigoso (qualquer de um dos requisitos); Perigo (unicamente); e Delito violento e perigo (deve cumprir ambos os requisitos).

O uso da força por parte da polícia deve se dar apenas como último recurso, quando recursos menos agressivos se mostrarem insuficientes (ideia de ultima *et extrema ratio*). O Código Penal brasileiro diz que age de acordo com a lei aquele que se encontra em situação de legítima defesa, estado de necessidade, estrito cumprimento do dever legal e exercício regular de direito. Assim, a Polícia somente pode fazer uso de força letal quando houver o risco de lesão a bem jurídico de igual ou maior valor do que o bem sacrificado.

A questão brasileira se torna um problema quando essas circunstâncias de uso da força não são investigadas como uma rotina, por isso, fala-se bastante de forma crítica sobre o auto de resistência ou resistência seguida de morte com a posterior arquivamento da investigação da ação que deu causa a morte da vítima, geralmente apresentada como em fuga a prisão ou em reação à prisão.

3.3. RELATÓRIO DA MISSÃO AO BRASIL

"Medidas concretas e específicas para reduzir a incidência de execução e para aumentar a responsabilização quando ocorrerem execuções" é a recomendação no relatório da missão no Brasil, conforme qualifica Philip Alston.[304] Uma recomendação não significa uma ação isolada, mas um conjunto de medidas ao Estado brasileiro que envolvem diferentes agentes públicos na sua realização. Essas medidas serão mencionadas tomando como base o número do parágrafo do documento da ONU e as razões apresentadas pelo *expert*

---

303 Tradução nossa. A\66\330, par. 16.
304 A\HRC\11\2Add. 2, par. 1.

que contextualizam a prática no Brasil. Desde a introdução deste trabalho, partes do relatório da missão de Alston foram mencionadas. Apesar disso, nesta seção, o intuito é apresentar a sequência em que as ações são dispostas no relatório, conectados a uma prática de direitos humanos observada pelo *expert* a partir das metodologias de trabalho desse procedimento especial da ONU.

Como as execuções sumárias estão intrinsecamente relacionadas ao direito à vida, é compreensível que as medidas recomendadas ao Brasil sejam de cunho de prevenção da perda arbitrária da vida, bem como de investigação e responsabilização, dimensão material e processual desse direito humano, o que também se verifica em relação ao mandato da relatoria sobre execuções sumárias.[305] Essa característica do direito à vida permite entender porque certas recomendações ao Brasil também se repetem em outros mandatos temáticos ou sistemas de monitoramento, como já mencionado, bem como instituições públicas são impactadas.

Quando se fala em competência para a investigação e responsabilização de agentes de segurança, por exemplo, Secretaria de Segurança Pública, Corregedorias de Polícia, Ouvidorias de Polícia, Instituto Médico-Legal são os organismos os quais habitualmente as recomendações estarão direcionadas. São recomendações fundamentadas nos procedimentos adotados pelas instituições diante de uma denúncia de execução sumária ou barreiras institucionais que representam um risco aos direitos humanos em análise durante a missão no Brasil, com base em encontros pessoais com agentes públicos. Quando o foco é a dimensão material do direito à vida, buscar saber quem é o público alvo das execuções no Brasil significa saber quem serão os beneficiários diretos das recomendações de Philip Alston, no que diz respeito à perda arbitrária da vida. A análise do perfil das pessoas atingidas, indicadas no documento da ONU se embasou em estatísticas sobre homicídios e testemunhos sobre as circunstâncias em que uma execução ocorrera, além da documentação de casos paradigmáticos.[306]

---

305 Ver Resolução n. 8/3 do Conselho de Direitos Humanos e Resolução 1992/72 da Comissão de Direitos Humanos.

306 Ver Código de Conduta (Resolução n. 5/2 do Conselho de Direitos Humanos).

3.3.1. PERDA ARBITRÁRIA DA VIDA: ALVO DE EXECUÇÕES E CONTEXTO DA AÇÃO

As mortes cometidas por agentes do Estado no Brasil são apresentadas no relatório da ONU como práticas decorrentes da ação policial ou da ação no sistema prisional. Aquelas praticadas por policiais se dividem em ações em serviço e fora de serviço (esquadrão da morte, grupos de extermínio e milícias). Embora seja recorrente o uso da palavra "policial", o conceito de execução sumária está atrelado à ideia de agente estatal, o que não significa o envolvimento exclusivo de funcionários da instituição policial, mas também inclui os agentes encarregados de cumprimento da lei ou "agentes da ordem", como explica a Relatoria[307] com base no *Código de Conduta para Funcionários Encarregados de Fazer Cumprir a Lei* (1979). Apesar disso, o uso da força é o elemento base da atividade policial, que se expressa na atribuição de prisão e detenção, principal contexto de morte por intervenção do Estado. Assim, pode-se entender o peso que as denúncias sobre execuções sumárias acabam por recair mais na Polícia do que em outras organizações do sistema de segurança e justiça no país.

Com atenção às recomendações sobre execuções sumárias, de forma geral, relacionam-se a prática de direitos humanos e determinados grupos e pessoas atingidas – defensores de direitos humanos, testemunhas, negros, pobres,[308] quem logo pode ser identificado como um perfil beneficiado direto das ações indicadas ao Brasil. A perda da vida não está dissociada de questões de fundo, em que as execuções sumárias se apresentam como procedimento adotado para eliminação de uma pessoa visando determinada vantagem.[309]

Quando a questão de fundo é um conflito agroambiental, por exemplo, a razão dessa eliminação do outro é uma disputa por direito que

---

307 A\HRC\26\36, par. 22

308 A/HRC/11/2/Add.2, par.8.

309 Sobre relação entre vantagem obtida e violações de direitos humanos, ver: LOPES, José Reinaldo de Lima. *Direitos Humanos e Tratamento Igualitário*: questões de impunidade, dignidade e liberdade. Revista Brasileira de Ciências Sociais, Vol. 15 n° 42, fev/2000, p. 77-100.

não pode ser ignorada.³¹⁰ Essa relação deve ser pontuada não apenas porque execuções habitualmente são associadas às práticas urbanas, mas por conta de que a permanência de procedimentos adotados para privação da vida acaba por beneficiar a exclusão de outros direitos, relacionando-se a outras desigualdades sociais e práticas. Exemplos dessas tensões na região amazônica são reforçadas por relatos sobre vendas fraudulentas de terras *versus* a posse legítima por concessões de terras desde 1966; projetos de colonização dirigida que implicaram em obras de infraestrutura como a rodovia transamazônica; o impacto socioambiental provocado por projetos de "desenvolvimento", como o Projeto Grande Carajás; violência em face de ordens judiciais (despejos); e, ainda, a reação ao trabalho escravo.³¹¹ No caso de projetos de infraestrutura, foram explicitamente mencionados pela Relatoria Especial sobre Direito à Alimentação: "com preocupação que situações politicamente tensas – particularmente as que envolvem disputas de terras e a implantação de grandes projetos de infraestrutura – ainda podem resultar em repressão violenta pelas forças de segurança do Estado".³¹²

Antes de prosseguir, convém dizer que esses projetos de infraestrutura (hidrelétricas, mineradoras) fazem parte da história da ocupação da Amazônia brasileira, conhecida pelas atividades de agropecuária e exploração madeireira, e estão atreladas as escolhas de um modelo de desenvolvimento de mais de quarenta anos³¹³ que conformam um quadro de experiências violentas capturadas pela expressão conflito fundiário ou conflito agroambiental ou ainda conflitos socioambientais minerários. Se a ocupação da região logo remete a noção de conflitos, essas expressões necessitam sempre serem qualificadas por novas práticas comerciais, novos espaços de investimento, novos protagonistas, mas com antigos métodos de ação contra a população

---

310 LEÃO, 2011, p. 36-37.

311 LOUREIRO, Violeta. *Estados, bandidos e heróis*. Belém: CEJUP, 2001, p. 354; ATAÍDE JÚNIOR, Wilson Rodrigues. *Os direitos humanos e a questão agrária no Brasil*: a situação do sudoeste do Pará. Brasília: UnB, 2006, p. 245.

312 A/HRC/13/33/Add. 6, par. 24.

313 Ver LOUREIRO, Violeta Refkalefsky; PINTO, Jax Nildo Aragão. A questão fundiária na Amazônia. *Estud. av.* [online]. 2005, vol.19, n.54, pp.77-98.

local ou quem se apresentar com denúncias ou reivindicações que obstaculizem, mesmo que temporariamente, plena realização desses projetos ao revés da integridade física e do direito à vida de outros (indígena, quilombolas, populações tradicionais, defensores de direitos humanos, sindicalistas). Sabe-se que mortes violentas ocorrem de forma crescente nas cidades da região, porém este trabalho focaliza as mortes com envolvimento de agentes estatais. Por isso, a atenção aos episódios conhecidas como "crimes por encomenda", "crimes de pistolagem ou mando"[314] como foi o assassinato de Chico Mendes (1988) e Dorothy Stang (2005).

A repercussão dessa prática ultrapassa um direito individual como o direito à vida. Ao mesmo tempo em que o contexto pode ser colocado como a principal razão da existência de assassinatos, o mesmo não pode ser o argumento para tratar assassinatos como ações inevitáveis, segundo Philip Alston sobre o Brasil:

> Os grupos de extermínio são também responsáveis por assassinatos, em áreas rurais, de trabalhadores sem-terra e de indígenas, normalmente num contexto de disputa por terras. Mesmo que o número anual de mortes de trabalhadores sem-terra e indígenas não represente uma grande parte do número total de homicídios no Brasil, as mortes servem para enfatizar um sistema mais amplo de repressão, demonstrando as conseqüências letais para quem desafiar os poderosos (...) Ainda que as mortes individuais sejam o resultado de problemas estruturais de conflito de terras, de antigos e complexos sistemas de uso e propriedade da terra, isso não deve ser usado como uma desculpa para esquivar-se de tomar medidas imediatas para a prevenção, o julgamento e a sanção das execuções extrajudiciais que ocorrem em tal contexto. Os conflitos pela terra são o contexto no qual essas mortes acontecem. Mas, nos conflitos pela terra, não é obrigatório que as execuções sejam inevitáveis. As execuções ocorrem porque os mandantes e os assassinos sabem que ficarão impunes. O Brasil precisa garantir que as ameaças de morte relatadas sejam investigadas e os criminosos punidos.[315]

---

314 Sobre pistolagem ver LOUREIRO, Violeta Refkalefsky; GUIMARÃES, Ed Carlos. Reflexões sobre a pistolagem e a violência na Amazônia. *Revista Direito GV*, [S.l.], v. 3, n. 1, p. 221-246, jan. 2007. Disponível em: <http://bibliotecadigital.fgv.br/ojs/index.php/revdireitogv/article/view/35207/34008>. Acesso em:13.06.18.

315 A/HRC/11/2/Add. 2, par.40.

O conflito de terra mencionado acima se relaciona como uma situação de ameaça ou morte por policiais fora de serviço. Não se trata de uma ação formal, logo, não se trata de ação vinculada exclusivamente com a atuação de membros da polícia[316] ("Ataques ou Mortes"). Por outro lado, operações policiais que se relacionam com processos judiciais de disputa pela terra[317] também podem implicar em execuções extrajudiciais, tendo como exemplos os conhecidos episódios Massacre de Eldorado dos Carajás, em 1996, e Corumbiara, em 1993 ("Uso excessivo da força").[318] As violações de direitos humanos na região desenvolvem-se em um âmbito de "cumplicidade" entre o público e o privado, sendo que os estudos de Treccani[319] enfatizam três situações com ação de policiais militares: no cumprimento de reintegração de posse, na proteção privada de setores do poder local e em crimes por encomenda ou pistolagem.Com isso, um assassinato sob a perspectiva desse olhar das relações locais se aproxima fortemente do conceito de execuções sumárias, arbitrárias ou extrajudiciais antes de ser comparado a um homicídio entre particulares.

As execuções sumárias em áreas rurais encontram um perfil de pessoas atingidas: trabalhadores rurais, indígenas e quilombolas. Nessas ações que atingiram trabalhadores rurais, "a questão de fundo" não deixa de se relacionar com os critérios para o uso da força pela polícia;

---

316 "O especialista menciona as mortes no campo quando trata de grupos de extermínio. Esses grupos possuem atuação e características relacionadas à pistolagem e às milícias privadas, marcados por uma relação de "cumplicidade" entre setor público e privado que devem ser incluídos na leitura sobre "desafiar os poderosos". Tais situações, muitas vezes, podem, inclusive, refletir-se na investigação e apuração dos fatos, prejudicando a assistência às vítimas e aos seus familiares". LEÃO, 2011, p. 42

317 Sobre Judiciário e ocupação de terras ver: E/CN.4/2005/60/Add.3, pars. 45, 83-84.

318 Ver Informe n. 32/2004, pars. 78-81, Caso n. 11.556, 11 de março de 2004, CID; LAZZARI. Geraldo. *Corumbiara, caso enterrado*. São Paulo: Elefante, 2015.

319 TRECCANI, Girolamo Domenico. *Violência e grilagem*: instrumentos de aquisição da propriedade da terra. Belém: UFPA, ITERPA, 2001, p. 265.

com a visão sobre quem são as pessoas que a polícia deve "enfrentar" nessas disputas e como fazê-lo.[320] Quando partimos da questão de fundo, nem sempre o número de assassinatos têm a capacidade de evidenciar a relação com o perfil, como acontece com a questão de morte por intervenção policial nos centros urbanos.[321] Aqui não se fala em "número total de homicídios no Brasil" do mesmo modo que se faz referência aos homicídios nos centros urbanos. É importante reforçar essa observação porque um menor volume de morte nas estatísticas não esconde o público-alvo das execuções sumárias quando se focaliza as circunstâncias da morte e os procedimentos empregados.

Tal relação entre o contexto e a pessoa atingida explica porque a Relatoria Especial sobre as Formas Contemporâneas de Racismo, Discriminação Racial e Xenofobia apresenta os conflitos pela terra como uma preocupação para os direitos de povos indígenas e de comunidades quilombolas, postos na análise sobre o Brasil como um reflexo das circunstâncias de discriminação em que vivem essas

---

320 "A tragédia que foi o massacre de pobres, trabalhadores rurais, os sem-terra, em Eldorado dos Carajás, no Estado do Pará, mostra de maneira eloquente a brutalidade e a imoralidade a que pode levar uma ação inspirada no preconceito. Os ditos proprietários das terras em questão nem mesmo eram proprietários, pois se tratava de terras devolutas, pertencentes ao patrimônio do Estado, que alguns ricos e poderosos donos de terras tomaram para si. Mas os sem-terra são muito pobres e se movimentam a procura de um lugar para fixar suas famílias e trabalhar. Além da corrupção econômica presente naquele massacre, é fato que, na mentalidade daquela região, os sem-terra, exatamente por essa condição, são considerados bandidos perigosos. Daí a facilidade para se aliarem latifundiários, governantes, tribunais e polícia, para matança dos que nem mesmo são vistos como seres humanos, pessoas e famílias para quem não vigora o artigo 1° da Constituição, que declara a dignidade humana como um fundamento da República". DALLARI, Dalmo Abreu. *Policiais, juízes e igualdades de direitos*. In: LERNER, Júlio. (Ed.). *O preconceito*. São Paulo: Imesp, 1996/1997, p. 101.

321 Essa relação foi o fundamento da realização da CPI para apurar as causas, razões, consequências, custos sociais e econômicos da violência, morte e desaparecimento de jovens negros e pobres no Brasil. BRASIL. Câmara dos Deputados. Comissão Parlamentar de Inquérito homicídios de jovens negros e pobres. Brasília, jul, 2015.

populações.³²² Assim também ameaças direcionadas às lideranças desses grupos, quilombolas, trabalhadores rurais e indígenas, são beneficiários direitos das recomendações da Representante Especial sobre Defensores de Direitos Humanos (Hina Jilani), ao expor a relação entre os movimentos sociais e as ameaças que enfrentam.³²³ Os conflitos agroambientais também fazem parte do contexto da morte de defensores de direitos humanos, relatados como lideranças rurais e que se diferenciam das mortes coletivas, configuradas como massacres ou chacinas no campo.³²⁴

Todas essas tensões no campo ao estarem na agenda de protestos sociais também podem significar outro tipo de violência, que não a execução, como também devem ser compreendidas as recomendações sobre segurança dos ativistas em protestos, tal qual a da Relatoria temática sobre o direito à alimentação:³²⁵ criminalização das atividades dos defensores de direitos humanos e riscos à integridade física dos

---

322 Recomendações nesse sentido da Relatoria Especial sobre as Formas Contemporâneas de Racismo, Discriminação Racial e Xenofobia, apresentadas ao Brasil: "A prevenção e repressão à violência contra indígenas e afrodescendentes, em particular, os assassinatos, devem ser prioridade do governo a serem tratadas com urgência. Medidas apropriadas devem ser tomadas a fim de sancionar fortemente os agentes policiais e outras pessoas responsáveis por violência e assassinatos de afro-brasileiros e indígenas. (...) Ao admitir o compromisso do governo em reconhecer os quilombos, o Relator Especial sobre todas as formas contemporâneas de racismo, discriminação racial e intolerância relacionada recomenda que o governo deve: (...) (a) Organizar urgentemente a segurança apropriada das comunidades quilombolas e dos seus líderes. (...) No que diz respeito às comunidades indígenas: (b) A proteção dos líderes indígenas e das comunidades deve ser garantida; (...) (c) Deve-se estabelecer uma Comissão parlamentar sobre a violência perpetrada contra os índios e suas terras" (E/CN 4/2006/16/Add.2,par.73,79, 81).

323 A/HRC/4/37/Add.2, par. 16 – 23.

324 Para mais sobre execuções sumárias no campo, ver: Relatório Final da Comissão da Verdade, Parte IV, Capítulo 13, Volume 1. Disponível em: <www.cnv.gov.br>. Acesso em 10.01.2015.

325 A/HRC/13/33/Add.6, par. 25.

ativistas.[326] Ao corroborar com essa perspectiva, Hina Jilani (mandato temático defensores de direitos humanos) considerou duas situações para prevenir o uso excessivo da força que são consideradas importantes: a) uso excessivo da força em protesto sociais que reforce a criminalização de defensores de direitos humanos;[327] b) uso excessivo da força em áreas de ocupação por trabalhadores rurais,[328] por exemplo, situações vivenciadas pelos casos Eldorado dos Carajás e Corumbiara, ambos amplamente difundidos pela imprensa nacional.[329]

Enquanto o alvo de assassinatos no campo são trabalhadores rurais ou lideranças indígenas, os alvos das execuções nos centros urbanos são jovens negros em operações policiais que se apresentam como ações de combate ao tráfico de drogas ou na represália a assassinatos de oficiais de polícia; ou outras situações em que defensores de direitos humanos são "silenciados".[330]

Os episódios de "silenciamento" se relacionam com a percepção de barreiras para dar prosseguimento à investigação do episódio e à responsabilização de pessoa ou organização acusada de crime, especialmente denúncias de assassinatos atribuídos a grupos de extermínio com envolvimento de agentes públicos.[331] As vítimas são ativistas ou lideranças de grupos identificados como defensores de direitos humanos, em que o assassinato não é a única forma de violência e limitações de direitos.[332]

---

326 As Recomendações ns. 101 e 103, apresentadas em 2006 por HinaJilani.

327 A/HRC/4/37/Add. 2, pars. 36-42.

328 A/HRC/4/37/Add. 2, pars. 43-47.

329 Recomendações 105 e 106, apresentadas em 2006 por HinaJilani.

330 ORGANIZAÇÃO DAS NAÇÕES UNIDAS (ONU). Comissão de DireitosHumanos. Extrajudicial, summary or arbitrary executions: Report of the Special Rapporteur – Mission to Brazil, 28th Jan. 2004, E/CN 4/2004/7/Add. 3, pars. 36-41.

331 Sobre defensores de direitos humanos no meio urbano ver: A/HRC/4/37/Add.2, pars. 28-29.

332 A/HRC/4/37/Add.2, par. 11.

As ameaças também alcançam os profissionais envolvidos no processo de apuração das execuções sumárias,[333] quando chegam em fase de investigação e ação penal[334] ou ainda as testemunhas do crime sob investigação. Entender essa relação também implica no tratamento empregado sob a perspectiva da impunidade, no sentido dessas ameaças representarem a continuidade do crime anterior se constituindo em ciclo que necessitamos quebrar – "*a necessary condition for breaking the cycle of impunity*".[335]

As pessoas atingidas por esses assassinatos enfrentam um processo de tentativa de deslegitimação como titular de direito à vida. A negação da dignidade humana se desenvolve em torno do mal,[336] em que uma ação criminosa é ressaltada ou imputada a pessoas e grupos. Essa ênfase à criminalização que alimenta a ideia de "bandido bom é bandido morto", afetando o modo como essas mortes são encaradas pela opinião pública e reforça outras duas situações de perda arbitrária da vida, que assim relacionamos:

> (1) a execução sumária insere-se em um contexto que violar o direito à vida buscar favorecer outro direito, como a disputa pela terra (camponeses, indígenas, comunidades tradicionais); (2) direito humano em risco que antecede a morte ou ameaça e atinge a investigação e responsabilização dos perpetradores da violação primária (envolve defensores de direitos humanos e testemunhas).[337]

---

333 Recomendação do Relator sobre Independência de Juízes e Advogados, Leandro Despouy, em 2005 ao Brasil "Frente às ameaças e atos de violência sofridos por juízes, advogados e defensores, sobretudo aqueles ligados a processos sobre questões sociais (como, por exemplo, a da terra, a indígena e a dos defensores do meio ambiente), o Relator Especial recomenda a realização de uma visita por parte da representante Especial do Secretário Geral sobre a Situação dos Defensores de Direitos Humanos". E/CN.4/2005/60/Add.3, par.106.

334 A/HRC/4/37/Add. 2, par. 10.

335 A/63/313.

336 CALDEIRA, 2000.

337 LEÃO, 2011, p. 37.

O perfil das vítimas e as questões de fundo repercutirão nas etapas de investigação e responsabilização, mas não é tudo. Existem práticas das organizações do sistema de segurança e justiça que não favorecem a apuração e reparação das vítimas de direitos humanos, em que as execuções sumárias são uma expressão da violência. Por conta disso, chamam atenção as tensões identificadas no relatório sobre o Brasil a serem consideradas nas reformas sugeridas pela Relatoria da ONU. Essas ações sugeridas ao final do documento não se encontram desvinculadas da prática de execuções sumárias indicada na análise dos especialistas que estiveram no país.

3.3.1.1. Policiais em serviço

A morte de um suspeito sem o registro do homicídio é a principal preocupação quando se pensa em assassinatos cometidos por policiais traduzidos em "autos de resistência" (Recomendação n°. 85). Segundo o Relator da ONU, os procedimentos adotados pela polícia após a morte do suspeito configuram um "cheque em branco para as mortes praticadas por policiais". O procedimento padrão repercute na classificação dessa morte com o fim de justificar o uso da força letal contra o acusado, sob a justificativa de que ocorrera uma resistência a prisão. A primeira consequência é não existir investigação sobre o fato, que já está comprometido quando geralmente a única testemunha é o policial, ou quando se altera o local do crime com a condução do corpo para o hospital sob a alegação de prestação de socorro,[338] ou quando não é possível realizar perícia médico-legal em face da ausência de recursos para tanto.

A prática brasileira apresenta o antecedente criminal como um elemento que legitima a morte do acusado, isto é, legitima a execução sumária com base na pessoa atingida. Essa linha de raciocínio se fundamenta pela premissa de que qualquer morte, mesmo quando no limite da força legal, requer apuração e investigação. As perguntas do *expert* Philip Alston quanto aos procedimentos após a morte acabaram por encontrar respostas focalizadas mais no perfil da pessoa atingida na ação policial do que nos procedimentos adotados pelo agente de segurança.

---

338 A/HRC/11/2/Add. 2, par. 12.

A percepção de que a letalidade da polícia é necessária para o controle da criminalidade convive com parte da opinião pública, e por vezes é direcionada por autoridades contra determinados grupos sociais, reforçou a *expert* Asma Jahangir na visita em 2003. Nessas ações em que há representatividade da morte de jovens e moradores de favelas,[339] a relatora conheceu uma operação no Boreo apontada como uma ação antidrogas à época.

Os procedimentos identificados na Polícia como favoráveis às execuções extrajudiciais são relacionados ao modelo de instituição que segue a estrutura do regime militar, com objetivo de policiamento ostensivo e preservação da ordem pública. Por conta disso, a desmilitarização da polícia é uma das recomendações da Relatoria da ONU desde a primeira visita (Recomendação n. 80), repetindo-se em outros procedimentos, inclusive no Conselho de Direitos Humanos (recomendação rejeita pelo Brasil em 2012). O tema divide opiniões, de um lado, a associação do modelo de policiamento às práticas violentas, de outro, aqueles que acreditam que as práticas violentas são comportamentos individuais. A questão depende de mudança na Constituição Federal. A reforma constitucional deve ser vista como um procedimento na alteração da normativa brasileira e não pode ser apresentada como razão da não realização da medida.

A Relatoria não explica qual o conceito de desmilitarização da polícia militar, porém as recomendações demandam uma leitura conectada com toda a análise da missão. Assim, entende-se que desmilitarização e modelo de policiamento buscam atingir as mortes durante a atividade policial e a sua não apuração e responsabilização.

A resistência às mudanças de procedimentos encontra na negação das execuções sumárias como práticas um dos fatores, a qual convive com discursos das autoridades a reforçar a conduta (Recomendação n°. 77). Além disso, há o incremento de equipamentos de uso militar como carro blindado nas comunidades, os quais carecem também de controle (Recomendação n° 79).

As operações policiais ganharam um espaço nos relatórios devido a relatos em que a polícia é chamada ou está em ação em determinado

---

339 E/CN 4/2004/7/Add. 3, par. 36.

local. Porém, é a partir da missão de Philip Alston que o modelo de policiamento se torna um item de maior atenção em face da Grande Operação Complexo do Alemão, antecedente do projeto Unidade de Polícia Pacificadora no Rio de Janeiro. Aqui, a Relatoria direcionou recomendações a uma unidade da federação sobre os riscos desse tipo de ação (Recomendação nº 78) e o controle de veículos blindados (Recomendação nº 79). A preocupação está em uma metodologia cuja morte é uma finalidade assumida pela lógica da guerra.[340]

3.3.1.2. Policiais fora de serviço

O Relator da ONU relaciona as condições de trabalho na carreira dos policiais com a possibilidade de envolvimento de servidores públicos com ações ilegais (corrupção, extorsão de traficantes), entre as quais as execuções sumárias representariam qualquer vantagem econômica diante de baixos salários e uma demanda por segurança privada. As estatísticas sobre policiais mortos em dias de folga são as evidências que têm embasado essa relação com atividades paralelas à função policial, os conhecidos "bicos". Diante disso, recomendações sobre a carreira dos policiais buscam responder a essa possibilidade de envolvimento com o crime organizado (Recomendação nº 83).

É necessário explorar a diferença entre grupo de extermínio e milícias, o que pode dificultar a investigação na prática e facilitar a ampliação da articulação criminosa. Embora as duas ações adotem assassinatos como um método forte de agir em determinada área com o envolvimento de agentes púbicos, não se restringindo a policiais,[341] as milícias atuam como um "policiamento paraestatal", como tal, passam a ter uma relação com a comunidade por meio de ofertas de serviços que deveriam ser do Estado, como segurança contra a ação dos traficantes. Enquanto isso, esquadrão da morte, grupos de extermínio e os grupos de justiceiros são:

---

340 A/HRC/11/2/Add.2, par. 26.

341 Ver Relatório Final da Comissão Parlamentar de Inquérito do Extermínio no Nordeste em: BRASIL. Câmara dos Deputados. Comissão Parlamentar de Inquérito para investigar execuções sumárias no Nordeste, 2004.

(...) formados por policiais e outros com a finalidade de matar, principalmente em busca do lucro. Tais grupos às vezes justificam seus atos como uma ferramenta extralegal de "combate ao crime". Nos casos em que os grupos são contratados por dinheiro, os contratantes às vezes integram outras organizações criminosas, são traficantes ou políticos corruptos que se sentem ameaçados e buscam dominar essa ameaça, obter vantagens sobre outro grupo rival, ou se vingarem. Assassinos também são contratados por aqueles que acreditam que a polícia e a justiça penal não conseguem combater o crime de modo eficaz, e, portanto, é necessário que haja a "justiça dos justiceiros" quando eles ou um parente forem vítimas de algum crime.[342]

Asma Jahangir chamou atenção para a insegurança vivenciada pelas testemunhas e profissionais que investigam a atuação dos grupos de extermínio. A questão da proteção à testemunha não se restringe a esses episódios, porém durante a missão no Brasil, duas testemunhas ouvidas pela *expert* da ONU foram assassinadas em Pernambuco e Bahia.

Na primeira visita da Relatoria no Brasil, foi usada a expressão "esquadrão da morte" para fazer referência à ação de grupos de extermínio

No segundo relatório, essas práticas estão mais delimitadas inclusive com a diferença de atuação no espaço urbano e rural. Essas diferenciações devem ser levadas em conta tanto por atingir o conceito de execução sumária, que vai depender da análise do contexto em que a morte ou ameaça de morte se passa, quanto por atingir as formas de organização institucional nas fases de investigação e judicial. Além disso, o padrão de atuação do esquadrão da morte, como mencionado acima, não se restringe à Polícia Militar, e antecede o período do regime militar.

3.3.1.3. Morte sob custódia

Além de mortes em decorrência da ação da polícia, outro conjunto de situações diz respeito à morte sob custódia que significa execuções sumárias no sistema prisional. A situação das prisões no Brasil chama atenção especial da Relatoria Especial para Tortura e

---

342 A/HRC/11/2/Add. 2, par. 38.

outros Tratamento Cruéis, Desumanos e Degradantes, que realizou a primeira visita ao país em 2001 e a segunda em 2015. A ênfase no relatório da missão em 2007 foi para os riscos de morte que os conflitos entre os próprios detentos podem apresentar diante da divisão entre facções nos presídios. Anteriormente, no ano de 2003, a expert da ONU – Asma Jahagir – visitou unidades socioeducativas, onde as análises de maus tratos e riscos têm se comparado ao sistema penitenciário, apesar de se tratar de espaço para adolescentes. Recorda-se que durante a visita houve uma série de tensões sobre restrições ao acesso da Relatora da ONU a essas unidades.[343]

A Relatoria da ONU assim recomendou em 2004:

> Ao evitar medidas que possam por em risco a população carcerária, o governo deve tomar medidas que acabem com o controle das facções nas prisões, incluindo:
> Todas as práticas que motivem ou exijam que os novos internos escolham uma facção devem cessar. Os internos devem poder se identificar como "neutros" e ser colocados em presídios verdadeiramente neutros; (b) Os telefones celulares devem ser eliminados dos presídios com o uso mais rigoroso de detectores de metais e com a instalação de tecnologias que bloqueiam os sinais dos telefones celulares; (c) A administração carcerária deve restabelecer o controle do dia-a-dia da administração da prisão para que os agentes penitenciários e não os presos sejam responsáveis pela disciplina interna; (d) Os benefícios e a localização de todos os internos no sistema carcerário devem ser registrados eletronicamente e os presos devem progredir e ser transferidos quando aptos a fazê-lo. Internos e juízes de execução penal devem poder ter acesso aos registros eletrônicos no que concerne ao preso; (e) A superlotação deve ser reduzida com um uso maior de penas alternativas, regimes abertos e a construção de novos presídios.[344]

O perfil da população encarcerada coincide com o perfil indicado neste trabalho sobre quem é atingido por mortes violentas no Brasil. De acordo com registros oficiais, das 622.202 pessoas em situação de prisão, a maioria é de jovens de 18 a 29 anos (55%) e maioria

---

343 E\CNC.4\2004\7\Add3, par. 48-54;

344 A\HRC\11\2\Add. 2, par. 99.

negra (61,6%). São essas pessoas que convivem com um cenário de vulnerabilidade da vida e integridade física que não se restringem a possibilidade de morte violenta, tal qual ocorreu com Carandiru em 1992, quando da ação policial dentro do estabelecimento prisional. Apesar disso, a perspectiva de morte sob custódia não será o centro deste trabalho tento em vista o fato de o sistema prisional envolver questões que esta tese não problematizou em seu objeto de pesquisa no que diz respeito a estruturação do sistema penitenciário e do sistema sócio educativo.

Neste trabalho, a morte no sistema prisional é tratada no que diz respeito à sua conexão com o modelo de policiamento, abordagem para a prisão (uso de auto de resistência e uso da força) e a realização de operações policiais, enquanto as medidas sobre a reforma do sistema prisional e a execução penal requerem uma atenção especial sobre o sistema de justiça criminal, que não será dada neste trabalho.

3.3.2. PRESTAÇÃO DE CONTAS: DIMENSÃO MATERIAL DO DIREITO À VIDA

Quando não há capacidade do Estado em evitar a perda arbitrária da vida, um segundo momento faz parte dos deveres impostos ao Estado pelo compromisso com o direito à vida: buscar e assumir meios de reparação e investigação. Esse dever está em atribuições específicas por instituições dentro da organização estatal e segundo o próprio pacto federativo. Isto é, existem recomendações que são destinadas à reforma institucional do Ministério Público, Judiciários e órgãos de Segurança Pública. Apesar da ênfase na ação policial ou de outro agente com poder de polícia, não é a Polícia Militar ou a Polícia Civil os únicos destinatários das recomendações da Relatoria sobre execuções sumárias, arbitrárias ou extrajudiciais.

Considerando as análises sobre a produção de materialidade do fato como elemento importante para a investigação, é possível identificar deficiências nos seguintes procedimentos: preservação do local do crime, exame médico-legal (recomendações números 91, 92 e 93), testemunhas ameaçadas (recomendação n°. 94),[345] controle de arma de fogo (recomendação n.84), inquérito com auto de resistência (recomendação n°. 85), dados sobre violações de direitos humanos (recomendação n°. 86) e investigações paralisadas.

A morosidade na investigação e morosidade no processo judicial permite entender a recomendação n° 96 – "abolir o prazo prescricional de crimes dolosos contra a vida".[346]

345 "A pesar de estos principios, la intimidación de los testigos sigue siendo uno de los medios más eficaces utilizados por los autores de ejecuciones extrajudiciales y quienes toleran dichas prácticas para eludir su responsabilidad. Es improbable que los testigos presten declaración si pueden ser fácilmente intimidados, si ellos y sus familias siguen encontrándose en una situación de vulnerabilidad o si consideran que la protección que se les brinda no es adecuada. En mi informe a la Asamblea General (A/63/313, párr. 12), señalé que "[el] procesamiento de los responsables de las ejecuciones extrajudiciales resulta difícil, cuando no imposible, a falta de programas eficaces de protección de los testigos. [...] Así pues, para poner fin a la impunidad es necesario institucionalizar medidas para reducir los riesgos que enfrenta la mayoría de los testigos que testifican". Destaqué ejemplos de mejores prácticas a nivel mundial y señalé algunas de las cuestiones clave que habrán de abordarse a fin de preparar programas eficaces de protección de testigos. En respuesta a ello, la Asamblea instó a los Estados a que intensificaran los esfuerzos por establecer y poner en práctica ese tipo de programas y exhortó al ACNUDH a elaborar instrumentos prácticos concebidos para alentar y facilitar una mayor atención a la protección de testigos". ORGANIZAÇÃO DAS NAÇÕES UNIDAS (ONU). *Promoción Y Protección de Todos Los Derechos Humanos, Civiles, Políticos, Económicos, Sociales y Culturales, Incluido el Derecho al Desarrollo.* Informe del Relator Especial sobre las ejecuciones extrajudiciales, sumarias y arbitrarias.PhilipAlston, 27th May 2009, A\ HRC\11\2, par. 16.

346 A imprescritibilidade dos crimes dolosos contra a vida ainda não encontra guarida no direito nacional, uma vez que a regra é a da prescrição dos crimes, que é a perda do direito de punir do Estado pelo transcurso de um tempo definido em lei (art. 107, IV, do Código Penal. "Extingue-se a punibilidade: pela prescrição, decadência ou perempção"). Ressalta-se que mesmo os crimes hediondos, previstos na Lei 8.072/1980, do qual fazem parte "o homicídio (art. 121 do Código Penal), quando praticado

A proposta se dá em face de que até a conclusão do procedimento já não seria possível a responsabilidade penal, especialmente em casos que envolvem agentes públicos, como as execuções sumárias. Ao pesquisar sobre o assunto, foi identificada uma proposta nesse sentido no canal cidadania do Senado com a justificativa de que a medida "reduzirá a sensação de impunidade hoje reinante na sociedade brasileira, pois enquanto o autor do delito viver, ele estará ao alcance da lei.[347] Vale lembrar que uma regra para ingresso no Sistema Interamericano é o esgotamento dos recursos internos,[348] uma exceção é justamente a morosidade nesses recursos internos por vítimas e familiares por meio de demora injustificada ou não efetividade dos recursos internos.[349] Com isso, localizamos essa recomendação

---

em atividade típica de grupo de extermínio, ainda que cometido por um só agente, e homicídio qualificado (art. 121, § 2o, incisos I, II, III, IV, V, VI e VII), prescrevem conforme o art. 109 do Código Penal. Os casos de imprescritibilidade no direito nacional estão previstos na Constituição Federal, no art. 5º, XLII e XLIV, relativos ao crime de racismo e ao de ação de grupos armados, civis ou militares, contra a ordem constitucional e o Estado Democrático. Para que essa recomendação seja eficaz, tal como a imprescritibilidade dos crimes sujeitos à jurisdição do Tribunal Penal Internacional, deve-se buscar a adesão do país a tratados internacionais sobre a matéria ou alterações legislativas internas nesse sentido.

347 Ver www.senado.gov.br

348 Ver artigos 28, "h", e 31das Regras de Procedimentais da Comissão Interamericana de Direitos Humanos; Ver Caso Velásquez Rodriguez VS Honduras, Exceções Preliminares, par. 91.

349 "Que sejam adequados significa que a função desses recursos, dentro do sistema do direito interno, seja idônea para proteger a situação jurídica infringida. Em todos os ordenamentos internos existem múltiplos recursos, mas nem todos são aplicáveis em todas as circunstâncias. Se, num caso específico, o recurso não é adequado, é óbvio que não há que esgotá-lo. Assim indica o princípio de que a norma está encaminhada a produzir um efeito e não se pode interpretar no sentido de que não produza nenhum ou que seu resultado seja manifestamente absurdo ou irracional. Por exemplo, um procedimento da esfera civil, expressamente mencionado pelo Governo como a presunção de morte por desaparecimento, cuja função é a de que os herdeiros possam dispor dos bens do suposto morto ou seu cônjuge possa volta a se casar, não é

mais próxima das dificuldades no acesso à justiça do que ao direito de punir o Estado.

As recomendações direcionadas ao Judiciário se vinculam ao contexto de impunidade associado aos homicídios cometidos por agentes públicos, ora nomeados como execuções sumárias, arbitrárias ou extrajudiciais. Nesse contexto, existe uma relação de poder entre as forças do Estado investigadas e as vítimas e seus familiares, o que permitiria também localizar uma outra ação que afeta a atuação do Judiciário:

> Reconhecer que permitir que as pessoas condenadas por homicídio aguardem os recursos em liberdade facilita a intimidação das testemunhas e promove uma sensação de impunidade. Os juízes devem considerar com cuidado a interpretação alternativa à presunção de inocência vista na jurisprudência estrangeira e internacional.[350]

---

adequado para encontrar a pessoa nem para conseguir sua liberação se estiver detida. (...) Um recurso deve ser, ademais, eficaz, ou seja, capaz de produzir o resultado para o qual foi concebido. O de exibição pessoal pode tornar-se ineficaz se for subordinado a exigências processuais que o tornem inaplicável, se de fato carece de poder para obrigar as autoridades, se resulta perigoso para os interessados interpor este recurso ou não se aplica imparcialmente. (...)Em contrapartida, ao contrário do sustentado pela Comissão, o mero fato de que um recurso interno não produza um resultado favorável ao reclamante não demonstra, por si só, a inexistência ou o esgotamento de todos os recursos internos eficazes, pois poderia ocorrer, por exemplo, que o reclamante não houvesse acudido oportunamente ao procedimento apropriado (...) O assunto toma outro aspecto, entretanto, quando se demonstra que os recursos são rechaçados sem chegar ao exame da validade dos mesmos, ou por razões fúteis, ou se se comprova a existência de uma prática ou política ordenada ou tolerada pelo poder público, cujo efeito é o de impedir a certos demandantes a utilização dos recursos internos que, normalmente, estariam ao alcance dos demais". Caso Velásquez Rodriguez VS Honduras. Sentença em 29 de julho de 1988 Par. 64-66. In: MINISTÉRIO DA JUSTIÇA *et alli*. *Jurisprudência da Corte Interamericana de Direitos Humanos*. Brasília: Ministério da Justiça, 2014, p. 15 – ss.

350 A\HRC\11\2\Add. 2, par. 98.

A regra no processo penal brasileiro é a liberdade do acusado, sendo a prisão cautelar excepcional, não se confunde jamais com prisão antecipada. A prisão cautelar só pode ser decretada quando houver prova concreta de sua indispensabilidade, como é o caso da ameaça comprovável a testemunhas. Em se tratando de alguém que respondeu ao processo em liberdade, foi condenado e recorreu, a ameaça a testemunha não caracteriza essa necessidade cautelar em princípio, porque se houve condenação, objeto de recurso, a instrução se encerrou, pressupondo-se que as testemunhas puderam ser ouvidas regularmente, a prisão cautelar só pode ser aplicada quando a regularidade do processo for colocada em risco. O postulado constitucional que consagra o estado de inocência significa que somente após o trânsito em julgado de sentença penal condenatória pode haver punição.

As recomendações de número 96 e 97 mencionadas acima sobre o Judiciário enfatizam as dificuldades que homicídios caracterizados como execuções sumárias encontram quando na fase judicial e como essas barreiras podem representar riscos às testemunhas ou à reparação, logo a inefetividade no acesso aos recursos internos. Como a atuação do Judiciário pode se relacionar com os riscos de morte? Aqui a indicação da ONU apresenta também medidas no sentido de "ao tomar decisões sobre os processos em seu cartório, os juízes não deem prioridade às ações civis em detrimentos das penais nem escolham evitar processos envolvendo mortes por autores poderosos, inclusive policiais" (Recomendação n°. 98). Com isso, o conjunto de recomendações ao Judiciário são reforçadas tendo por referência mais a proteção dos direitos das vítimas e familiares na prestação jurisdicional do que a flexibilização do poder de punir. É nítida a tendência apresentada nas recomendações de realização concreta do direito de reagir, segundo suas leis, ao abuso cometido e fortalecimento do primado do direito à vida em detrimento da sobrevalorização de questões procedimentais. A perspectiva do direito das vítimas, conceito que inclui os familiares dos mortos, aproxima a responsabilidade da estrutura judicial para com o direito à verdade, justiça e reparação – conhecer os fatos, não impunidade e compensação – associado à necessidade de restituição da dignidade de quem teve direitos humanos violados.

Como é habitual associar crimes de homicídio à condenação criminal, vale acrescenta-se o significado do direito da vítima à assistência, desenvolvida em obra dedicada aos elementos conceituais e doutrinários sobre as vítimas de direitos humanos, de acordo com as explicações de Bedoya:

> A concepção tradicional de que as vítimas de crimes que dizem respeito exclusivamente à órbita do direito penal desempenhavam um papel secundário no processo e somente podiam aspirar a uma pretensão indenizatória, foi superada por uma visão mais ampla, por sua vez, resultado de novos marcos no direito constitucional. Esses desenvolvimentos ocorreram a partir da consolidação do princípio do respeito à dignidade humana como fundamento de democracias constitucionais e da compreensão de que tal princípio gera conseqüências para todos os ramos do poder público, impõe obrigações aos servidores do Estado sem exceção e produz efeitos para todos os membros da sociedade. O princípio da dignidade humana deixou claro que, em um Estado social, os direitos das vítimas de conduta punível não se esgotam na reparação do dano patrimonial causado com o crime, já que a missão essencial desse tipo de Estado é a realização da justiça e ista, no caso de crimes, não é adequadamente satisfeita com a simples reparação patrimonial. Portanto, tornou-se imperativo reconhecer às vítimas outros direitos que eram indispensáveis para garantir sua dignidade e cumprir os objetivos estatais relacionados a ela[351].

Ainda em relação à proteção da vida após o homicídio caracterizado como execução, o programa de proteção à testemunha é elogiado pela sua institucionalização no Brasil, mas também não fica fora das necessidades de avaliação e reforma no que diz respeito a sua estrutura, o que seria atribuição do governo federal e governos estaduais. Uma questão permanece (Recomendação n°. 94): como proteger quem não ingressou no Programa ou não segue os requisitos do Programa de Proteção às Testemunhas (PROVITA)?

Por fim, a responsabilização dos envolvidos nos homicídios também deve contar com a atuação independente da Corregedoria de Polícia (Recomendação n°. 87) e a Ouvidoria de Polícia (Recomendação n°. 90) que trabalham de forma articulada e são responsáveis na elabo-

---

351 BEDOYA, 2009, p. 130.

ração de informação sobre "os padrões de abusos policiais e sobre a eficácia dos procedimentos disciplinares e penais".[352] Cabem aqui duas questões: 1) Como os casos de abuso chegam à Corregedoria de Polícia?; 2) Como a atuação da Corregedoria se relaciona com a produção de dados sobre violações de direitos humanos?

Essas questões orientaram a pesquisa de campo, objeto do próximo capítulo desta tese.

Apesar das dificuldades na fase de inquérito policial, já existe previsão de atuação de organização externa a Polícia Militar, a quem se atribui o policiamento ostensivo e logo maior probabilidade de envolvimento em abuso da força, e externa a Polícia Civil, a quem compete a atribuição de polícia judicial, logo a responsabilidade pela investigação e prisão dos acusados, segundo a atual estrutura da Segurança Pública brasileira (art. 144, CF\88). A tarefa é destinada ao Ministério Público (Recomendação n°. 95) que estão no relatório como participação-chave para produção de provas na fase de inquérito em cooperação com a Polícia Civil bem como a autonomia para conduzir "suas próprias investigações sobre a legalidade das mortes por policiais".[353]

---

352 A/HRC/11/2/Add.2, par 90.
353 A/HRC/11/2/Add.2, par 95 (c).

4

A DIMENSÃO CONTEXTUAL DO PROBLEMA: FORMAS INSTITUCIONAIS, GARANTIAS JURÍDICAS E ESTRATÉGIAS POLÍTICAS

Este último capítulo articula as ações de Estado com as expectativas mencionadas no capítulo terceiro, tendo como base o documento de referência do estudo: as recomendações da Relatoria Especial da ONU sobre execuções sumárias, arbitrárias ou extrajudiciais ao Brasil. As recomendações da ONU e o contexto em que estão inseridas foram apresentadas nas seções anteriores.

Para realizar o estudo, optou-se por uma pesquisa de campo de caráter exploratório e natureza qualitativa, estruturada a partir de entrevistas em profundidade, com um roteiro baseado nas temáticas geradas pelo estudo das recomendações da ONU ao Brasil. No total foram sete entrevistas.[354] Os entrevistados eram membros do Ministério

---

354 O procedimento padrão adotado nas entrevistas foi a apresentação do termo de livre consentimento e esclarecido, a solicitação da autorização para uso de gravador e manifestação sobre a identificação do entrevistado. No geral, as entrevistas tiveram a duração média de 50 minutos cada, e, posteriormente, foram transcritas na sua integralidade para permitir uma análise comparativa das narrativas e as especificidades de cada local.

Público (Belém e Curitiba), da Defensoria Pública (Belém e São Paulo), da Corregedoria de Polícia (Belém) e de organizações da sociedade civil (Belém e Curitiba) escolhidos a partir das funções exercidas em suas localidades. Essas pessoas não serão identificadas nominalmente, pois neste estudo será dada a ênfase para a função que exercem nas suas instituições e a sua prática institucional que considerou o tempo de atuação: entrevistados no Ministério Público do Pará com mais 20 anos de atuação, membro da Polícia Militar com 26 anos de atuação, integrante de organização não governamental com mais de 15 anos de atuação, membro da Defensoria Pública do Pará, desde 2007, membro da Defensoria Pública de São Paulo com atuação desde 2007.

Embora o roteiro de pesquisa fosse o mesmo para todos os entrevistados participantes, houve casos paradigmáticos que puderam ser destacados na atuação dos entrevistados. O conceito de morte como execução sumária, assumido nesta pesquisa, é um problema de direitos humanos que estão nas estatísticas de homicídios no Brasil. Assim, são números elevados de homicídios que integram o cotidiano dos entrevistados. No entanto, as execuções sumárias não se destacam na vivência dos entrevistados pelo volume de ocorrências, e sim pelos procedimentos adotados para a sua realização e para a persecução criminal, isto porque as dificuldades de conclusão de investigação das mortes também afetam a capacidade dessas ocorrências chegarem às instituições competentes, que de modo geral necessitam ser provocadas.

Outro ponto destacado é a intersecção das violações perpetradas pelos agentes do Estado, pois essas mortes convivem com uma série de outras violações de direitos humanos. Diversos homicídios estão no contexto laboral desses profissionais. As mortes, fora do universo das execuções sumárias, foram consideradas a depender do contexto da resposta do entrevistado participante, especialmente quando o intuito é comparar a violência entre civis com a violência perpetrada por agentes de segurança.

A entrevista em Curitiba focalizou a manifestação de professores e ação policial em abril de 2015. Episódio semelhante foi tratado em São Paulo, em razão da atuação específica da Defensoria Pública no tema com a judicialização da abordagem policial em manifestações públicas. Os protestos de rua e a abordagem policial se relacionam com as políticas públicas destinadas a responder às execuções sumárias, especialmente em virtude do uso de armas consideradas de menor letalidade na medida em que são os mesmos agentes no uso da força. A tese é desenvolvida em torno de aproximar a abordagem policial das execuções sumárias a medida em que a sociedade civil é tratada como inimiga política do Estado, de acordo com a análise apresentada pela ONU e exposta no capítulo terceiro.

A sistematização do conteúdo e análise das entrevistas orientou os temas apresentados nas seções deste capítulo. A escuta levou a sistematização não exaustiva do conteúdo em: (i) como as instituições se comprometem com o temas dos direitos humanos; (ii) uso da força e letalidade policial; (iii) questões sobre mortes com envolvimento de agentes do Estado em serviço e fora de serviços.

4.1. ESPAÇOS DE RESPOSTAS AOS HOMICÍDIOS, DE PROPOSTAS E DE REALIZAÇÃO DE AÇÕES DE ESTADO

O título desta seção faz referência a outras organizações públicas para além das instituições policiais. Apesar do tema execuções sumárias recair sobre os policiais, que são quem operam as armas, não cabe uma visão passiva por parte do Ministério Público, Defensoria Pública ou Judiciário.

Ao longo desse trabalho, "ações de Estado" foi a expressão mais abrangente para se referir às políticas públicas. Esta não se refere a um programa de governo ou a projeto de segurança pública e projeto de direitos humanos. É mais amplo: trata-se de uma série de medidas adotadas ou em discussão que contribuem para consolidação de uma política pública brasileira para responder às práticas de execuções sumárias, arbitrárias ou extrajudiciais. Este capítulo recuperou a expressão usada por Ferrajoli para afirmar a relação entre essas medidas e a realização dos direitos humanos. A expressão se relaciona com o compromisso dos Estados em:

(...) assumir seus princípios [direitos humanos] como vinculadores e seu projeto normativo como perspectiva alternativa àquilo que de fato acontece; validá-los como chaves de interpretação e fontes de crítica e deslegitimação do existente; enfim, planejar as formas institucionais, as garantias jurídicas e as estratégias políticas necessárias para realizá-los.[355]

No primeiro momento de pesquisa, por se tratar de um tipo de violação de direitos humanos, tal qual a tortura ou a detenção arbitrária, a atenção para a esfera institucional federal seria a Secretaria de Direitos Humanos da Presidência da República. É este órgão quem acompanha o monitoramento internacional dos direitos humanos e quem esteve próximo da realização das visitas da ONU ao Brasil, além de organizar os relatórios de direitos humanos enviados aos Comitês de Tratados da ONU.[356] Na competência executiva federal, ações interministeriais sobre o tema ocorrem com a Secretaria Nacional de Justiça.[357] Apesar disso, as entrevistas acabaram por priorizar uma visão estadual e não focalizada no executivo federal, sobretudo, em razão dos seguintes fatores:

A pesquisa de mestrado permitiu contato com a Secretaria de Direitos Humanos sobre o tema,[358] ocasião em que foi recorrente a afirmação de que as violações de direitos humanos, da natureza desse estudo, ocorrem nas unidades da federação. A questão do pacto federativo deve ser considerada e a competência da matéria também. Porém, na pesquisa foi relevante saber que os relatórios do Brasil aos organismos internacionais são construídos de acordo com as infor-

---

355 FERRAJOLI, 2002, p. 46.
356 O Plano Nacional de Direitos Humanos, 3ª edição (PNDH 3) apresenta metas, ações e responsáveis. A Secretaria de Direitos Humanos da Presidência da República está como responsável das atividades relacionadas à ONU e OEA.
357 Decreto 2.315/97 substitui a Secretaria de Planejamento de Ações Nacionais de Segurança Pública junto ao Ministério da Justiça pela Secretaria Nacional de Segurança Pública.
358 Essa escolha de se deter as entrevistas em Brasília é atraente, por vezes, por razões de recursos de pesquisas, porém, hoje existem documentos e relatórios tanto do Executivo, como do Legislativo e Judiciário, como vídeos e notas taquigráficas que preenchem eventual lacuna, quando comparados com informações estaduais e práticas locais.

mações fornecidas pelas instituições estaduais, logo, as informações nos Estados, mesmo que por amostragem, e práticas locais, deveriam ser consideradas como fonte primária para este trabalho.

Uma portaria interministerial ou um decreto presidencial marcam uma posição estatal a partir de ato do Executivo Federal sobre as execuções sumárias. A leitura apenas da legislação tem o risco de repetir que foi "criado mais uma normativa de direitos humanos" ou ainda negligenciar diferentes etapas que uma política pública leva para ser nacional. As propostas legislativas federais são diretrizes aos Estados, porém a ausência de lei não significa que não exista uma prática positiva em alguma localidade brasileira. A depender do local, a proposta federal já se apresenta como encaminhada no cotidiano com base em instrumentos normativos locais ou procedimentos institucionais. Com isso, outros aprendizados das instituições locais são relevantes e interessa posicionar um ato normativo dessa natureza na relação com os Estados.

As mortes atribuídas aos agentes do Estado envolvem um conjunto de organizações, não apenas quem exerce o policiamento ostensivo ou a polícia judiciária. Quando o destaque é para a atividade policial, não significa que a Polícia assumirá a implementação das recomendações ou decisões que impulsionaram uma ação de Estado sistemática e de médio e longo prazo. Embora seja o servidor público na Polícia um sujeito ativo nas questões que envolvem as execuções sumárias,[359]

---

[359] "Na década de noventa, o discurso e a prática da polícia começaram a mudar. A polícia começou a reconhecer as suas limitações e a enfatizar o papel da sociedade no controle da criminalidade. Ao mesmo tempo, cresceu a preocupação com a democracia, o estado de direito e os direitos humanos por parte dos profissionais de polícia. Estudos das instituições policiais mostraram que houve mudanças importantes desde a transição para a democracia, apesar de um alto grau de continuidade, no seu papel, organização e atuação. Com a promulgação da Constituição de 1988, o respeito à lei e a proteção dos direitos do cidadão e da pessoa humana, particularmente à vida, à liberdade e à igualdade, passaram a ser uma obrigação de todas as instituições policiais. (...) Além disso, as organizações policiais passaram a estar submetidas ao controle do Ministério Público e do Poder Judiciário. A polícia civil e a polícia militar passaram a estar subordinadas aos governos eleitos democraticamente nos estados da federação" (MESQUITA, 2011, p. 63).

ainda é necessário conhecer mais sobre as organizações de acesso à justiça. As organizações que acompanham as garantias de direitos no país como parte da sua missão institucional são Defensoria[360] e Ministério Público[361] – organizações consideradas "novas" diante de uma prática tão antiga como as execuções.

4.1.1. COMPROMISSO INSTITUCIONAL E O TRABALHO COM O TEMA

As instituições participantes neste estudo possuem atribuições no sistema de segurança e justiça que explicam o porquê dessas organizações serem envolvidas no conteúdo das recomendações da ONU sobre execuções sumárias ao Brasil.[362] Além da prestação de um serviço público, são identificadas como agentes de políticas públicas e, como tal, participam dos espaços consultivos e de deliberações sobre o tema direitos humanos e violência. As pessoas entrevistadas não necessariamente decidem sobre as políticas institucionais, mas participam em instâncias importantes para a organização da política

---

360 Lei Complementar nº. 80/2004 e art. 134 da Constituição Federal.

361 Lei nº. 8.625, de 12 de fevereiro de 1993, institui a Lei Orgânica Nacional do Ministério Público, dispõe sobre normas gerais para a organização do Ministério Público dos Estados.

362 Maria Paula Dallari Bucci apresenta o arcabouço conceitual de Santi Romano e Maurice Hauriou como "interessantes para a compreensão jurídica das políticas públicas" nos seus estudos sobre uma teoria jurídica de políticas públicas. Em síntese: "A contribuição de Hauriou, assim como a da Santi Romano, ao mesmo tempo que fundamentam a disciplina jurídica do Estado não restrita às suas normas, mas vinculadas às instituições, indicam os conceitos fundamentais de organização e poder organizado pelo direito como bases para a juridificação do Poder Público do seu tempo. O detalhamentos conferido por Hauriou ao aspecto organizacional das instituições, bem como ao movimento de institucionalização, assim como o conceito de objetivação em Santi Romano, associado à noção de ordenamento jurídico, representam uma articulação interessante das noções de poder e direito, abordagem publicista que renova a tradição das instituições e oferece importantes perspectivas de desenvolvimento da abordagem jurídica das políticas públicas." (BUCCI, 2013, p. 227)

pública e acompanham as decisões sobre as medidas que afetam diretamente os direitos humanos e as execuções sumárias. São profissionais que trabalham nesses órgãos com uma aproximação com ocorrências de mortes com envolvimento de agentes do Estado e com uma relação com familiares de vítimas. Essas são, portanto, as bases para visão crítica sobre suas instituições e políticas de direitos humanos ou políticas de segurança pública.[363] Considera-se que os entrevistados ao fundamentarem suas respostas na sua prática profissional, apresentam uma percepção sobre o tema questionado com base na sua própria realidade.[364] Com isso, o sentido atribuído sobre o tratamento dado às execuções sumárias pelas instituições brasileiras quando outros elementos são agregados à análise pode levar a conclusão diversa das apresentadas tanto pelos entrevistados quanto pelas instituições. Tal observação se impõe em razão de uma

363 Os colaboradores não serão identificados nominalmente porque a ênfase será para a função a qual exercem nas suas instituições e a sua prática institucional. Dos sete entrevistados, apenas uma pessoa não autorizou a identificação pessoal. Entrevistados no Ministério Público do Pará com 20 anos de atuação, membro da Polícia Militar com 26 anos de atuação, integrante de organização não governamental com mais de 15 anos de atuação, membro da Defensoria Pública do Pará, desde 2007, membro da Defensoria Pública de São Paulo com atuação desde 2007.

364 "Modo pelo qual o mundo se faz presente em nossos atos perceptivos não pode deixar de ter ressonâncias antropológicas. Qualquer sentido compreende o para-quê da dimensão pragmática que o envolve culturalmente. (...) Uma conduta, por exemplo, não pode ser percebida como algo material ao qual se aplica, a *posteriori*, um sentido, um para-quê, uma utilidade. É óbvio que não se quer dizer aqui que seu sentido perceptivo é sempre inequívoco; o que se quer dizer é que não se tem a percepção de uma conduta sem ela já estar inserida em um contexto real de sentido, que pode, inclusive, ter infinitas variações, conforme as circunstâncias de uso. Se é ou não o sentido autêntico atribuído a ela, é uma outra questão que envolve certamente a contrastabilidade entre sentidos, o que significa a necessidade de alguma reflexão e da consideração incontornável das circunstâncias nas quais se dá." ALVES, Alaôr Caffé. *Dialética e direito: linguagem, sentido e realidade:* fundamentos de uma teoria crítica. Barueri, SP: Manole, 2010, p. 396-397.

resistência de instituições e pessoas quando um problema de direitos humanos é apresentado, como o da natureza das execuções sumárias, a depender do interlocutor. O mesmo pode ocorrer em espaços de articulação política com diferentes atores estatais e não-estatais.[365]

4.1.1.1. Corregedoria de Polícia

A noção do trabalho da corregedoria está atrelada a prestação de contas do servidor público quando de ação funcional é irregular, noção compatível com o propósito de transparência que exigem os regimes democráticos. A criação de organização com esse fim não é exclusiva dos serviços de segurança pública, mas é aqui que as mortes cometidas por agentes do Estado e que se configuram como execuções sumárias podem ingressar no sistema de justiça. Diga-se comprovadamente, isto porque não tem validade o simples registro da morte da forma como ocorre no que se conhece por "auto de resistência".

Os casos chegam até a Corregedoria por meio de denúncia contra policiais civis ou militares, diretamente por via de formulários eletrônicos ou pessoalmente e ainda por intermédio das Ouvidorias. Os homicídios são investigados na Corregedoria de Polícia, que, após a conclusão, envia o inquérito ao Ministério Público. Os casos aqui indicados como execuções sumárias não ingressam na Corregedoria com essa nomenclatura, são tratados como homicídios em serviço ou fora de serviço, e quando ocorrência de homicídios em serviço, de forma geral, se indica a legítima defesa, a negação de autoria, o estrito cumprimento do dever legal ou o uso abusivo da força.

A relação das Corregedorias com as execuções sumárias é de suma importância. No entanto, a situação não é tão simples como parece quando se considera as dificuldades sobre o registro de mortes por agentes do Estado, como auto de resistência ou resistência seguida de morte e ainda a identificação do agente, pois atingem a responsabilização pessoal dos perpetradores, considerando que:

---

365 Nesse sentido expressou a entrevista na Defensoria Pública de São Paulo em 26.10.2015 e entrevista com profissional de direitos humanos em Belém em 20.10.2015.

i. O registro das mortes e crimes atinge as estatísticas de segurança pública e são importantes para o planejamento e monitoramento estatal. Uma recomendação da ONU é o reconhecimento da prática de execuções sumárias e o uso excessivo da força pelas autoridades de segurança pública. Essa dificuldade tende a persistir enquanto forem priorizados dados quantitativos em detrimento dos qualitativos. Os números de mortes são administrados pela própria polícia sem uma metodologia uniformizada no Brasil e com o risco de não contabilizarem as mortes apresentadas como resistência. São as informações administradas pelas Corregedorias que fundamentam a posição das autoridades, que dão maior ênfase e tratam os dados quantitativos como casos eventuais.

Uma execução sumária pode estar nos números de condutas classificadas como mortes por intervenção policial, todavia essa informação ainda necessita de uma avaliação qualitativa tendo em vista que o evento morte não se apresenta como homicídio doloso e não se apresenta como legítima defesa, ou seja, ainda necessita de uma abordagem qualitativa.

Após a visita da ONU em 2007, é público o debate sobre maior investigação em casos conhecidos por resistência seguida de morte ou auto de resistência com base na aprovação de uma lei (PL 4471/2012), enquanto isso, já existem resoluções locais que condenam esse termo e essa prática, como se conhece da experiência no Pará desde 2012, e outras resolução nacional dede 2016,[366] do Conselho Superior de Polícia e Conselho Nacional dos Chefes da Polícia Civil, que condena o termo e substituí por outros dois – lesão corporal decorrente de oposição à intervenção policial e homicídio decorrente e substitui por outras e de oposição à intervenção policial. A resolução conjunta faz expressa referência a uma resolução da Secretaria de Direitos Humanos da Presidência da República, de 2012, sobre a "abolição de designações genéricas".

---

366 Resolução Conjunta Nº 2, de 13 de outubro de 2015, D.O.U, 04 de janeiro de 2016.

A questão é antiga, na explicação de Pinheiro com base em Chevigny, entende-se que:

> O número de tiroteios em que se viu envolvida, quantos disparos foram dados pela e contra a polícia, qual o número de vítimas são algumas das informações desejáveis. Tais procedimentos são necessários porque definiria que o uso excessivo da violência são as circunstâncias em que as mortes ocorrem. Segundo este método, por exemplo, ainda pelos dados oficiais, além dos totais, um outro aspecto imediatamente visível é a proporção entre mortos e feridos declarados de ambos os lados. Num conjunto de situações de confrontos a tiros é razoável se esperar que haja mais feridos do que mortos, nos dois lados que se enfrentam. Para os policiais, há o registro da ocorrência de mais feridos do que mortos, exatamente o que seria de se esperar. Já para os não-policiais ocorre o contrário, houve muito mais mortos do que feridos, contrariando a probabilidade. Isto indica, entre outras possibilidades, que a polícia age com a disposição de atirar para matar, em grande parte das situações.[367]

Convém reforçar que a classificação "auto de resistência" não é um problema apenas de invisibilidade de condutas ou falhas nas estatísticas de segurança pública, mas também traz uma forma de valoração sobre o poder de polícia durante as prisões. Isto é, o poder de polícia para prender se restringe a condução do acusado em que o uso de força letal segue critérios precisos, do contrário estará no âmbito de uma discricionariedade que o policial não tem, questão que foi centro da abordagem do Relator da ONU sobre execuções sumárias em estudo sobre uso da força durante a prisão.[368] Em outras palavras, a documentação como auto de resistência legitima uma força que não está autorizada quando o dever é de uma abordagem para detenção e não assassinatos. Por outro lado, a extinção da expressão não significa fim da prática execuções, objetivo da recomendação n. 85.

Quanto ao boletim de ocorrência, este também é fonte de estatísticas criminais elaborados pela Secretaria de Segurança Pública, em que a prática policial e envolvimento de crime seria um dos indicadores, o que nem sempre ocorre tendo em vista que não existe uma uniformi-

---

367 PINHEIRO, 1991, p. 98.

368 A/66/330.

dade na organização da informação. Em 2015, o Estado de São Paulo se apresentou como o Estado com menor taxa de homicídios dolosos do país.[369] A metodologia considerou diferentemente da série histórica,[370] determinada pela resolução 160 da SSP – Sistema Estadual de Coleta de Estatística Criminais, e pela resolução 516/00 – ocorrências envolvendo policiais tais como mortes e lesões em serviço e fora de serviço, vítimas civis e vítimas policiais: (a) o número de casos e não o número de vítimas, a exemplo de homicídios múltiplos – chacinas; (b) o número de mortes por policiais fora de serviço.

    ii. a ausência de investigação pela Corregedoria não viabiliza o envio do inquérito para o Ministério Público para que o mesmo inicie a ação penal. Não se trata apenas de produção estatísticas. Com isso, o trabalho da corregedoria é encarado como uma porta de entrada também para uma investigação civil e prestação jurisdicional às vítimas;

    iii. a organização é responsável pelo afastamento do policial acusado durante o andamento processual ou exoneração quando de uma condenação pelo Tribunal do Júri, o que se relaciona também com a produção de provas ou com o acolhimento do policial quando de seu retorno a corporação;

    iv. a visão sobre os crimes cometidos fora de serviço afetam o tratamento dado às execuções sumárias de diferentes formas. Este levantamento identificou as seguintes posições:

O Relatório de Philip Alston tratou dos policiais fora de serviço na categoria grupos de extermínio e policiamento paramilitares ou milícias. São expressões com conteúdo sobre a prática de execuções sumárias. A Relatoria da ONU indicou o fortalecimento da carreira dos policiais como um elemento chave para a prevenção dessas mortes

---

369 SECRETARIA DE ESTADO DA SEGURANÇA PÚBLICA. Menor taxa de homicídios do Brasil. Em 03.02.2016. Disponível em: <www.sp.gov.br>. Acesso em 08.04.2016.

370 Ver conceitos fundamentais da série histórica em SECRETARIA DA SEGURANÇA PÚBLICA. Estatística de criminalidade: manual de interpretação. São Paulo, fev, 2005. Disponível em: <http://www.ssp.sp.gov.br/media/documents/manual_interpretacao.pdf.>. Acesso em 08.04.2016.

posto que a necessidade de aumentar a renda justificaria os trabalhos desenvolvidos nas horas de folga, momento de maior ocorrência de envolvimento de policiais em crimes; o envolvimento de policial em crime fora de serviço, como se alega em grupos de extermínio ou milícias, não é uma atuação articulada da polícia, são episódios em que um policial de determinada unidade é envolvido por redes de tráfico, contexto de corrupção desses servidores.

Essa relação entre atuação fora de serviço e violência não se verificou na conversa com o Corregedor Geral da Polícia Militar no Estado do Pará. Há o reconhecimento de que hoje o grande problema da polícia não são ocorrências violentas e sim a corrupção, de acordo com a explicação do Corregedor:

> Eu estou há 26 anos na polícia militar. O problema da polícia militar, ela não é violenta, não é violenta. O problema atualmente é corrupção.
> Os crimes que acontecem hoje, a maioria é de extorsão. A extorsão envolve corrupção, corrupção ativa e esse tipo de coisa. O crime, a violência hoje está comprovada, ela é ligada a esse tipo de coisa, ao meio, a violência hoje, os crimes violentos. A violência, que a gente conhece na atividade, está mais ligada aos crimes de extorsão. Execução, em termos de polícia militar, fardada, é muito raro. Muito raro. Os casos que tem eventualmente, são exemplarmente punidos, por exemplo um na polícia militar, aconteceu um caso, há dois anos, que o policial pegou um rapaz e matou friamente. Isso é muito difícil, não é comum. (...) Com os números aqui da corregedoria. Então a maioria dos crimes são extorsão, não é violência. (...) As prisões de 2013, de 2014, de policiais militares, feitos pela Corregedoria, que a gente faz as prisões, tanto por crimes militares quanto de crimes comuns, que a polícia civil faz, a maioria foi por crime de extorsão.[371]

A visibilidade de crimes de extorsão é com base nos números oficiais da própria Corregedoria.[372] Apesar de se afirmar o baixo número de

▼
---

371 Entrevista na Corregedoria da Polícia Militar em Belém em 16.10.2015.

372 A análise desses dados de crimes de extorsão foi o centro da dissertação de mestrado, no sentido de problematizar que: "Historicamente, as Polícias Militares têm um estigma de serem violentas e autoritárias, muito mais que corruptas. No caso da Polícia Militar do Pará, essa visão estigmatizada oriunda vem ganhando outra característica. De acordo

casos de uso excessivo da força, o Corregedor considera a hipótese "quando o policial desrespeita totalmente as normas e em desacordo com a situação aplicada ele comete o crime. A pessoa dá um tiro na cabeça sem direito de defesa nenhuma". Porém o entrevistado indica ocorrências desse tipo como baixas. E para afirmar que esse tipo de situação tende a ser mais rara, o Corregedor indicou as novas resoluções do CONSEP, após 2012, como medidas importantes de controle da letalidade policial e que reforçam as recomendações da ONU. Tratam-se de resoluções sobre abolição do termo auto de resistência, controle do uso da força, bem como sobre os procedimentos a serem adotados sobre remoção da vítima, além da criação de um grupo de acompanhamento da letalidade policial.[373]

> com os dados levantados em nossa pesquisa, as reclamações referentes aos crimes de ameaça, abuso de autoridade e agressão física são os três primeiros da relação e o crime de concussão surge logo em seguida, com uma quantidade relevante de reclamações. Observa-se, portanto, que as reclamações contidas nos BOPMs registradas na Corregedoria indicam que os policiais militares continuam praticando crimes considerados violentos, todavia estão associados, agora, a ações de concussão, corrupção e extorsão". SILVA, José Vicente Braga da. Crimes Praticados por Policiais: Efeitos da Dinâmica do Policiamento Ostensivo.2013. 82fls. Dissertação (Mestrado em Segurança Pública) – Instituto de Filosofia e Ciências Humanas, Universidade Federal do Pará, p.40.

373 **Resolução nº 202/2012** do Conselho Estadual de Segurança Pública – CONSEP, a qual aprova normas procedimentais nas ocorrências que resultem letalidade ou lesão corporal envolvendo os agentes do Sistema Estadual de Segurança Pública e Defesa Social; **Resolução nº 204/2012** do Conselho Estadual de Segurança Pública – CONSEP, sobre regulamentação do Uso da Força pelos Agentes de Segurança Pública do Estado do Pará, em acompanhamento das diretrizes estabelecidas na Portaria Interministerial 4.226 de 31 de dezembro de 2010, do Governo Federal; **Resolução nº. 221/2013** do Conselho Estadual de Segurança Pública – CONSEP, sobre "Abolição das designações genéricas como 'auto de resistência', e 'resistência seguida de morte', em registro policial, boletim de ocorrência, inquérito policial e notícia de crime, pelos integrantes dos Órgãos do SIEDS/PA"; **Resolução nº 173 /2011** do Conselho Estadual de Segurança Pública –CONSEP, cria o Grupo de Acompanhamento da Letalidade e Mortalidade do CONSEP.

Vale dizer que o eventual afastamento do policial da corporação não significa o fim da atuação do acusado em redes criminosas ou que outras atividades próximas dos procedimentos de grupos de extermínio ou milícias não sejam desenvolvidas.[374] Nesse sentido, deve-se considerar que a atuação da Corregedoria na exoneração de servidores está bastante condicionada a decisão do tribunal do júri, que atua da seguinte maneira de acordo com o Promotor de Justiça:

> Então assim, é instaurado dois procedimentos um aqui criminal e outro lá na esfera administrativa, esse caso que eu estou lhe relatando ele foi excluído da corporação, entendeu a corporação que ele agiu fora da linha de conduta do policial e resolveu excluir, a absolvição dele aqui foi legítima defesa, ele já pediu reintegração lá, o juiz não deu reintegração, porque está esperando o julgamento aqui, quer dizer, nesses casos, quando há absolvição ele acaba sendo reintegrado de volta
> (...) O afastamento ou ele é cautelar, para que ele não venha inibir a produção de prova ou então ele é definitivo com verificação que conclui que ele deve ser excluído da corporação, ai vai para o governador ele baixo em decreto exonerando.

De acordo com o relato do Promotor, nos casos em que atua, é comum ver policiais com condenações em casos de homicídios por uma discussão banal e mais difícil quando se trata se uso abusivo da força contra alguém com antecedente criminal. Existe uma ênfase no perfil da vítima e são essas situações com maior probabilidade de retorno às atividades da corporação.

> É assim, nesse caso como eu relatei, pelo menos um dos policiais foram no curso do processo excluídos da corporação, logicamente que dependendo da causa da absolvição vai ensejar a reintegração ao quadro da polícia e ai realmente se ele agiu em legítima defesa, se a absolvição acolhe, o jurado acolhe essa tese, a tendência é ele retornar a polícia, a instituição faz a sua parte. No administrativo instaura procedimento e exclui por força da decisão do júri ele acaba retornando à atividade.

---

374 Esse tema foi abordado de forma substancial nas entrevistas em Belém em virtude da Chacina da Terra Firme e Guamá associada ao assassinato de um policial licenciado. Entrevista no Ministério Público do Estado do Pará em Belém em 16.10.2015; Entrevista com profissional de direitos humanos em Belém em 20.10.2015.

Um policial que adere a ações contrárias aos propósitos da atividade policial, ao permanecer em atividade, é favorecido por relações de poder na corporação ou ainda pode "transmitir" tais métodos a outros policiais. Durante a pesquisa, surgiu uma dúvida: como os policiais que retornam são incorporados sob uma perspectiva preventiva? Com isso, o posicionamento da instituição sobre tais episódios é valorizado como um tipo de resposta que não se restringe a percepção desses episódios sobre a vida particular do servidor público.

Por outro lado, é necessário dizer que todas essas considerações sobre as ocorrências e processos judiciais ou administrativos foram em relação a atividade em serviço, a hipótese de envolvimento de agente estatal enfrenta outras barreiras e consequentemente o número de correições a esses servidores também é afetado de uma outra forma, bem como o debate pelas instituições públicas.

4.1.1.2. Ministério Público

O serviço prestado pela instituição Ministério Público trata de um bem que os brasileiros pouco conhecem, ou se conhecem, não estabelecem uma relação compatível com o acesso à justiça. Em entrevista, o Procurador do Ministério Público do Paraná relatou:

> Uma vez, fomos fazer a instalação de um trabalho da promotoria na comunidade. Ao acabar nosso discurso, teve a seguinte intervenção da presidente da associação de moradores: "Ficamos felizes da presença de vocês e dessa iniciativa, mas ficamos preocupados quando você mencionou que o Ministério Público seria instrumento de acesso à justiça. Preocupado porque o povo aqui do bairro não gosta de justiça". Nesse momento, você tem um impacto.[375]

O Procurador associou a reação da comunidade aos tipos de ações judiciais que conhece como ações de despejos. Apesar dessa hipótese, os direitos dos quais a instituição está próxima e responsabilidades no sistema de justiça são muitos. Assim, a relação entre justiça e o Ministério Público pode ser outra a depender da função desempenha-

---

375 Ao fazer uma investigação sobre a questão, podemos ver que a justiça que se conhece é ações de despejo e outras não favoráveis àquela população.

da pelo promotor – ajuizamento de ação civil pública, investigação de violações de direitos humanos ou atuação contra a corrupção.

Em pesquisa de opinião sobre a confiança nas instituições apresentou uma queda do percentual de 48% em 2014 para 43% em 2015 referente a instituição Ministério Público. Segundo essa pesquisa, a confiança no Poder Judiciário (31%), na Polícia (33%) e no Ministério Público é maior que no Governo Federal (17%) e Congresso Nacional (15%); porém muito abaixo da confiança nas Igrejas (58%).[376] Na versão mais atual dessa pesquisa, dois anos depois, o índice de confiança na justiça é consideravelmente outro, o Ministério Público representa 28%, percentual bastante distante das Igrejas e das Forças Armadas, 53% e 56% respectivamente.[377] O levantamento coincidiu com um momento de denúncias e descréditos na sociedade em torno da agenda da corrupção no país.

Quanto a atuação do Ministério Público na promoção da justiça, o Procurador do Ministério Público do Paraná reafirma que:

> Nós precisamos fazer uma justiça que o povo possa gostar. Implementação das promessas de cidadania já contempladas no ordenamento jurídico. Já existe hoje uma preocupação, especialmente no Ministério Público que ao assumir a posição de defensor do regime democrático e não só dos interesses sociais indisponíveis, essa preocupação de que enfim se materialize. Não adianta falar de uma constituição cidadã se temos milhões de brasileiros distantes da possibilidade do exercício desses direitos e não participam dos benefícios produzidos pela sociedade. Então o MP faz a opção preferencial em favor desses apartados da cidadania. [378]

Nesse sentido, nos casos de execuções que chegam na Defensoria Pública, a defensora em São Paulo relatou que a principal busca pelas famílias é uma verdade que depende de investigação e ferramentas que não estão com a Defensoria Pública. Qual o pedido das famílias, quando chegam até vocês?

---

376 FGV DIREITO; 2015, p. 32-33.
377 FGV DIREITO; 2017, p. 13.
378 Entrevista Procurador do Ministério Público do Paraná, em 18.10.2015.

Em primeiro lugar a pessoa quer saber quem foi. O familiar quer saber... pede que haja punição, querem descobrir a verdade, em segundo lugar é muito comum falar da punição. E também é muito comum ouvir deles o seguinte: "Eu gostaria que eles não fizessem com outras pessoas o que fizeram comigo. Eu não sei como, mas eu gostaria que outra mãe não sofresse o que eu sofro." Isso é muito comum, até emocionante, quando essa é a primeira fala. E aí qual a dificuldade da Defensoria trabalhar com isso? A Defensoria não é o órgão mais, digamos, vocacionado... Para indenizatória, sim, mas pra essa de procurar saber o que aconteceu, impedir que novos casos aconteçam, e também só pra descobrir o que aconteceu. É a providência investigativa, a Defensoria não tem órgão investigativo.[379]

A principal recomendação da ONU direcionada ao Ministério Público é o fortalecimento do controle externo da atividade policial. Essa atuação com previsão constitucional e regulada por ato do Conselho Nacional do Ministério Público em 2007[380] não focaliza os casos de execuções sumárias, o que vem a ser feito em uma nova regulamentação de 2015.

Essas práticas – caracterizadas por execuções sumárias, arbitrárias ou extrajudiciais – podem ser encontradas pelos agentes do Ministério Público ao desenvolverem suas atividades de controle difuso (Res. 20/2007, art. 2, CNMP).

Uma investigação direta do Promotor em ilícitos cometidos por membros das polícias tem maior probabilidade de aproximar o Ministério Público de uma execução sumária. Além dessa possibilidade de atuação do MP, situações com envolvimento de policiais podem chegar às investigações civis ou criminais lideradas pelo Ministério Público, a exemplo das ações em excesso de força em manifestações ou em chacinas que despontam com a participação de policiais fora de serviço (envolvimento com milícias ou grupos de extermínio) ou em serviço quando de incursões policiais com desvio de objetivo (ação por vingança ou tidas como "exemplares").

---

379 Entrevista na Defensoria Pública do Estado de São Paulo em 26.10.2015.

380 A Resolução nº. 20, de 28 de maio de 2007 (alterada pelas Resoluções nº. 65/2011, 98/2013, 113/2014 e 121/2015) do Conselho Nacional do Ministério Público, regulamentou o art. 9 da Lei Complementar nº.75, de 20 de maio de 1993 e o art. 80 da Lei nº. 8.625, de 12 de fevereiro de 1993, disciplinando, no âmbito do Ministério Público, o controle externo da atividade policial.

Pelo menos de 1996 até 2017, acrescenta-se o trabalho dos Promotores criminais diretamente vinculados ao tribunal do júri, espaço em que os policiais também aparecem como réus (atividade em serviço ou fora de serviço), sem a obrigatoriedade do MP participar da investigação criminal, ou seja, apenas atua na fase processual da persecução criminal. Quanto às Promotorias Criminais, essas atuam em conjunto com as Promotorias Militares, tendo em vista os casos dolosos contra a vida. Embora sejam julgados na Justiça Comum a partir da Lei 9.299/96, a competência para afirmar se o crime é doloso ou culposo está com a Justiça Militar. Com isso, as execuções sumárias estão em contato com o cotidiano do Ministério Público em diferentes momentos.

Ressalta-se 2017 por conta de uma mudança legislativa surpreendente que retornou os casos contra civis para a Justiça Militar, a questão retoma um debate da década de 1990 e passa a fazer parte do cenário de tratamento desses casos quando o agente for das forças armadas.

O dever constitucional dessa instituição com a ordem jurídica e o estado democrático de direito posiciona o Ministério Público como um dos interlocutores nas políticas de segurança pública. Com isso, fala-se de uma "postura preventivo-resolutiva, intervir para garantir a efetivação de políticas de segurança pública buscando atuar antes da ocorrência de crime", como apresenta o manual elaborado pelo Grupo Nacional de Efetivação do Controle Externo da Atividade Policial. Esse documento, além de colocar o controle externo como um fundamento para atuação no direito difuso à segurança pública, afirma o controle judicial como atuação em situações que a ação não se realizar de forma negociada.[381]

O Ministério Público Estadual é a instituição que esta pesquisa se aproximou, considerando a ação da polícia civil e polícia militar, que é de atribuição das unidades da federação. No entanto, não se pode esquecer que diante das barreiras para a prestação jurisdicional em

---

381 CONSELHO NACIONAL DO MINISTÉRIO PÚBLICO. *Manual Nacional do controle externo da atividade policial*: o Ministério Público olhando pela Sociedade. 2ª Ed. rev. e ampl. Brasília, 2012, p. 59. Disponível em: https://www.mprr.mp.br/app/webroot/uploads/Manual_do_Controle_Externo.pdf. Acesso em 20.03.2016.

casos de violações de direitos humanos, como as execuções sumárias, a Procuradoria Geral da República é a única com legitimidade para requerer e atuar no que se conhece por "federalização de crimes de direitos humanos", a partir da criação do Instituto de Deslocamento de Competência. Essa possibilidade requer a análise de critérios estabelecidos pela Emenda Constitucional n. 45/2004 (Reforma do Judiciário) para avaliar a gravidade do caso, que também pode contar na fase de investigação com a intervenção da Polícia Federal (Lei n. 10.446/2002).[382]

Os profissionais entrevistados afirmaram que ainda é sentido um distanciamento entre a atuação do MP e sua missão constitucional.[383] Indicaram que além das dificuldades institucionais, outras questões atingem o trabalho com o tema: visão da sociedade sobre direitos humanos; o tratamento da opinião pública aos assassinatos e novos riscos que surgem com a prova testemunhal quanto à segurança pessoal dos colaboradores. Das dificuldades de ordem institucional para investigação, o Procurador do Ministério Público do Paraná menciona:[384]

> É, eu não te diria que a resposta dada pelo Ministério Público é absolutamente eficiente, acho que não, falta uma estrutura melhor. Faltam mecanismos de acompanhamento "instantâneo" quase, não sei se seria bem essa palavra. Aqui mesmo no Paraná, na época em que eu era Procurador Geral, exigíamos que em situação de confronto, ditas de confronto, imediatamente o membro do MP fosse comunicado para que ele fosse ao local e buscasse a prova. Agilidade e chegar junto, ver a prova. Mas ainda não temos estrutura que permita esse deslocamento em número suficiente para realizar esse tipo de atuação, tipo de persecução penal. Acho que muito disso ocorre na crença da impunidade, corporativismo e na dificuldade mesmo de prender...

---

382 CAZETTA, 2009.
383 Entrevista no Ministério Público do Estado do Paraná, em 18.10.2015; entrevista na Defensoria Pública do Estado de São Paulo em 26.10.2015.
384 Entrevista no Ministério Público do Estado do Paraná, em 18.10.2015.

O entrevistado ressalta uma das possibilidades da atuação do Ministério Público em casos de violações de direitos humanos, como em chacinas. Além disso, existe uma discussão segundo a qual cada ocorrência policial, como um mecanismo de informação instantânea, funcionasse de forma integrada ao Ministério Público. Contudo, a ação do promotor depende mais do que conhecimento do fato, seria necessário prover condições de seguimento das investigações. O papel de investigação nessa hipótese seria tanto para uma ação conjunta como para permitir diligências lideradas pelos membros do Ministério Público em caso de envolvimento de policiais em crimes.

Mesmo sem a plena implementação do dever constitucional de investigar, o Ministério Público foi objeto de Emenda Constitucional (PEC 37) cuja proposta atingiria o poder de investigação criminal e o controle externo da polícia. O tema se popularizou no Brasil como o título de "PEC da impunidade" e mobilizou a opinião pública durante os protestos de rua ou jornadas de junho em 2013. Apesar de a proposta atingir a possibilidade direta de atuação em crimes cometidos por policiais, a mobilização social sobre "impunidade" se atentou às investigações conduzidas pelo Ministério Público sobre corrupção e lavagem de dinheiro, que ganharam notoriedade com episódios que deflagraram julgamento e prisões de lideranças partidárias.

As entrevistas desta pesquisa foram realizadas em outubro de 2015, dias após a aprovação de uma nova resolução no Conselho Nacional do Ministério Público[385] sobre "regras mínimas de atuação do Ministério Público no controle externo da investigação de morte decorrente de intervenção policial", Resolução nº 129, de 22 de setembro de 2015. O documento além de se fundamentar na normativa de direitos humanos, contextualiza a preocupação com a questão do auto de resistência problematizado pela Resolução nº 8, de 21 de dezembro de 2012, do Conselho de Defesa dos Direitos da Pessoa Humana e ainda pelo relatório de Philip Alston:

---

[385] Mais sobre controle externo e atividade do Ministério Público após a Resolução 22/2015, ver CONSELHO NACIONAL DO MINISTÉRIO PÚBLICO O Ministério Público e o controle externo da Atividade Policial: Dados 2016. Brasília: CNMP, 2017.

Considerando que o Relatório do Relator Especial da ONU para Execuções Extrajudiciais, Sumárias ou Arbitrárias (Philip Alston) reconhece a necessidade dos titulares da ação penal serem imediatamente comunicados a respeito do objeto da investigação policial a fim de que "possam prestar orientações no momento certo sobre quais provas precisam ser colhidas para lograr uma condenação" (item 95, a);

Essa recomendação citada se localiza em um conjunto em que ao Ministério Público se indicam ações que representam medidas sobre: (i) reformas de instituições responsáveis pelo controle e prevenção de mortes por agentes do Estado ou uso excessivo da força; (ii) procedimentos de investigação independente (atuação do Ministério Público, exames periciais ou uso de "autos de resistência"); e (iii) responsabilização dos acusados.[386]

Em publicação após a nova resolução, o próprio CNMP apresenta e contextualiza a resolução como resultado de um projeto institucional "O Ministério Público no Enfrentamento à Morte Decorrente de Intervenção Policial", desenvolvido pela Comissão do Sistema Prisional, Controle Externo da Atividade Policial e Segurança Pública do CNMP,[387] que inclui publicações e preocupação também com a vida dos policiais.

Por ora, além de reconhecer uma etapa institucional importante, não é possível mensurar a capacidade de execução do Ministério Público. Entende-se a resolução como um aspecto complementar às iniciativas estaduais de controle de uso da força e exclusão de uso de auto de resistência. Não é coerente que os órgãos da segurança pública estejam com uma posição pública contra o auto de resistência se outras medidas de investigação não são adotadas, medidas estas que dependem bastante de organismos externos a polícia. Diante da complexidade da prática das execuções sumárias, que não se restringe a morte em incursões policiais, outros desafios permanecem sobre o problema.

---

386 LEÃO, 2011, p.99.

387 Ver CONSELHO NACIONAL DO MINISTÉRIO PÚBLICO. O MP no enfrentamento à morte decorrente de intervenção policial / Conselho Nacional do Ministério Público. Brasília: CNMP, 2014. Disponível em: < http://www.cnmp.mp.br/portal/images/O_MP_no_Enfrentamento_%C3%A0_Morte_Decorrente_de_Interven%C3%A7%C3%A3o_Policial.pdf>. Acesso em 24.06.2018.

4.1.1.3. Defensoria Pública

Um processo de crime doloso contra a vida é a oportunidade habitual para a Defensoria Pública atuar em um caso de execução sumária, na condição de representante do réu[388] economicamente necessitado que faz jus à assistência nos termos da lei. No entanto, se considerar o que se conhece por auto de resistência, pode-se entender uma atuação em favor da vítima desses homicídios como: "nas execuções sumárias, a vítima é o nosso réu em potencial", explica a defensora entrevistada.[389] Apesar dessa visão de uma aproximação entre Defensoria e vítimas de execuções, existem limites reais de acesso a esses serviços que não podem ser esquecidos ao abordar o acesso aos serviços de assistência judicial:

> Então também esse é um espaço... esse é um espaço que assim, acho que um caso ou outro de execução sumária já devia ter chegado até a defensoria, mas em geral são familiares muito adoecidos, muito doloridos e muito desconfiados de tudo o que é do Estado. Então isso faz com que essas pessoas não nos procurem, por descrença, por dor, por essa série de razões. Então, a minha aposta é de que mesmo, essa justiça civil, a Defensoria buscava pouco, busca ainda pouco, mesmo sendo uma coisa que ela já sabe fazer, porque os familiares não procuram saber que a Defensoria tem uma estrutura, de esperar, a pessoa busca esperar, a pessoa tem que ir lá no 0800, tem que saber o 0800, ela vai uma vez e vai outra e vai outra, tem um trâmite que não é exatamente, assim, acessível, né.[390]

Outras situações de contato da Defensoria com as execuções é a violência e morte sob custódia, isto sob o aspecto direto de assistência a pessoa. A perspectiva de proposição e seguimento de políticas públicas de acesso à justiça e direitos humanos também está no trabalho dessa instituição.

Em relação a uma atuação difusa pelo acesso à justiça, a instituição tem atribuição para acompanhar o cumprimento da Lei de Execuções Penais, o que implica na observância dos direitos individuais dos presos no sistema prisional. Trata-se de um cenário de atenção para

---

388 Um dos profissionais entrevistados atua no Tribunal do Júri.
389 Entrevista na Defensoria Pública do Estado de São Paulo em 26.10.2015.
390 Entrevista na Defensoria Pública do Estado de São Paulo em 26.10.2015.

mortes em razão de rebeliões, como o conhecido episódio Massacre do Carandiru em 1992 no Estado de São Paulo, ou morte em função das condições do sistema prisional. Nas duas situações, o dever da instituição é com a garantia do direito à vida e integridade física, não possuindo, portanto, competência de investigação.

Nesse momento, a atuação conjunta das instituições também é para garantia da vida e segurança dos agentes públicos. Explica o defensor público:

> A atuação na Execução Criminal é uma área que se relaciona diretamente com as execuções sumárias, no que diz respeito à proteção da integridade física do apenado. Em compensação, por exemplo, quando tem uma rebelião, muitas vezes a defensoria foi chamada pra interceder junto aos presos, pra que tenha essa questão aí de resguardar a integridade de todos, tanto do policial quanto do preso. Então teve uma rebelião (...), é chamado o defensor, é chamado o juiz, justamente para, naquela negociação, manter a integridade das pessoas envolvidas, tanto do policial quanto do preso.[391]

As violações de direitos nos estabelecimentos prisionais geram novos processos de atuação da Defensoria, agora na área civil com o ajuizamento de indenizações contra o Estado.

Além de ações individuais, tal qual ao Ministério Público, a Defensoria tem o instrumento da ação civil pública, a partir de 2007. Se por um lado essa possibilidade de ação difusa aproxima a instituição da judicialização das políticas públicas,[392] por outro lado aproxima os defensores do controle social do direito à vida, do

---

391 Entrevista na Defensoria Pública do Estado do Pará em 13.10.2015.

392 O volume considerável de estudos sobre judicialização de políticas públicas é sobre a capacidade de efetivar o direito social por essa ferramenta ou ainda sobre a discricionariedade do Poder Judiciário. Apesar dessas abordagens, a prática judicial tem apresentado às instituições envolvidas novos papéis, o que Boaventura de Sousa Santos chama de "nova política pública de justiça" ao explicar um modelo de reorganização da justiça. Ver SANTOS, Boaventura S; GOMES, Conceição. *Geografia e Democracia para uma nova justiça*. JULGAR, n°.2, p. 109-127. Disponível em:<www.boaventuradesousasantos.pt>. Acesso em 04.04.2016.

direito à integridade física e do direito ao acesso à justiça, espaços e perspectivas importantes para elaboração de respostas institucionais às execuções sumárias.

Nos capítulos anteriores desta tese, apresentou-se o acesso à justiça – o direito de reparação, o direito à verdade e o direito à prestação jurisdicional – como uma dimensão processual do direito à vida, objeto de preocupação da Relatoria Especial da ONU sobre execuções sumárias, arbitrárias ou extrajudiciais. Essa questão pode ser a justificativa para que dentro de instituições como Defensoria Pública ou Ministério Público, se percebam nos espaços institucionais em que a agenda é o acesso à justiça, como potenciais sujeitos protagonistas de políticas públicas contra as execuções sumárias.

A Defensoria Pública de São Paulo foi criada em 2006, substituindo a Procuradoria de Assistência Judiciária (PAJ) com serviços de assistência desde 1947. Do ponto de vista formal, a diferença entre os dois serviços está na prestação da assistência jurídica, não mais assistência judicial, e na independência do Poder Executivo já que a Procuradoria também era o órgão com a atribuição de fazer a defesa do Estado de São Paulo.[393] Embora um caso de referência daquela época, de ação desses advogados sobre violações de direitos humanos, fosse o Carandiru em 1992,[394] o predomínio do trabalho do PAJ era atuação em ações de demanda individual da população.

---

393 A Defensoria Pública de São Paulo é mencionada na literatura sobre acesso á justiça e implementação do órgão no Brasil como um caso paradigmático, tanto pela estrutura atual, considerando um desenho institucional democrático, quanto pela demora na sua implementação. Para saber sobre a criação da Defensoria Pública de São Paulo e um balanço da criação no país ver IPEA. Mapa da Defensoria Pública no Brasil.

394 As cópias dos processos civis são de conhecimento público em Memória Massacre Carandiru. Disponível: www.massacrecarandiru.org.br. Acesso em 02.04.2016. Outras ações e procedimentos foram adotados no caso por outras instituições, sobre o seguimento processual FERREIRA, Luisa M. A; MACHADO, Marta R. de A; Massacre do Carandiru: vinte anos sem responsabilização. *Novos estud. – CEBRAP*, São Paulo, n. 94, p.05-29, Nov. 2012. Disponível em: <http://www.scielo.br/scielo.

A forte atuação em demandas judiciais individuais é considerada uma "herança" da prática institucional que antecedeu a Defensoria Pública, isto porque os servidores da Procuradoria optaram por assumir as atividades da nova instituição[395], como a entrevistada explica o ingresso de casos:

> Então o que acontece, porque alguns temas tangenciavam o direito do Defensor, mas a Defensoria não colocava a mão, até porque o nosso clássico no tribunal é a defesa do réu. Do réu obviamente vivo. Nas execuções sumárias, a vítima é o nosso réu em potencial. Só que alguém tá morto. Toda a minha briga interna foi com isso: quer dizer que morreu a gente não faz mais? Primeiro, não existe defensor da vítima na defensoria, exceto para violência doméstica, porque você tem uma previsão legal e existe uma resistência muito grande dos defensores dos tribunais de trabalhar pela vítima. Por razões valorativas, criminológicas, ideológicas, acham que o sistema penal não funciona, tem que acabar, se defender a vítima no sistema penal a gente vai iludir essa pessoa, o sistema penal não serve para isso. Então, desde os conservadores até os mais progressistas, existe uma união no sentido de que a gente não tem que criar expectativa.[396]

A aproximação da Defensoria Pública de São Paulo com as execuções sumárias, fora da possibilidade tribunal do júri, é recente. Isto se relaciona com o tratamento dado a alguns temas transversais ao trabalho da Defensoria, em função de um entendimento sobre o Direito Penal que contribuem com uma atuação clássica na defesa do réu, o que se relaciona com uma percepção dos defensores sobre a fragilidade do sistema penal no seu conjunto. Diante dessa posição na instituição, a Defensora Pública ao ter contato com execuções sumárias a partir dos autos de resistência, argumentou que no caso de execuções, o réu (aquele que resistiu e foi atingido por um tiro) está morto, apesar disso é o perfil dos destinatários dos serviços da instituição. O mesmo poderia se afirmar quanto aos beneficiários dos serviços do Ministério Público.

---

php?script=sci_arttext&pid=S0101-33002012000300001&lng=en&nrm=iso>. Acesso em 02.04.2016.

395 Entrevista na Defensoria Pública do Estado de São Paulo em 26.10.2015.

396 Entrevista na Defensoria Pública de São Paulo, em 26 de outubro de 2015.

A abertura para essa atuação pode ser relacionada com a trajetória da defensora pública na instituição:

> Então, quando eu entrei na Defensoria, eu trabalhei na porta de entrada criminal que é um local que atende as vítimas de presos em flagrante. E ali eu comecei a ver, nos casos de flagrantes, que era muito comum ter uma pessoa presa e um outro morto. Tudo bem, só que tem que ir para júri. E é muito comum que não vá a júri. Ainda hoje é muito comum. E aí quando eu estava nessa porta de entrada... descobri que tinha norma para Corregedoria da Magistratura dizendo que tinha que ir para júri, não era cumprida.

Com as dificuldades habituais na produção da prova dos casos de execuções sumárias, a Defensoria Pública restringe sua atuação em ação indenizatória em favor dos familiares das vítimas. A possibilidade de prosseguimento se fundamenta na natureza objetiva da responsabilidade do Estado e efeito dela decorrente, qual seja, a inversão do ônus da prova. Apesar disso, o processo judicial no âmbito civil nem sempre é um percurso fácil para os familiares, que, em muitos casos, acabam se articulando em redes em busca de acesso à justiça,[397] sem esquecer que a procura pelo serviço de assistência da Defensoria obedece alguns trâmites que podem representar um desafio para essa população que necessita de assistência jurídica.

Apesar desse acesso ao Judiciário, os familiares permanecem na expectativa da ação penal tendo em vista que "a vítima não quer só pela punição, a pessoa quer saber a verdade. E o direito penal é o único que se propõe a trazer à tona a verdade, não traz, mas ele tem como premissa", percepção da entrevistada com base nos atendimentos aos familiares de vítimas de homicídio.[398]

---

397 BUSSINGER, Rebeca; NOVO, Helerina. *Trajetória de vítimas da violência*: dor e solidariedade entre mães de uma associação do Espírito Santo. Rev. psicol. polít., São Paulo, v. 8, n. 15, p. 107-120, jun. 2008. Disponível em <http://pepsic.bvsalud.org/scielo.php?script=sci_arttext&pid=S1519- 549X2008000100008&lng=pt&nrm=iso>. Acesso em 02.04.2016.

398 Entrevista na Defensoria Pública de São Paulo, em 26 de outubro de 2016.

Uma novidade no atendimento pela Defensoria Pública, tanto na experiência em São Paulo como no Belém, é a atuação como assistente de acusação, figura muito importante no processo penal a serviço do público atendido pela Defensoria Pública. Com a condenação, novos pedidos de indenização surgem na atuação da Defensoria, desta vez contra particulares em casos de notória condição econômica. O perfil sócioeconômico do acusado no processo representa uma correlação de forças a considerar.

> Quando veio esse caso pra gente, eu visualizei que, tudo bem que você já tem o ministério público, tem ali o promotor, mas às vezes o hipossuficiente, a pessoa humilde diz: "não, eu quero o meu advogado, quero o meu defensor". E acaba que às vezes o acesso com o defensor é um pouco mais fácil, aí quando ela vem ela diz: "eu posso ter o meu advogado?", "eu quero que tenha um advogado aqui pra gente, um advogado da família". No caso da pessoa hipossuficiente, a gente tem que atuar, não podemos deixar essa família, até porque lá no interior quem atendeu a família, que deu encaminhamento, foi o defensor de lá, então a gente tem que atender... não pode virar as costas para um caso desses.[399]

A experiência é recente na Defensoria do Pará. No único caso de atendimento no momento, havia envolvimento de policiais.

No Pará, o defensor público tem uma atuação direta com a Vara do Júri, logo contato com julgamentos envolvendo policiais militares e julgamentos de civis, experiências que pautam a seu posicionamento sobre políticas criminais na Defensoria. Isto é, identifica que o problema hoje na Polícia é corrupção e que homicídios por agente de segurança em serviço são poucos. O que preocupa é um expressivo número de homicídios associados ao tráfico de drogas, perfil da maioria dos casos que lida no tribunal do júri. Em virtude dos homicídios conhecidos – "70% dos crimes aqui é o crack que traz, a vítima é traficante, o acusado também é traficante" – o entrevistado tem como reflexão sobre resposta do Estado a busca por um modelo que estivesse presente na comunidade:

---

399 Entrevista na Defensoria Pública do Estado do Pará, em 13 de outubro de 2015.

(...) pelo que eu vi na Colômbia, teve uma redução bastante de crimes de homicídios, eles investiram em polícia preventiva nos locais onde aconteciam uma quantidade grande de crimes. Eles investiram bastante no trabalho preventivo da polícia. De a polícia estar fortemente presente nessas regiões de uma grande quantidade de crimes, ter o policial mais próximo do cidadão, essa relação que as polícias criaram como algo muito bom da polícia para os cidadãos. Acho que essa questão do Estado foi investir na polícia na parte preventiva (...). Você tem a presença do Estado ali, com a presença do Estado, vai inibir o crime. E realmente dá pra inibir dessa forma (...). Mas outra coisa é que Belém tem uma quantidade muito grande de invasões, e aqui em Belém tem uma quantidade muito grande de terras invadidas, né? São formados vilarejos e bairros.

A questão da criminalidade foi mencionada para relacionar com um contexto de eventual uso abusivo e excessivo da força, no entanto, não foram apresentados, e nem é o objetivo desta pesquisa, estatísticas sobre mortes na cidade de Belém.[400]

4.2. USO DA FORÇA E LETALIDADE POLICIAL

4.2.1. MANIFESTAÇÕES: NÃO-MORTE E INTEGRIDADE FÍSICA

O relatório anual sobre uso da força em manifestações públicas e na contenção da ordem pública apresentados pelo Relator sobre execuções sumárias, arbitrárias ou extrajudiciais à Assembleia da ONU em 2011 e 2014, são documentos importantes para esta pesquisa de acordo com a perspectiva de que: (i) a atuação da polícia sem ocorrência de morte também afeta o direito à vida; (ii) a defesa da ordem pública tem se apresentado como fundamento do uso da força em diferentes países estudados pela ONU; (iii) a normativa nacional tem um papel no cumprimento dos direitos humanos no âmbito interno que apenas os princípios internacionais de direitos humanos sobre uso da força não são suficientes. Tais normas locais "contribuem em grande medida

---

400 NOTA DA EDIÇÃO: após 2015, ano da entrevista, repercutiram casos de homicídios caracterizados como execuções sumárias na cidade de Belém ocorrem pelas ruas da cidade. Não serão tratados nesta publicação.

para conformar a percepção, tanto dos agentes de segurança como da população, sobre o alcance das faculdades da polícia e o estabelecimento de mecanismos de prestação de contas".[401]

Na ausência de definição normativa sobre execuções sumárias, o trabalho da Relatoria da ONU é referência sobre essa prática no mundo. A razão desse procedimento especial da ONU se atentar para os protestos e a atuação policial se dá pelo objetivo da ação: eliminação do opositor político.

Duas situações a respeito foram aprofundadas na fase de pesquisa de campo, as manifestações em São Paulo e as manifestações em Curitiba, em 2013 conhecida por "jornadas de junho", e em 2015 por "batalha do Centro Cívico", respectivamente. Esses episódios ensejaram ações judiciais promovidas pela Defensoria Pública em São Paulo e pelo Ministério Público do Estado do Paraná.

> Tudo o que é estabelecido nos manuais foi desobedecido, como avisar antes do uso da força. Você joga as bombas de gás lacrimogêneo ao chão, e não por cima, você deixa uma área de espaço, você não faz o confronto. Ali era para impedir que entrassem. Você não vai atrás depois das pessoas (...). É bom você verificar a própria Ação porque os promotores que atuaram analisaram todos esses aspectos e tal. Mas tanto os cachorros que foram utilizados, é como último recurso para impedir o ingresso e não para ir atrás das pessoas. Nós fomos pessoalmente e vimos a tropa de choque, foi indo em direção a um carro de som, por exemplo. Mas enfim, tudo isso está bastante explicitado na ação.[402]
> A gente tentou primeiro uma aproximação administrativa, pediu reuniões, fez recomendações, eles sequer respondem, isso porque seria uma instituição do Estado. A Secretaria de Segurança Pública tem de praxe não responder. Então a partir da falta de resposta a gente desenhou uma Ação Civil Pública. Para essa Ação Civil Pública a gente relaciona com aquela questão da proibição do uso de borracha, do uso de balas de borracha, que durante uma semana ficou proibida. Para você fazer uma ideia, nas ações individuais de letalidade talvez fique melhor a questão do uso da força.[403]

---

401 A/HRC/26/36, par. 29.

402 Entrevista com Procurador do Ministério Público, em 18.10.2015.

403 Entrevista na Defensoria Pública do Estado de São Paulo, em 26.10.2015.

Ambos os casos foram precedidos de atuação extrajudicial, com o envio de recomendações sobre uso da força em manifestações, tendo em vista episódios anteriores de atuação policial em manifestações de rua e no caso de Curitiba o iminente cumprimento de ordem judicial. O ajuizamento de ações judiciais sobre os protestos e a atuação policial foi a experiência indicada tanto por entrevistados na Defensoria Pública em São Paulo[404] como pelo Procurador do Ministério Público do Paraná,[405] como uma atuação diferenciada acerca de políticas públicas sobre segurança pública.

4.2.1.1. São Paulo

A ação civil pública em São Paulo[406] foi com base na documentação da manifestação com a participação de cerca de 15 mil pessoas, com atuação policial que afetou o direito de reunião e a integridade física daqueles atingidos por bombas de gás lacrimogêneo e tiros com munição de elastômero e ainda prisões ilegais. Os pedidos consideram: controle da ação policial por meio de protocolos, restrição de armas, identificação do agente, liberdade de tempo e trajeto aos manifestantes, além de pedidos de indenização.

A petição motivada pelas jornadas de junho, especificamente com episódios na quinta-feira 13 de junho, fundamentou-se em outras ações policiais: Movimento Passe Livre, 2011; Marcha pela Liberdade de Expressão, 21 de maio de 2011; Campeonato Brasileiro de 2011, Comemoração, reunião espontânea; Carnaval do Bixiga, 20 de fevereiro de 2012; protesto contra a corrupção, 21 de abril de 2012; protesto contra a ineficiência do serviço de transporte público, 23 de maio de 2012, e direito de reunião na periferia, Paraisópolis, 2012. Em todas essas situações requer relacionar legitimidade, força e proporcionalidade da ação, tal qual a própria ONU afirma como diretriz e este trabalho desenvolve no capítulo terceiro.

---

404 Entrevista realizada em 26.10.2105.
405 Entrevista realizada em 18.10.2015.
406 Processo 1016019-17.2014.8.26.0053.

Desde 2014, quando a Defensoria apresentou a ação, até 2018, outras tantas manifestações ocorreram,[407] que colocam a questão como atual e permitem entender os desdobramentos da Ação Civil Pública. A sentença favorável à ação está atualmente suspensa.

Primeiramente uma decisão liminar determinou ao Governo de São Paulo a proibição do uso de armas e elaboração de um plano de atuação nas manifestações. A ação civil pública apresentou critérios para a elaboração desse plano, de acordo com os princípios internacionais de uso da força e as medidas a serem adotadas com as práticas já conhecidas em protestos na cidade de São Paulo: uso de arma, uso de *spray* de pimenta, uso de gás lacrimogêneo e similar, ocultação da identificação do agente de segurança e ainda a imposição de condições aos manifestantes para a realização da reunião em face da defesa da ordem pública.

A decisão em primeiro grau conclui pelo despreparo da polícia. O Estado de São Paulo alegou inconstitucionalidade do pedido "em razão da situação de vandalismo e confronto, criada nesses movimentos, que certamente se agravariam de modo incontrolável na ausência da atuação policial efetiva". Além de alegar o princípio da separação de poderes, apresentou a tese de sopesamento de valores entre o direito à liberdade de reunião e a segurança pública. Episódios de violência não foram negados, mas tratados como casos isolados cuja finalidade era a continuidade do caráter pacífico da reunião. A defesa do uso de armas letais e não letais foi defendida em função da integridade física dos agentes de segurança.

O Tribunal de Justiça de São Paulo reformulou a decisão liminar considerando que:

(i) existem manifestantes pacíficos e outros não pacíficos que pode agravar o quadro diante da atuação de policiais sem armas, que poderia resultar na "subversão da ordem e da segurança pública"; (ii) o Estado não poderia garantir a proteção do patrimônio e da vida dos agentes de segurança.

---

407 Ver outros casos e decisões em: https://2016brasil.protestos.org/. Acesso em 25.06.2018.

Logo após a reformulação da decisão, em outubro de 2016, uma nova decisão (suspensa desde 2017) é proferida a favor dos pedidos na Ação Civil Pública, e com posicionamento mais alinhado às recomendações da ONU, com reconhecimento do direito às indenizações e com pontuação sobre um plano de ação a ser apresentado em um prazo de 30 dias:

> A Polícia Militar deve obviamente estar preparada para agir em face de protestos populares. Agir não significa necessariamente dispersar. Agir deve significar manter a ordem pública, mas atuando a compasso com o objetivo de garantir o direito de reunião e de manifestação. Naturalmente que o uso de armas de fogo pelos policiais ou de munição de elastômero dá ensejo a que policiais menos preparados possam agir com demasiada violência.
> (...) Veda-se, pois, que as armas de fogo, que as balas de borracha e gás lacrimogênio sejam utilizados como armas pela Polícia Militar em protestos exercidos em função do direito fundamental de reunião, salvo em situação excepcionalíssima, quando o protesto perca, no todo, seu caráter pacífico, cabendo à Polícia Militar, se adotado qualquer daqueles instrumentos (armas de fogo, balas de borracha e gás lacrimogênio), informar ao público em geral que circunstâncias justificaram sua ação, e qual o nome do policial militar que determinou a repressão com uso daqueles instrumentos. As filmagens, já realizadas pela Polícia Militar de São Paulo, possibilitarão uma análise das circunstâncias e dos motivos em que a atuação da Polícia Militar tenha agido em uma excepcionalíssima situação.
> (...) O cidadão tem o direito de saber o nome do agente policial e de qualquer agente público com quem esteja a lidar. O projeto deve minudenciar as condições em que haverá a ordem de dispersão dos populares, como providência-limite, indicando que tipo de oficial poderá determiná-la, em que circunstâncias deverá fazê-lo, obrigando-o ainda a divulgar as razões que levou em consideração para assim ter agido, tudo de molde que se possa posteriormente controlar-se o ato administrativo praticado, inclusive por via judicial.

4.2.1.2. Paraná

No episódio ocorrido no Paraná, que resultou em mais de 200 pessoas feridas, a relação manifestante/atuação policial coincide com a experiência de protesto em São Paulo quanto à limitação do direito de reunião sob a alegação de preservação da ordem pública e uso da força. No entanto, existia uma ordem judicial para evitar a aproximação da sociedade civil da Assembleia Legislativa, com o fim de garantir uma segura votação de projeto sobre mudanças nas regras de previdência social do funcionalismo público local. Os manifestantes eram professores da rede pública de ensino que estavam em greve em razão de debates sobre seus direitos previdenciários naquele momento.

Não se trata de dizer que repressão aos professores é algo inédito e exclusivo daquele Estado. O episódio chamou atenção pelo uso de ferramentas de menor letalidade e um contexto pós-2013 no Brasil. Assim, o Presidente da OAB Paraná relatou a situação em entrevista:

> A OAB, por meio da atuação da Comissão de Advocacia Criminal e Comissão de Direitos Humanos acompanhou a manifestação, participou da comissão de acompanhamento das investigações e elaborou um relatório extremamente detalhado sobre esse fato, foi aprovado no nosso conselho e nós encaminhamos para o Ministério Público e esse relatório é uma das provas, um dos elementos do Ministério Público utilizou para responsabilização aí das autoridades nesse caso. Em síntese: cachorro, mais balas de borracha que produzem lesões graves, algumas lesões até de natureza permanente. Tanto que logo depois surgiram bombas de gás lacrimogêneo e não é isso o que havia ali, é uma multidão reunida, é onde você tem problema de escoamento de milhares de pessoas, eles poderiam ter pisadas de pessoas com portadoras de necessidades especiais, cadeirantes. Então, realmente houve um equívoco técnico gigantesco na abordagem (...) Nós temos os relatórios completos. Esse relatório foi feito, há descrição ali de todo material usado pela polícia militar e realmente é um arsenal impressionante sem precedente, material vencido. Esses materiais químicos alguns estavam vencidos, algo que é gravíssimo, uma situação dessa pode gerar ainda maior lesão a saúde, a integridade física das pessoas e enfim, acho basicamente que foram essas as nossas constatações.[408]

Avalia-se também excesso por parte dos manifestantes com a tentativa de impedir o funcionamento da Assembleia Legislativa, segundo os entrevistados. Nessa situação, alguma força desprendida pela polícia já se esperava como uma ação de gerenciamento de multidões. Papel da polícia em manifestação: segurança de todos e direito de reunião.

---

408 Entrevista com o Presidente da OAB-PR, em 16.10.2015.

Porém, todas as ações policiais se delineavam mais para garantir a realização da votação na Assembleia Legislativa. Esse empenho alcançou uma proporção que gerou uma crise de legitimidade perante a sociedade civil[409] que viu o governo tratando os manifestantes como criminosos, manifestantes que eram professores da rede pública de ensino. A sequência de decisões sobre a votação do projeto e sobre o tratamento dos manifestantes colaborou para essa postura da sociedade:

> (...) primeiro contando que a votação fosse fora da Assembleia Legislativa, depois fazendo com que só deputados entrassem na assembleia legislativa por um camburão da polícia militar, quer dizer simbolicamente foi gerando nos manifestantes e em toda sociedade uma impressão muito negativa a respeito de como o poder público estava respondendo as reivindicações e as manifestações...[410]

Diante das críticas, o governo defendeu a operação. No decorrer da proporção que a situação tomou, passou-se a identificar um discurso em que não existia unanimidade na decisão e a se buscar responsabilização de terceiros. Apesar disso, a ação ajuizada pelo Ministério Público alega a responsabilidade por improbidade administrativa por ação e omissão dos policiais, comandante da Polícia Militar, Secretário de Segurança e do Governador do Estado do Paraná. A hipótese de responsabilidade por omissão pela realização da operação é questionada pela dimensão do contingente policial (1.682 policiais)

---

409 "...houve a sensação de que o governo estava contra a população, que a população estava contra o governo uma batalha contra o governo, uma luta quando na verdade o governo não pode se divorciar da sociedade civil, a primeira crise, a primeira tensão que você pode gerar na tutela de direitos fundamentais, dos direitos humanos é achar que há uma contraposição dos estados (ininteligível) o estado existe para defesa do cidadão, (ininteligível) defesa do cidadão e naquele momento eu acho que os estados estavam elegendo as pessoas como inimigas da ordem, infratores e isso aliado a uma estratégia de enfrentamento militar bélico de algo que não era criminoso do outro lado, produziu toda aquela tragédia, Eu acho que polícia se preparou como se estivesse diante de uma organização criminosa armada". (Entrevista com o Presidente da OAB-PR, em 16.10.2013).

410 Entrevista com o Presidente da OAB-PR, em 16.10.2013.

e pelos recursos alocados segundo informação do Ministério Público da União (1 milhão de reais).[411]

De 2015 a 2018, apenas progrediu as ações indenizatórias individuais, que reconhecem o dano e excesso da ação policial e o direito a reparação. Apesar disso, diante do número de pedidos, o Tribunal de Justiça do Paraná decidiu suspender todas as ações até tenha uma uniformização sobre o tema, Incidente de Demanda Repetitiva, principal argumento do Estado do Paraná no que diz respeito a decisões divergentes sobre a mesma matéria,[412] indenizações em face do excesso de atuação policial e outros não se reconhece a demanda em função do estrito cumprimento do dever legal e legítima defesa. A suspensão afeta também outra ação por dano moral coletiva movida pela Defensoria Pública do Estado do Paraná, desde 2015.

A ação movida pelo Ministério Público, e mencionada acima na entrevista com o representante da OAB, foi arquivada no âmbito estadual em agosto de 2017. A sentença está fundamentada na ausência de ilicitude tal qual consta no Inquérito Policial Militar, que foi reproduzido na decisão. De acordo com a juíza, a reunião não estava "pacífica" e exigia uma resposta "preventiva e repressiva", inclusive como uso de "equipamentos necessários".[413]

---

411 MPPR. MP-PR ajuíza ação civil pública contra responsáveis por excesso na contenção a protesto do dia 29 de abril. Comunicado de imprensa em 29.06.2015. Disponível em: xx. Acesso em 03.04.2016.

412 GAZETA DO POVO. TJ suspende todas as ações indenizatórias da Batalha do Centro Cívico. Em 30/04/2018. Disponível em:<https://www.gazetadopovo.com.br/politica/parana/tj-suspende-todas-as-acoes-indenizatorias-da-batalha-do-centro-civico-aem1ii0388rxn5vh7iy52zrju>. Acesso em 25.06.2018.

413 Decisão disponível em: https://www.gazetadopovo.com.br/politica/parana/justica-absolve-richa-e-culpa-manifestantes-pela-batalha-do-centro-civico-cyw27helqw5kge64t338fjdfb#ancora-1. Acesso em 25.06.2018

4.2.1.3. Discussão dos casos com o tema execuções sumárias

A aproximação da reflexão entre os episódios de uso da força em manifestações e as execuções sumárias levou a percepção de que

i. A atuação judicial nas ações sobre protestos apresenta uma perspectiva coletiva na política pública que os episódios de uso da força pela polícia não têm alcançado. Mortes por intervenção policial são encaradas como um comportamento isolado, pontual, como consequências de erros do servidor público. Com essa pesquisa, passo a compreender que essas afirmações são ratificadas pelo modelo de ação judicial.

Isto é, as ações criminais focalizam a responsabilidade do agente, enquanto ações indenizatórias contra o Estado ou ação civil pública problematizam o agir estatal, e isto é a dimensão coletiva que o tratamento do tema uso da força carece.

ii. Embora se afirme que "bandido bom é bandido morto" diante das ocorrências de morte por ação estatal, não é essa premissa que determina a ação abusiva do Estado. No caso das manifestações, existe um forte interesse pelo conteúdo da reivindicação. No Paraná, essa relação com a opinião pública se afirma fortemente por se tratar de professores, categoria profissional que sensibiliza tanto pela associação a uma carreira com baixos salários quanto pelo valor que a sociedade brasileira dá à educação. Apesar disso, as decisões sobre uso da força e armas de repressão se intensificaram, de acordo com os relatórios de investigação, a documentação na imprensa e a ação civil pública. Essa intensificação da força é entendida como parte do modelo de policiamento. A polícia que usa armas de menor letalidade para preservação da ordem em manifestações é a mesma que usa armas letais para prisão de suspeitos. A força despendida estava a serviço de um objetivo: a realização da votação na Assembleia Legislativa. Isto justificaria a noção do interesse do Estado na finalidade da ação policial para fins políticos.

iii. As mortes caracterizadas como execuções sumárias ocorrem em espaços distantes da documentação (vídeos, fotos, depoimentos nas redes sociais) com priorização da prova testemunhal e todos os riscos que já foram mencionados até o momento neste trabalho. Diferentemente, as manifestações, tanto em São Paulo como no Paraná, ganharam as redes sociais, ganharam um volume de documentação sobre a prática policial que não se alcança em episódios de morte. Com o debate sobre o uso da força na política pública a partir da atuação da polícia nas manifestações, há um caminho mais próximo de uma mudança institucional com base em evidências dos erros cometidos ou pelo menos de condutas que necessitam de prestação de contas. Com a atualização das ações judiciais, alguns processos com documentação em vídeo e fotos não alcançaram o convencimento sobre a deslegitimação do uso da força proporcional até o momento. Esses posicionamentos sobre uso deliberado de armas de menor letalidade não se afastam das situações de uso de armas letais por agentes de segurança.

iv. Há uma ênfase em responsabilidade individual dos policiais identificados ou das autoridades que tomaram a decisão, como explícito pedido da ção no Paraná. Apesar disso, são entendidas como expectativa de resultados diferentes.

A atuação policial no uso da força em manifestações apresenta procedimentos que colocam em dúvida a avaliação da necessidade e proporcionalidade do uso da força pelos agentes de segurança, mesmo diante da fundamentação da preservação da ordem pública.

As ações judiciais se apresentam como um caminho de diálogo para construção desses documentos e outras iniciativas poderiam surgir de forma extrajudicial e com mecanismos interinstitucionais.

Quanto aos meios para execução de uma política em segurança pública, o uso da força em manifestações necessita de um balizamento para uma melhor prestação de serviço para a sociedade. Essa necessidade se fundamenta pelos registros de uso excessivo da força, oportunidade e necessidade de uso de armas menos letais, bem como os procedimentos de assistência às pessoas nas manifestações e terceiros. Os critérios de ação do Estado para uso da força em manutenção da ordem e a normativa a respeito foram apresentados no capítulo terceiro. Uma das conclusões ali é sobre como os princípios orientadores dependem de uma normativa nacional para dar efetividade aos direitos humanos que se pretende proteger e como a manutenção da ordem pública é vista em cada ordenamento jurídico.

O Relator da ONU concluiu, no estudo sobre proteção da vida e manutenção da ordem, que a deliberação dos países sobre uso da força se pauta na proteção da ordem pública ou na preservação da paz – a restrição de protestos é avaliada a depender da ameaça a outros direitos.[414] Essa decisão e as alegações do Estado contribuíram para considerar o Brasil no primeiro grupo, diante da ausência de uma legislação específica sobre uso da força, isto porque se priorizou na decisão o direito à integridade física e vida dos policiais, chamando atenção para a própria concepção sobre gerenciamento de crises em manifestações, com foco na ordem e não na segurança dos manifestantes. A segurança e a integridade dos manifestantes foram os bens atingidos pelo uso da força.

A decisão que reformou a sentença de primeiro grau sobre manifestações em São Paulo alegou preocupação com a ordem pública. Como ainda hoje não existe uma normativa sobre o uso da força, a importância da decisão judicial se agiganta. O mesmo aconteceu como a avaliação da manifestação em Curitiba pelo Judiciário, quando reforça noções sobre ausência de outros meios "técnicos necessários". Sem detalhar argumento, o que interessa observar é o Judiciário na participação de políticas de uso da força no Brasil, para além do julgamento de homicídios dolosos.

A literatura especializada tem identificado casos judiciais pelos serviços de saúde e pelos serviços de educação, o que leva ao questionamento de em que medida o judiciário poderia determinar a prestação de serviços por meio de obrigação de fazer nas situações em que atinge a própria estrutura estatal de fornecimento de medicamentos, por exemplo, ao se falar em saúde, ou de vagas escolares, quando o centro é o direito à educação. Os principais questionamentos são sobre a discricionariedade do Poder Judiciário e a escassez de recursos. Virgílio Afonso ao estudar as decisões judiciais sobre tratamento de AIDS em São Paulo problematizou o tratamento binário nas deci-

---

414 A/HRC/17/28, par. 134.

sões, acompanhando uma lógica do direito civil (credor e devedor), em que a única resposta era a determinação de fazer sem atingir a política pública de saúde, e ainda sem considerar as características do direito social em questão e as políticas governamentais já existentes sobre atendimento em saúde.[415]

Na explicação de Comparato, "uma política pública, juridicamente, é um complexo de decisões e normas de natureza variada".[416] Assim, embora exista a normativa constitucional sobre a proteção dos direitos fundamentais, como vida e integridade física, não significa que a política pública esteja livre de planejar ações institucionalmente sobre determinado aspecto da ação da administração pública. Essa necessidade normativa não se fundamenta apenas pela lógica de que não existe uma legislação nacional que incorpore os princípios de direitos humanos sobre uso da força por agentes de segurança. Essa demanda normativa se fundamenta pela imposição de uma organização da ação estatal – elemento privilegiado pelo ciclo da política pública – com base na configuração da letalidade policial como um problema.[417]

---

415 SILVA, Virgílio Afonso da. "O Judiciário e as políticas públicas: entre transformação social e obstáculo à realização dos direitos sociais". In: SOUZA NETO, C.P.; SARMENTO, Daniel. *Direitos sociais:* fundamentação, judicialização e direitos sociais em espécies. Rio de Janeiro: Lumen Juris, 2008, p. 587-599.

416 COMPARATO, 1998, p. 131.

417 Problemas são construções sociais e envolvem interpretações, valoração de uma questão a ser pensada pelo governo. A questão é uma situação social percebida, mas que não desperta uma ação automática. Ver: CAPELLA, A. C. "Perspectivas teóricas sobre o processo de formação da política pública". In: HOCHMAN, Gilberto; ARRETCHE, Marta; MARQUES, Eduardo. *Políticas Públicas no Brasil*. Rio de Janeiro: Editora Fio Cruz, 2007.

Em 2014, uma lei sobre instrumentos de menor potencial ofensivo – aqueles projetados especificamente para, com baixa probabilidade de causar morte ou lesões permanentes, conter, debilitar ou incapacitar temporariamente pessoas (Lei 13.060, art. 4º) – pelos agentes de segurança pública, foi promulgada nacionalmente. Porém, não há especificações sobre manifestações públicas. Segundo a Relatoria da ONU sobre execuções sumárias, muitos ordenamentos jurídicos disciplinam as manifestações com as mesmas regras gerais sobre o uso da força, porém, percebe-se que nos episódios com multidão existe uma maior intensidade do uso da força, o que aumenta as possibilidades de excesso. Além disso, o uso da força é provável de ocorrer em três situações: manifestações, legítima defesa e prisão, contexto da atuação policial.[418] A nova lei apenas menciona a terceira situação quando se refere à pessoa em fuga, deixando para o Executivo estadual outros regulamentos e classificações.

Com isso, a ação civil pública apresentada em 2014 no Estado de São Paulo busca uma resposta sobre a normativa adequada para a organização da política de segurança pública no Estado de São Paulo, a partir dos episódios de uso da força nas manifestações.

O que temos aqui é um caso não habitual de judicialização da política pública. A Ação Civil Pública no Estado do Paraná, apresentada em 2015, segue um modelo de argumentação de São Paulo e inova com um parecer da ex-relatora para Liberdade de Expressão da Comissão Interamericana de Direitos Humanos da Organização dos Estados Americanos (OEA) com um panorama de recomendações internacionais sobre o tema. Entendemos que esse é um espaço de incidência das recomendações da ONU, podem enriquecer as ações judiciais.

4.2.2. O ESTABELECIMENTO DE NORMATIVAS

As recomendações da ONU tocam em assuntos legislativos quando indicam medidas como a desmilitarização da Polícia e o fim dos autos de resistências. Dois debates atuais e reafirmados por relatórios de instituições brasileiras, quais sejam, as recomendações da Comissão Nacional da Verdade em 2014 e as recomendações da

---

418 A/66/330, par. 3.

Comissão Parlamentar de Inquérito das Câmaras dos Deputados sobre Homicídios de Jovens, Negros e Pobres.

Uma questão surge: enquanto as reformas institucionais dessa natureza não são aprovadas, o que pode ser feito? Mudanças institucionais de estrutura do funcionamento da Polícia não significam que as mortes sejam reduzidas ou que novas práticas antidemocráticas não apareçam; significa um posicionamento institucional que é determinante para os critérios assumidos na decisão da ação de Estado, do agir em segurança pública.

Aqui, convém retomar o caso das manifestações em São Paulo com a decisão sobre a conservação da ordem pública como exemplo, mas também fazer outras perguntas para o momento do uso da arma, tais como: a decisão em atirar foi em face de perigo iminente? Com base no crime antecedente à perseguição criminal ou com base no crime que deu causa à prisão? Com base nos riscos que a pessoa da vítima pode representar para a sociedade? Essas são perguntas geradas a partir do relatório da ONU, que estudou a legislação sobre uso da força em contexto de prisão em 101 países,[419] ao classificar o ordenamento jurídico em cinco modelos usuais sobre o tema.

Mesmo que existente uma lei que regule o uso da força, caso essa normativa apenas repita os princípios gerais do direito, estará apenas dando um formato jurídico para critérios que já existem e necessitam de definição para cada contexto jurídico nacional, "fórmulas que descrevam quando e de que forma pode ser tirada uma vida de acordo com o princípio da inviolabilidade da vida".[420] Tal princípio fundamenta a excepcionalidade da relativização do direito à vida, e por conta disso demanda critérios em torno de outra vida que se pretende proteger.[421]

No caso brasileiro, o parâmetro constitucional é a proteção da pessoa humana, posto no art. 1º como fundamento da República, logo do ordenamento constitucional. Apesar disso, a ausência de definição

---

419 A/66/330.
420 A/66/330, par. 90.
421 A/66/330, par. 90.

normativa⁴²² sobre uso da força deixa a critério dos agentes de segurança e dos tribunais a proteção da vida, riscos que se intensificam quando se privilegia a ordem pública em detrimento da proteção da pessoa, produzindo assim resultados diferentes.⁴²³

422 "Nas sociedades modernas, os principais instrumentos de proteção dos indivíduos são a Constituição e as demais leis. A Constituição é a lei principal, a lei mais alta, que deve refletir o ideal de justiça do povo, deve estabelecer as regras para impedir os excessos do poder político, econômico ou militar e deve, afinal, enumerar os princípios e as regras que contêm os direitos e deveres fundamentais de cada um. (...) Ainda que existam leis injustas, é preferível buscar sempre na lei a solução para os conflitos e o remédio para corrigir as ofensas aos direitos. Uma lei injusta pode ser melhorada e, apesar de injusta, sempre contém alguma limitação de poder do mais forte. O poder ilegal, arbitrário, não dá garantia de justiça e tira a liberdade de quem pede sua ajuda". DALLARI, Dalmo de Abreu. *O que são direitos da pessoa*. São Paulo: Brasiliense, 10ª ed. rev. de 1994, 2004, p. 65 (Coleção primeiros passos; 49).

423 "O contexto real é que empresta sentido à conduta jurídica concreta. Assim, a verdadeira realidade do direito só se entrega no processo de síntese contextual enquanto se caracteriza a unidade do direito na diversidade e integração das condutas jurídicas (ato jurídicos constitucionais, legais, regulamentares, negociais, judiciais, atos ilegais, condutas ilícitas) ou a unidade da conduta na diversidade de suas dimensões e sentido (econômica, social, política, cultural), entre as quais a jurídica. A unidade ontológica do real, que só se apresenta como totalidade, não pode ficar comprometida em razão da necessidade da abordagem epistêmica ou metodológica de caráter unidimensional. O todo é sempre mais do que a soma das partes. O sentido da conduta refere-se sempre ao fim de que ela é o substrato inafastável. A conduta, como tal, apresenta-se materialmente como algo primário, sensorialmente percebido, como uma base ou substrato que pode tomar múltiplos sentidos possíveis, conforme interpretação, contexto psicossocial ou critério utilizado para compreendê-la. Cada finalidade, pautada segundo a dimensão ou ângulo pelo qual seja considerada a conduta, permite apanhá-la apenas de forma parcial. Sua realidade verdadeira ou integral deve sempre ser apreendida de conformidade com o contexto e com o todo no qual se insere a conduta considerada. Assim, visto sob o ângulo da totalidade social, o jurídico faz parte da compreensão da conduta social, como um de seus possíveis sentidos, quer dizer, a conduta social compreende de alguma forma, entre tantas outras notas (ou sentidos), a nota do jurídico,

O estudo sobre a configuração de uma normativa sobre o uso da força, para além dos princípios internacionais, levou à reflexão de que sem esse compromisso, o fim dos autos de resistência – debate atual na segurança pública e medidas em recomendações ao Brasil – repercutirão nas estatísticas construídas sobre esses registros e menos na perda arbitrária da vida. Do ponto de vista institucional, é uma afirmação de que práticas arbitrárias e abusivas não são aceitas e que todo policial será investigado; além de afirmar valores, mais próximos da garantia de direitos humanos, para as corporações policiais e para a sociedade.[424] Porém, o fim principal é a garantia da vida para o maior número de cidadãos em contato com agentes de segurança, para isso, importa conhecer as reais condições de uso letal da força pela polícia a partir de uma investigação séria, e que sejam mortes eventuais.

Nesse sentido, o membro do Ministério Público ressalta sobre auto de resistência:

> O problema é verificar em cada caso se efetivamente estavam lá presentes as condições de excludente de ilicitude do comportamento". Tem que se verificar se o fato narrado no auto de resistência é verdadeiro ou não, mesmo com auto de resistência pode se prosseguir a investigação. O problema não é o auto de resistência é a prática investigatória.
> ...Eu sempre fui favorável que o promotor se deslocasse em caso de homicídio, verificar o que ocorreu, ouvir testemunha, já fazer anotações, porque é ele que vai conduzir depois a ação penal. Praticar um crime maior a pretexto de um crime menor. O sujeito pode ter furtado uma motocicleta, passa pela barreira e você dar um tiro nas costas, ou porque está investigando tráfico na favela, de helicóptero e metralha todo mundo que passa no terreno baldio, é como a tortura nas delegacias, qual é a lógica que para descobrir um furto você vai praticar um crime hediondo muito mais grave, que é o da tortura. Eu acho que tem que fazer esse tipo de reflexão.[425]

---

visto não haver conduta social que não envolva, de algum modo, direta ou indiretamente, o aspecto jurídico". ALVES, Alaôr Caffé. Dialética e direito: *linguagem, sentido e realidade*: fundamentos de uma teoria crítica de interpretação do direito. Barueri, SP: Manole, 2010, p. 147-148.

424 Valores também podem ser afirmados por um currículo em direitos humanos na formação dos agentes públicos.

425 Entrevista no Ministério Público do Estado do Paraná, em 18.10.2015.

Os critérios de uso da força hoje no Brasil estão na agenda da segurança pública. A Portaria Interministerial n°. 4226/10 sobre Uso da Força é a atual referência de controle de letalidade policial no Brasil. Apesar de repetir o conteúdo dos parâmetros internacionais, dar a esses princípios internacionais de direitos humanos outro *status* no ordenamento jurídico nacional representa: (i) uma orientação normativa para o planejamento das políticas públicas que agora ganham uma dimensão vinculante a todo o sistema de segurança pública nas duas esferas de governo; (ii) uma resposta institucional para a modalidade de força tolerável no ordenamento jurídico, enfrentando assim práticas como os autos de resistências, que é hoje um instituto que comunica que mortes sem investigação são aceitas no Brasil. O mesmo pode se dizer para outras práticas institucionalizadas como "critérios de premiação e reconhecimento ou punições de seus profissionais"[426] que são posicionamentos institucionais perante o uso da força.

Com diretrizes nacionais, a expectativa é que novas normativas surjam nos Estados. No Pará, o Conselho de Segurança Pública aprovou duas resoluções sob a influência da portaria. Uma sobre uso da força e outras sobre o registro de "mortes resultantes da intervenção policial".

A aprovação de uma resolução dessa natureza não representa a mudança na realidade cotidiana de curto prazo,[427] mas para a construção de uma política ou para a elaboração de novos caminhos de controle da letalidade policial, o que já é considerado uma primeira

---

426 INSTITUTO SOU DA PAZ. Regulação sobre o Uso da Força pelas Polícias Militares dos Estados de São Paulo e Pernambuco, p. 247. FIGUEIREDO, I. S.; NEME, C; LIMA, C.(Orgs). *Direitos Humanos*. Brasília: Ministério da Justiça; Secretária Nacional de Segurança Pública, 2013, p. 239-302. (Coleção Pensando a Segurança Pública; v.2). Disponível em: <https://www.justica.gov.br/sua-seguranca/seguranca- publica/copy_of_estudos-e-estatisticas/cole o-pensando-a-seguran_a-p_blica-volume-2-direitos- humanos.pdf >. Acesso em 02.04.2016.

427 A CPI de Homicídios de Jovens, Negros e Pobres afirmou que apesar da resolução adotada pelo Conselho de Defesa da Pessoa Humana (CDDPH) que modifica a terminologia auto de resistência por "lesão corporal decorrente de intervenção policial", não se alcançou os objetivos desejados na prática – esconder violações de direitos humanos ou ação de grupos de extermínio. (BRASIL, 2015).

etapa. Segundo palavra de membro da sociedade civil sobre o valor das novas resoluções:

> Para mim é a base. Entendeu? Para mim é a base. Agora, é o que eu falo, para que uma lei seja realmente, de fato, colocada em prática, precisa você pedagogizar toda essa...pedagogizar no sentido, não é, você está entendendo? A educação, não é? (...) E aí se você não linkar com uma mudança de comportamento das polícias, principalmente a polícia militar é... a gente vai continuar, entendeu? É... vai ser meio que invisível. A gente tanto que vai precisar de apoio dos comandantes para isso. E é muito ruim quando a gente ver corregedores negando a importância dessa resolução.[428]

A localização de uma resolução como essa apresenta outro sentido: é uma postura institucional com potencial de contestar posicionamentos de autoridades que negam a ocorrência das práticas de execuções sumárias ou que ainda defender a legalidade e legitimidade da figura "auto de resistência" e estabelece bases para um diálogo entre instituições policiais e sociedade civil. Existem relatos de que a aproximação para debater conteúdo de práticas de segurança enfrenta o questionamento da legitimidade sobre o interlocutor não policial, tal qual explica a defensora de São Paulo:

> Segundo, se alguém quiser saber, mesmo que seja de outra instituição, vai se meter no que não entende. Então são esses os tipos de premissas iniciais que travam qualquer tipo de possibilidade mais imediata e concreta de [incidência] na política pública. Não tem discussão de política pública de segurança, não existe.[429]

Por outro lado, um estudo realizado sobre o controle do uso da força em São Paulo, reconheceu a criação de normas e institutos anteriormente à adoção da portaria interministerial, a exemplo da Comissão de Redução da Letalidade (Resolução 526/00) considerada como "um organismo pró-forma, sem expressividade técnica ou política em relação ao controle da letalidade".[430] Mesmo assim, São Paulo apresenta elevados índices de letalidade policial, o que se atribui a

---

428 Entrevista com profissional de direitos humanos em Belém em 13.10.2015.
429 Entrevista na Defensoria Pública de São Paulo em 26.10.2015.
430 INSTITUTO SOU DA PAZ, 2013, p. 287.

"uma falta de diretriz política que oriente a polícia a usar menos a força letal, o que, seguramente, conferiria maior eficácia às outras iniciativas existentes capazes de dar conta de outros níveis da força".[431]

A Defensoria Pública de São Paulo, em 2015, oficiou a Secretaria de Segurança Pública sobre qual planejamento existente para responder ao crescimento no número de mortes por intervenção policial e chacina em São Paulo. Existe um plano de metas de redução da letalidade? Há emprego de armamento menos letal em substituição ao letal? Existem estudos sobre a quantidade de feridos e mortos? Com a resposta, poderíamos afirmar o estágio da política contra essas mortes a partir da avaliação das instituições de segurança, porém a resposta de forma vaga se deteve em explicar que o crescimento de mortes se relacionava com o crescimento populacional.[432]

Por último, o uso da força não se desvincula da abordagem policial em decorrência da prisão, sob risco de recair na prisão arbitrária em substituição às execuções, o que também é violação de direitos.

4.3. MORTES COM ENVOLVIMENTO DE POLICIAIS, BARREIRAS NA INVESTIGAÇÃO E OPINIÃO PÚBLICA

4.3.1. POLICIAIS EM SERVIÇO E FORA DE SERVIÇO

▼ Quando se pensa em um homicídio, uma série de perguntas sobre o contexto são necessárias para afirmar que se trata de uma execução sumária: autoria, condições para o uso letal da força, e condições da vítima. São esses indicativos que diferenciam uma ação legal de uma violação de direitos humanos.

A principal resposta ao Relator da ONU sobre as mortes após intervenção policial, a exemplo da Operação Complexo do Alemão em

---

431 INSTITUTO SOU DA PAZ, op. cit., p. 294.
432 Entrevista na Defensoria Pública de São Paulo em 26.10.2015.

2007, foi envolvimento da vítima com o crime.[433] Esses episódios de "intervenção policial" são apontados como resultado do confronto entre policial e civil, todavia não há informações que permitam avaliar a necessidade e a proporcionalidade do uso da força letal, o critério comum é apresentar os antecedentes criminais.

Com atenção ao envolvimento de policiais, encontramos uma forte divisão entre policiais em serviço e policiais em folga a partir da análise das entrevistas. Existem ocorrências de homicídios nas duas situações, porém a forma como são vistas e os procedimentos adotados são afetados:

Além das circunstâncias que justificam o uso da força pelo policial militar, os inquéritos conduzidos pela Polícia Civil não registram suficientemente os fatos de maneira a permitir a efetividade da investigação.[434]

A CPI da Câmara dos Deputados sobre Homicídios de Jovens, Negros e Pobres indicou casos de chacinas e mortes decorrentes da ação policial em operações como do projeto Unidade de Polícia Pacificadora, para encaminhar à Procuradoria da República com o fim de avaliar a procedência do Incidente de Deslocamento de Competência (IDC). Esses casos são conhecidos por seus métodos e pelo envolvimento de agentes do Estado.

A transferência da investigação e processamento para a competência federal é uma resposta do Estado brasileiro aos casos de violações de direitos humanos que chegaram na Comissão Interamericana de Direitos Humanos. Esses casos ingressaram no sistema interamericano sem o esgotamento dos recursos internos, sob alegação de morosidade de Justiça. O Brasil quando responsabilizado por esses casos tinha a União respondendo por práticas na esfera de competência estadual. Apesar disso, a União assumiu o seguimento dos casos e inclusive o pagamento de indenizações às vítimas, mesmo sem poder atuar no caso de competência da justiça estadual. Com isso, o risco de responsabilização internacional, as barreiras de persecução criminal pelos Estados, e a característica dos crimes como grave violação de

---

433 A/HRC/11/2/Add.2, par. 25 ss.
434 A/HRC/11/2/Add.2, par. 51-53.

direitos humanos são três critérios de avaliação da admissão do pedido de deslocamento de competência.[435]

A inovação não significa que todos os casos de execuções sumárias serão deslocados.[436] Mas pode-se afirmar que essa inovação foi motivada por episódios de mortes por agentes do Estado que chegaram ao sistema de proteção internacional de direitos humanos (Carandiru, Eldorado dos Carajás, Corumbiara), tratados como execuções sumárias.

Em estudo sobre a federalização dos crimes de direitos humanos um dos obstáculos identificados foi pela definição de grave violação de direitos humanos já que não estaria tipificado e dependeria de critérios subjetivos.

Entendemos que um homicídio quando caracterizado como execução sumária, arbitrária ou extrajudicial já se apresenta como uma grave violação de direitos humanos pelas características que esse conceito assume, com base nas normas de direito internacional e que são seguidas pelas Cortes de direitos humanos. Assim, a possibilidade de responsabilização internacional se amplia, e os critérios não são subjetivos.

Nesses espaços de monitoramento dos tratados de direitos humanos, a demora injustificada da persecução criminal é o requisito para admissibilidade das petições, exceção à regra de esgotamento os recursos internos. Tal exceção é óbvia se pensar as barreiras que existem desde a fase de investigação do crime. Essa barreira permanece nos casos alegados como de violações de direitos humanos que submetem o pedido de deslocamento de competência da estadual para a federal. Dessa maneira, entendemos que a "incapacidade das instâncias e autoridades locais", no caso de mortes por agentes de Estado, já são a razão do deslocamento da investigação e processo.

---

435 Ver IDC 2/DF, Rel. Ministra Laurita Vaz, Terceira Seção, julgado em 27/10/2010, DJe 22/11/2010.

436 Ver GOMES, Olívia A; ALMEIDA, Guilherme de A. Estudo sobre a federalização de graves violações de direitos humanos. Brasília: Ministério da Justiça; Secretaria de Reforma do Judiciário, 2014. Disponível EM: <http://www.andhep.org.br/arquivos/Federalizacao_boneco_final_09012014.pdf>. Acesso em 04.04.2016.

Reafirma-se que em relação às execuções sumárias, as dificuldades de levantamento de provas que comprove a autoria é uma barreira padrão, somado ao temor que a prova testemunhal convive e enfrenta. As dificuldades na identificação de autoria estão documentadas em pesquisas e nos relatórios sobre o tema, o que seria apenas uma questão de tempo, conhecer qual o próximo caso sem resolução e por quanto tempo. Assim, concluímos que o principal critério para admissão do IDC seria a demora injustificada dos procedimentos de investigação somados à novas ameaças ao direito à vida que essas investigações podem ensejar. Na hipótese de conclusão da investigação e julgamento por crimes dolosos contra a vida (policiais em serviço ou policiais em folga), as entrevistas realizadas indicaram:

a. Morte por intervenção policial sob a justificativa de resistência à prisão. O perfil da vítima era adolescente que cumpriu medida socioeducativa. Houve a alegação de perseguição dos policiais no bairro em que morava o adolescente. As provas técnicas apresentadas sobre a arma que o adolescente carregava e sobre balística na vítima corroboram com a configuração de execução sumária. O crime contra a vida está aguardando júri e a principal justificativa para ação policial era a fuga do adolescente acusado de roubo;[437]

---

[437] "Dois adolescentes com vítimas nesses processos, um foi registrado uma ocorrência de roubo, os policiais foram ao local e encontraram, segundo eles, essa vítima com uma arma e ai saíram em perseguição. Esta vítima entra na casa dela, eles mandam na vila pessoas humildes, fecharam a entrada da vila e mandaram as pessoas saírem, evacuaram a vila, ai entraram na casa e era uma casa de dois andares, eles foram até o andar superior, ai esse adolescente estava lá em cima deitado numa parte tipo um forro e eles atiraram, um policial atirou e matou. E qual é a linha de defesa que eles estão dizendo, que esse adolescente praticou roubo, os ameaçou com arma e ele atirou, só que a arma que eles apresentaram ela estava com defeito, ela não tinha capacidade para atirar, o poder ofensivo dela era zero, logo ele não poderia ter atirado. Depois, foi a perícia no local demonstrou que a mancha de sangue que o adolescente estava no trajeto de baixo para cima, de baixo para cima. O outro nas mesmas circunstancias, o cidadão, eles se depararam com ele na rua, ele era adolescente, já tinha passagem por ato infracional e ai sai, observa, segundo eles, sai em fuga adentra também no vilarejo e eles vão atrás, e dizem que o ameaçou, a família disse que ele estava tomando banho quando sai do banheiro, mandou vestir a roupa, foi morto lá." (Entrevista no Ministério Público em Belém em 16.10.2015).

A avaliação sobre eventual despreparo do agente de segurança convive com o perfil da vítima associado a criminalidade.

b. Morte por ação policial com uso excessivo da força durante um assalto em ônibus; segundo explicou o defensor público, o policial portava armamento inadequado para àquela situação, colocando em risco também a vida de terceiros. Despreparo em agir em situação de tensão é uma avaliação comum entre os entrevistados, no entanto é afirmação para episódios caracterizado como mortes de "inocentes".

c. Morte por ação de policial fora de serviço. Além da possibilidade de ações em grupos de extermínio ou milícias, são conhecidas ocorrências em que o policial se desentende em uma atividade lícita, como um segundo trabalho de motorista, com alguém na rua e usou a arma. Homicídios com envolvimento de policiais fora de serviço se apresentam tanto como autor tanto como vítima. Todos esses episódios também são acompanhados pela Corregedoria de Polícia e são os mais citados quando se busca mencionar que a atuação do policial na sua vida privada não se confunde com a corporação.

Essas são situações, em que se superou a fase de inquérito policial e chegaram à fase de julgamento, evidenciam a visão do júri sobre esse tipo de episódio, a ponto de não se saber se "está julgando a conduta do policial ou a pessoa do delinquente", nas palavras de um membro do Ministério Público.

> ...mas o que acontece quando você vai a júri com esses policiais? como são, é, as vítimas tinham registro de delinquência, o júri, ele acaba absolvendo, porque o júri decide pelo último convencimento e não está obrigado a fundamentar, não se sabe qual a prova ele estaria valorando, se ele está julgando o policial ou a conduta desse delinquente? O que passa a existir uma vingança privada, a reação da sociedade contra esse delinquente, ele acha que o policial fez um favor a sociedade eliminando fisicamente e ai acaba levando absolvição. E você tem aí dois viés o policial agindo de forma precipitada ou por despreparo ou mesmo querendo fazer alcançar essa justiça para ele, que é a eliminação física versus, o jure absolvendo e estimulando novas condutas. O que nós temos observado é que como não há no âmbito do tribunal do júri essas condenações, eles vão continuar a agir dessa forma seguro de que aqui eles conseguem absolvição.

Com isso, entendemos que mesmo com uma orientação técnica sobre o uso da força por policiais, não estaria assegurado a responsabilização penal ou o afastamento da corporação. Isto sob a perspectiva da responsabilização individual do agente público. Eventual condenação no tribunal do júri repercutiria sobre a carreira desse agente. Primeiramente com o afastamento cautelar com o fim de assegurar a investigação e após a sentença

Quanto à integração na corporação policial, temos uma questão: Como a Polícia recebe os seus membros que estão envolvidos em uso excessivo da força? Essa pergunta não foi objeto desta pesquisa, mas surge num contexto em que todo policial absolvido tem o direito de retornar ao seu trabalho. Isto pode representar a continuidade dos procedimentos adotados na sua prática policial ou ainda a percepção de que o envolvimento do policial em acusação de homicídio é um problema mais individual do que institucional. É uma garantia do servidor público retoma as suas atividades, porém fica pendente o aspecto da organização da ação policial que está para além da conduta individual. Em caso de sentença condenatória do policial, a resposta da instituição também é individual que equivale ao afastamento do servidor, tradução da expressão usual por parte das autoridades públicas: "excessos serão apurados e punidos".

Embora a resposta do processo criminal seja uma das dimensões do direito à verdade, à justiça e à reparação, as demais esferas – civil, administrativa e disciplinar – são consideradas em função do direito de "recurso acessível, rápido e eficaz", dimensões do direito das vítimas de violações de direitos humanos e seus familiares.[438] No entanto, o direito dos familiares em conhecer a autoria e circunstância do crime de homicídio não significa imediata reparação ou medidas de caráter coletivo. Um processo criminal por se deter a responsabilização do agente apresenta uma dimensão mais individual do que uma dimensão coletiva do problema execução sumária, arbitrária ou extrajudicial. Isto mesmo na hipótese de se alegar que o policial estava "despreparado no manejo de uma arma", ou seja, não afeta diretamente as escolhas de formação do policial embora se possa fazer uso dessa informação qualitativa para fundamentação de novas políticas de direitos humanos.

---

438 BEDOYA, 2009, p.169.

Diferentemente, as vias de responsabilização do Estado são as ações de reparação no âmbito civil e no âmbito internacional. Episódios de uso excessivo da força são levados à Comissão Interamericana de Direitos Humanos contra o Brasil.

As garantias de não repetição são medidas que afetam diretamente reformas e fortalecimento das instituições nacionais com o fim de evitar crimes da mesma natureza. Exemplo importante, nesse sentido, foi no Caso Parque São Lucas (Caso n. 10.301): reforma legislativa para transferir crimes dolosos contra a vida da justiça militar para a justiça comum (Lei 9.299/96). No entanto, não significa que a medida de reparação esteja condicionada ao acesso da vítima ao sistema interamericano de direitos humanos, pois assim se entenderiam que os direitos das vítimas de violação de direitos humanos só seriam viáveis nas cortes internacionais, enquanto a regra de admissibilidade de um caso é a exceção do ineficaz funcionamento da prestação jurisdicional nacional.

Ação indenizatória contra o Estado em casos de morte por agentes do Estado é uma forma de reparação às vítimas. Inclui-se pedido de medidas de satisfação como declaração oficial que busque restituir a dignidade da vítima como pedido de desculpas.

Essa perspectiva tem sido adotada nas ações ajuizadas pela Defensoria Pública de São Paulo, nos casos em que as falhas na investigação obstacularizariam qualquer ação de criminalização dos agentes, por isso a ação direita contra o Estado, como explicou a entrevistada, em casos de uso excessivo da força em atuação em serviço.

> Aí nesse caso clássico, a gente entrava, a gente entra com indenizatória, Pedido de reparação, que é mais amplo, com pelo menos dois eixos de argumentação. Um que é a responsabilidade objetiva... e o outro é falha na investigação. E aqui eu confesso que tive uns casos, não poucos, que não tinham nem a ficha criminal dos policiais, nenhuma diligência para descobrir se tinha testemunha ocular, nada, nada. Então são casos arquivados sem nenhuma investigação, seja pela polícia seja pelo Ministério Público.
> (...)
> Então a responsabilidade é mais ou menos o que eu te falei, ...o arquivamento por legítima defesa, que é o clássico, existe até o cumprimento do dever legal, são dois argumentos o justo cum-

primento do dever legal e a legítima defesa. Isso a gente presencia em casos que a vítima tomou quinze tiros, pelo menos dez em região vital, os juízes do criminal arquivam, a maioria a pedido dos Promotores. E aí nosso argumento é o arquivamento na esfera penal não implica óbice para o ajuizamento na esfera cível. Na esfera criminal, o benefício da dúvida favorece o réu, na esfera cível, o ônus da prova de que houve culpa exclusiva da vítima, que seria uma excludente de responsabilidade objetiva, o ônus da prova de que houve culpa exclusiva da vítima é do Estado...E também tem uma argumentação mais radical no sentido de que a legítima defesa não é sinônimo de culpa exclusiva da vítima. E mesmo havendo legítima defesa comprovada, caberia a responsabilidade objetiva. O Estado teria que pagar.[439]

As possibilidades de reparação à vítima dependem de cada caso.[440] Apesar disso, é importante afirmar que um episódio de morte por agentes do Estado ou envolvimento de policiais em grupos de extermínio ou paramilitares impõem um dever de resposta em diferentes níveis. A reparação às vítimas por meio de processo judicial é um caminho.

De forma abrangente, vale afirmar que uma denúncia de violações de direitos humanos, desrespeito de direitos, impõe um deve de resposta do Estado em diferentes níveis: (i) informação sobre o episódio sob investigação, procedimentos adotados, aos familiares e a sociedade. Um episódio violento não se restringe a uma família, diz respeito a toda a comunidade que além de ter a segurança de que não estar em risco, deve acompanhar a ação estatal; (ii) medidas para atingir os perpetradores; e (iii) adoção de políticas públicas que enfrentem o padrão de violações identificado no crime denunciado.

Essas respostas para informar, responsabilizar e institucionalizar novas práticas (políticas públicas) encontram tempo e meios de ação diferentes. Todas as categorias de respostas do Estado às execuções sumárias são valorizadas, porém, não se pode perder de vista essas dimensões do agir que variam de garantias de direitos às políticas públicas.

---

439 Entrevista na Defensoria Pública de São Paulo em 26.10.2015.

440 Ver os direitos humanos sob a perspectiva do direito das vítimas em BEDOYA, 2009.

4.3.2. MORTES EM CHACINAS E MORTES EM OPERAÇÕES POLICIAIS

Desde 2012, o Código Penal qualifica o crime de homicídios em circunstâncias de milícias privadas e grupos de extermínio, e ainda tipifica a constituição desses grupos com denominação de "organização paramilitar, milícia particular, grupo ou esquadrão". O assassinato perpetrado por esses grupos não são as mesmas circunstâncias de mortes em decorrência de operações policiais, embora possa se encontrar o mesmo sujeito em trânsito entre ações oficiais e não oficiais.

O reconhecimento público da atuação organizada com a finalidade de morte, tal qual está na legislação sobre "extermínio de seres humanos", não delimita que agentes estatais estariam envolvidos. Entende-se, assim, por conta de trata-se de grupos mistos, em que a presença de agentes do Estado se diferencia por favorecer a atuação em assassinatos de indivíduos ou agrupamento, quanto a capacidade de influenciar os procedimentos de investigação, imprescindíveis para a fundamentação de qualquer processo judicial e eventual responsabilização criminal ou reparação, ou beneficiar o acesso a equipamentos de uso exclusivo das forças de segurança do Estado. Nas situações não oficiais o envolvimento em negociação a partir do cargo que ocupa é um forte elemento, porém pouco se fala desse tipo de conduta quando a agenda é anticorrupção no Brasil.

As dificuldades de responsabilização em casos de chacinas são vistas como habituais embora cada vez mais o envolvimento de agentes estatais tenha se revelado:

> É o que eu estava te dizendo, a grande dificuldade de trabalhar em chacinas é que a autoria, majoritariamente é desconhecida, aí como é que você constrói o raciocínio de que o Estado responsável. Dá pra construir, principalmente se é uma onda de chacinas. O Estado tem o dever de evitar, mas é mais tênue. Entende? É bem mais tênue. E agora nos últimos tempos andou se... as autorias ficaram mais reveladas, né, porque tudo... em quase todos os casos tinha policial militar.[441]

---

441 Entrevista na Defensoria Pública de São Paulo em 26.10.2015.

Uma chacina ou massacre corresponde a um conjunto de homicídios que se diferencia pelo número de pessoas atingidas por grupos armados, que podem representar uma massificação quanto ao tempo e ao espaço, isto é, um agrupamento de pessoas atingidas na mesma localidade – como se conhece do caso Candelária em 1993, na cidade do Rio de Janeiro, como oito jovens mortos – ou com assassinatos programados em diferentes localidades, mas a curta distância entre os episódios, com a repetição de um roteiro – como se conhece do assassinato de vinte e três moradores de Osasco e Barueri em 2015, no Estado de São Paulo. Esses dois conjuntos de homicídios são caracterizados como ações de grupos não oficiais, em que o agente estatal está envolvido fora de serviço. Outros casos conhecidos pelo número de vítimas, porém em ações oficiais, são publicamente conhecidas como o Massacre de Eldorado dos Carajás ou Massacre do Carandiru.

Os procedimentos desses grupos habitualmente utilizam a ocultação da identificação do automóvel ou da identidade pessoal, como ocorreu em Belém[442] aonde as pessoas que dirigiam as motos e disparavam arma de fogo usavam capuz. No entanto na Chacina da Terra Firme, em 2014, as viaturas policiais seguiram os motoristas encapuzados no sentido de dar o "toque de recolher" e não de impedir os assassinatos. É uma situação que mescla uma ação de grupo de extermínio ou milícia com uma incursão policial oficial. Conforme registro de uma testemunha à CPI sobre grupos de extermínio e milícias no Pará:

> ...onde estariam as viaturas no dia, no horário dos fatos. Por que? Porque quem é da área de segurança sabe que todas essas viaturas são subordinadas, cada viatura, a uma AISP, que é uma Área Integrada de Segurança Pública, e toda AISP tem um sargento, um cabo e dois soldados, e tem um quadrante para eles cobrirem. Eu sei como é feito isso. Será que, coincidentemente, dezenas de motos, dez motos, cinco carros pretos, todo mundo encapuzado, de armas em punho, não se esbarraram com essas viaturas? São quantas viaturas em Belém, e na área da 4ª Companhia, onde aconteceu isso...
> CPI/Milícias – Então o senhor afirma que é comum a ação da polícia nesses bairros Terra Firme e Guamá de forma assim truculenta, usando de truculência com os moradores, humilhações, toque de

---

442 Entrevistas realizadas no Ministério Público do Pará em 16.10.2015 e com profissional de direitos humanos em Belém em 20.10.2015.

recolher. Que tipo de coisa é comum a polícia praticar nessas áreas?
O SR. TESTEMUNHA Y – É comum para dar resposta em determinadas ações tanto que os cidadãos que se apresentam enquanto instituição polícia militar não são da área de atuação. Quando aconteceu a morte do Cabo "Pety" as viaturas que foram atrás das supostas pessoas que o mataram não foram às viaturas do local.
Não foram. Tanto é que no Jurunas onde estava trabalhando a noite vi viaturas que não eram da área da sua atuação. Posso dizer que não era da área porque conheço as viaturas que são de determinas áreas ou não. Eu sei identificar, eu posso identificar pelos contatos que tenho dentro da instituição. Ou seja, posso afirmar que a polícia só age dessa forma truculenta, com toque de recolher, determinando quem tem que morrer ou não quando ela tem que dar resposta como ela deu resposta no dia da morte do Cabo Pety.[443]

O relato acima reforça a ideia de retaliação contra o assassinato de um policial. Apesar disso, há que se diferenciar as situações fora de serviço com as possibilidades de ação em serviço com as seguintes características, como pontua a Defensoria Pública ao recordar da Chacina do Pavilhão 9, uma das torcidas organizadas do Corinthians, em São Paulo. Em relação a ocorrência de chacinas, o que você tem observado de diferente nesses episódios que você conhece?

> Em geral é o padrão. Tem esses casos, do pavilhão que tem alguma vingança pessoal no meio, mas em geral não é vingança pessoal, é retaliação por alguma quebra de acordo ou alguma represália porque algo aconteceu contra algum PM na área ou algum outro que é roubado e aí eles matam a esmo, né, sem se preocupar. Matam a esmo, não procuram alvo certo, né, como uma forma de impor condições de terror com anúncio prévio ou toque de recolher. No caso do pavilhão teve abordagem mesmo.[444]

Na narração da defensora pública, importante diferenciar que um alvo privilegiado de ações violentas era prática comum de grupos de extermínio ou esquadrão da morte no sentido de se buscar uma higienização social como centro da ação. São exemplo de ação com agentes estatais fora de serviço. Nos últimos anos, as ações têm se reforçado nessa configuração de expressão de força ou interesses

---

443 ALEPA, Relatório da CPI, 2015, p.83-84.
444 Entrevista na Defensoria Pública de São Paulo em 26.10.2015.

econômicos que se mesclam com outros grupos caracterizados como milicianos ou alguma relação econômica eventual.

As barreiras mencionadas sobre mortes com policiais em serviço se repetem, quando o policial é identificado no grupo de extermínio ou milícia, porém nas atividades fora de serviço, as dificuldades são maiores na identificação de autoria, condição fundamental para a ação penal. O dever de resposta do Estado para com o direito à vida e o dever de investigação permanecem, porém a responsabilização por agentes do Estado fica comprometida sem a identificação dos autores. Por outro lado, quando existe a identificação do agente, os policiais com atividades fora de serviço são tratados como envolvidos em problemas a partir da sua vida privada.

Ao se questionar se existem situações em que não é ação em serviço, mas que os policiais são envolvidos ou acusados em homicídios, o Corregedor de Polícia do Estado do Pará respondeu com a seguinte distinção entre serviço e fora de serviço:

> Existe. Só que isso aí é da vida particular deles. O que acontece? Homicídio eles podem cometer, isso é apurado também, só que não é muito. (...) Não. Isso aí não. Teve uma chacina aqui em 2000 e... ano passado. Aí fizeram várias acusações contra a PM, e nenhuma investigação no inquérito apontou que policial fardado tenha participado. Os policiais que estavam lá era para garantir a segurança das pessoas. Não houve participação, isso é ponto pacífico. Agora, se houve participação de policiais militares de folga, isso aí tem que ser provado.[445]

Para identificação de autoria a prova fundamental é a testemunha! cujo o principal problema é o medo por retaliações desses grupos ou policiais. O ingresso em programas de proteção como única resposta a essas situações não favorece o acolhimento da prova testemunhal, uma vez que a proteção no programa tem a duração do processo e propõe modificações na vida das testemunhas, que por vezes preferem recuar.[446] Além de ameaças diretas, outras práticas constrangedoras, como a própria presença de viaturas na frente de casas de testemu-

---

445 Entrevista na Corregedoria de Polícia em Belém em 16.10.2015.

446 Entrevista realizada no Ministério Público do Pará em 16.10.2015. Entrevista realizada na Defensoria Pública do Pará em 13.10.2015.

nhas e familiares, devem ser consideradas como parte do problema [447]. Esse padrão na coleta de provas ganhou um novo elemento: o uso de novas tecnologias. Em episódio em novembro de 2014 em Belém, a relação do envolvimento de policiais com o crime é a linha de investigação a partir de áudios que circularam por aplicativo de celular sobre a indignação[448] com a morte de um policial licenciado no bairro em que morava e a necessidade de uma "reação". de acordo com as postagens em redes sociais. [449]

Uma Comissão Parlamentar de Inquérito sobre Milícias foi criada na Assembleia Legislativa do Estado do Pará após uma sequência de assassinatos em área periférica da cidade de Belém com autoria atribuída a grupo de extermínio ou milícias.

De acordo com depoimento registrado no relatório da CPI sobre atuação de grupos de extermínio e de milícias no Pará (2015), a relação entre redes sociais e a ação violenta foi:

> Belém viveu uma noite de execuções, terror e medo, na última terça-feira, 4, e madrugada da quarta-feira, 5. Tudo começou após a execução do cabo Antônio Marcos da Silva Figueiredo, conhecido como Cabo Pety, da Ronda Ostensiva Tática Metropolitana (Rotam) da Polícia Militar, quando diversos áudios, vídeos e páginas de pessoas apontadas como militares passaram a convocar a tropa para ir às ruas fazer "uma limpeza" na cidade e revidar a morte do colega de farda. O pânico tomou conta das redes sociais. Foram muitos os relatos de moradores dos bairros periféricos da Terra Firme, Guamá, Jurunas e Canudos, entre outros, sobre o barulho de tiros e o medo de saírem de suas casas. Inclusive, recebi vários pedidos de socorro no meu WhatsApp. A cidade ficou sitiada. Pela manhã, o governo do estado confirmou oito mortes na madrugada, além do Cabo Pety, mas, dois dias depois, a chacina fez a sua 10ª vítima, um deficiente mental ferido à bala, que estava hospitalizado.

---

447 Entrevista realizada no Ministério Público do Pará em 16.10.2015.
Entrevista realizada na Defensoria Pública do Pará em 13.10.2015.

448 BBC. #BBCtrending: The murdersthatfollowed a WhatsApp curfew. Em 10.11.2014. Disponível em:<http://www.bbc.com/news/blogs/trending-29952426>. Acesso em 09.04.2016.

449 Entrevista realizada no Ministério Público do Pará em 16.10.2015. Entrevista realizada com profissional de direitos humanos em 20.10.2015.

(...)
Vimos na noite do último dia 4, perfis nas redes sociais (Facebook) de policiais militares, como o do Sargento ... "convocou" os colegas de farda para "dar resposta" ao assassinato de Pety no Guamá. E ele não foi o único. Durante a madrugada, enquanto acontecia a caçada humana nas ruas de Belém, outra associação de representação dos PMs no Pará postou, em seu perfil no Facebook, as fotos sangrentas de homens assassinados com o texto demonstrando o que acontece com quem mata policial.[450]

Em São Paulo, a Defensoria Pública identificou caso semelhante em que a comunicação entre os agentes de crime foi conhecida a partir de áudios: "inclusive tem uma investigação aqui em Carapicuíba que o WhatsApp é material de prova."[451]

Uma das perguntas iniciais na pesquisa era sobre quais mudanças esses profissionais tem percebido na prática do que se identifica por execução sumária. Nesse sentido a representação da sociedade civil em Belém posicionou a questão a partir de um episódio em 2014, publicamente divulgada como Chacina da Terra Firme, para afirmar que os alvos dessas ações mudaram. "O que mudou? Eu acho que a prática não mudou, a prática ela continua, ela pode estar sendo rastreada por outros nomes, por outras situações."[452]

A atuação clássica de grupos de extermínio na cidade é assassinato de adolescentes, moradores de periferias, com passagem pelo sistema socioeducativo. A forma de atuação do grupo trouxe novos elementos que fundamentaram a existência de milícias na região e a atribuição das mortes a grupo de milicianos.

O episódio violento em Belém agregou os seguintes elementos sobre uma mudança no alvo dessas ações:

> (...) então, qual foi assim a grande surpresa da população, uma parte da população e para nós como militantes da área é que dessa vez o alvo foi aleatório, então quer dizer foi depois a mesma coi-

---

450 ALEPA, 2015, p.8-9
451 Entrevista na Defensoria Pública de São Paulo em 26.10.2015.
452 Entrevista com profissional de direitos humanos em Belém em 20.10.2015.

sa que aconteceu praticamente em Manaus, a mesma coisa que aconteceu praticamente depois em São Paulo, não é, e a gente vê isso sendo reproduzido, então, quer dizer, antes o que era o alvo deles, que era os meninos de sócio educação, é, reclamações de comerciantes que diziam "Olha, Fulano está dando trabalho", o pessoal trafica, furtos, crimes ou situação de vingança realmente em que o policial age como particular, como milícia em que ele é contratado para fazer esse serviço; no caso da chacina, como houve esse assassinato desse cabo muito famoso, o Pet teve, ele era muito considerado aqui no Guamá, pela própria população, então ele mesmo estando doente, não trabalhando diretamente mais na polícia, ele tinha muito envolvimento (...)[453]

Ainda em 2015, quando da realização deste levantamento, o assassinato dos jovens em novembro de 2014 ainda estava sob investigação. Com isso, era possível escutar que não se poderia afirmar que a situação tratava-se de crime com envolvimento de policiais. Apesar disso, o episódio teve uma repercussão para além da responsabilização individual com a abertura da CPI, meses depois do crime. Isto é, o reconhecimento do problema com a afirmação de que existem grupos de milicianos na cidade, com a identificação de três grupos que atuam com participação de policiais, tanto como membros orgânicos quanto eventuais autores de serviços.

---

453 Entrevista com profissional de direitos humanos em Belém em 20.10.2015.

5

SÍNTESE CONCLUSIVA

Escuta-se cotidianamente a afirmação de que "direitos humanos são muito bonitos no papel" posição que se traduz na máxima de que a prática de direitos humanos é diferente da sua teoria. Sob esta conclusão indaga-se, também, se as recomendações da Organização das Nações Unidas (ONU) sobre execuções sumárias para o Brasil foram efetivamente realizadas. A afirmação e a indagação desconsideram as dificuldades e os processos necessários para a implementação de um direito. Expressam uma visão de trabalho com os direitos humanos que atenta exclusivamente para o resultado, como se o direito fosse mero produto.

Uma resposta negativa ou positiva para saber se as recomendações da ONU ao Brasil se realizaram é insuficiente para uma perspectiva analítico-crítica de estudo em direitos humanos. Com base nesta percepção, as perguntas da pesquisa foram formuladas sob o entendimento de que os direitos humanos dependem de uma ação sistemática do Estado para a sua realização, partindo da concepção de como a prática delineia o exercício e a garantia do direito. No caso de mortes, informar apenas número de mortes ou sobreviventes não expressa a diversidade de elementos que ao Direito interessa.

Esta pesquisa de Doutorado considerou a categoria políticas públicas como chave para se delimitar a inserção das recomendações da ONU na prática estatal a favor dos direitos humanos, somado à necessidade de indicar uma capacidade institucional do Brasil para se relacionar com as recomendações da ONU sobre execuções sumárias, arbitrárias ou extrajudiciais, e analisar critérios mínimos para a realização dos direitos humanos no Brasil para uma prestação de contas frente à sociedade brasileira bem como um diálogo qualificado frente aos organismos internacionais de direitos humanos, tal qual a ONU.

Essa foi a linha condutora deste estudo, assumida após uma reflexão inicial em estudo de mestrado, ocasião em que se realizou um levantamento do conjunto de recomendações ao Brasil para assim focalizar nas recomendações da Relatoria Especial da ONU sobre Execuções Sumárias, Arbitrárias ou Extrajudiciais, resultado de visita ao Brasil.

A pesquisa desta vez considerou também os relatórios temáticos da Relatoria da ONU sobre Execuções Sumárias, Arbitrárias ou Extrajudiciais, especificamente sobre proteção da vida em operações de manutenção da ordem com ênfase nas modificações legislativas pelo Estado e que retoma o tema uso da força durante manifestações pacíficas e uso da força durante a prisão.

Pontua-se que a relação entre execuções sumárias e políticas públicas logo remete o tema a duas situações: (i) ações do Estado para evitar assassinatos com envolvimento e autoria de seus agentes; (ii) ações do Estado para garantir a responsabilização dos envolvidos no crime de homicídio. O problema das execuções sumárias não é de responsabilidade exclusiva das instituições policiais. Se acreditarmos no contrário, trata-se de um olhar que mantém o foco exclusivo na perspectiva da perda arbitrária da vida, e negligencia o dever de resposta por meio da investigação, responsabilização e reparação que é a dimensão processual do direito à vida.

Reafirmaram-se aqui essas duas respostas como importantes e problematizou-se uma terceira situação: (iii) ações do Estado que são organizadas de forma a desconsiderar direitos e garantias individuais e a reforçar discriminações, o que se configura como uma violação de direitos humanos. Essa terceira possibilidade explicitou a necessidade de sistematizar critérios sobre a ação estatal, tanto para políticas públicas como para as respostas que se pautam na estrutura normativa brasileira. Tal possibilidade reforça a ideia de que qualquer política pública não pode colocar em risco os direitos já positivados. Tais direitos são os únicos recursos dos quais um cidadão está munido para enfrentar uma situação de risco ou violação na ausência de políticas sistemáticas de direitos humanos.

A dimensão individual dos direitos humanos convive com proposições e realização de políticas públicas para além do direito como fim – a exemplo do direito à segurança, – o que inarredavelmente remete ao conceito de "garantias de direitos humanos". Aqui está a razão do título da tese ser Políticas Públicas e Garantias de Direitos Humanos.

A aproximação entre políticas públicas e as recomendações da ONU foram trabalhadas no capítulo segundo deste estudo e considerou as relações raciais como um elemento forte para a análise das políticas de segurança pública na medida em que se busca compreender processos de exclusão. Além de afirmar os desafios de se pensar em uma política de direitos humanos em um momento de inversão de paradigmas no que diz respeito aos direitos a serem promovidos e respeitados pelo Estado a partir de uma nova perspectiva atribuída aos processos de redução da intervenção estatal, a qual se difunde sob a expressão globalização e neoliberalismo. Isto é, ao se falar em, outros termos, em um "enxugamento" da máquina estatal no que diz respeito aos direitos sociais, a exemplo da saúde e da educação, o inverso ocorre na segurança pública que busca maior eficiência a partir de medidas ostensivas que atingem os grupos apartados das políticas sociais, não mais reconhecidas como privilegiadas pelo modelo de Estado.

Na sequência, o capítulo terceiro apresentou as recomendações da ONU como expectativas de ações da ONU para o Brasil, pautado em compromissos reconhecidos em tratados de direitos humanos e na legislação brasileira. Embora o mecanismo de relatoria da ONU fundamente o seu mandato na Declaração Universal de Direitos Humanos e não em um tratado específico, além do fato de o Brasil considerar os direitos humanos como parte do seu ordenamento jurídico, a prática de direitos humanos não está condicionada a apenas um documento internacional.

Por fim, o quarto capítulo se concentrou em sistematizar temas e análises com base nas entrevistas realizadas com servidores públicos no Ministério Público, Defensoria Pública e Corregedoria de Polícia, além de entrevista com duas pessoas atuantes da sociedade civil organizada. Ao total, foram sete entrevistas realizadas, sem identificação individual dos entrevistados, pois o conteúdo do material foi tratado como parte de uma prática institucional a partir do cargo em que ocupam.

Em síntese, podemos agrupar as conclusões em alguns temas e ideias fundamentais:

i. As execuções sumárias se diferenciam de homicídios entre civis quanto aos procedimentos adotados e quanto aos agentes envolvidos (agentes estatais como policiais, agentes penitenciários, operadores de segurança e justiça). Esses elementos reforçam uma noção de informação qualitativa que na ausência inclusive de dados estatísticos quantitativos, corre risco de ser uma prática invisibilizada ou distorcida quanto ao seu resultado: um assassinato.

ii. O trabalho sobre execuções sumárias, além de abordar ações do Estado para enfrentar homicídios, considerou a possibilidade de formas oficiais de o Estado brasileiro responder à violência excessiva e letal praticada contra civis. Essa ação organizada na base de uma política de Estado se diferencia de ações decorrentes da intervenção policial, sob o argumento de um comportamento desviante perante os princípios da corporação. As duas situações necessitam ser exploradas por trás dos números sobre lesão ou morte em confronto por parte da organização das atividades do Estado.

iii. Reforçar o que seria para alguns uma obviedade para uma democracia – garantias de direitos humanos, justifica-se em razão da hipótese de ações organizadas e estruturadas no centro da política de segurança pública. Todas as ações do Estado devem estar em permanente atenção, porém atualmente, o programa Unidade de Polícia Pacificadora reforça tal preocupação. Procedimentos demasiadamente abertos favorecerem o abuso e excesso de força, em que as execuções sumárias são uma forma de expressão. Outras referências são os episódios conhecidos por uso de armas de menor letalidade (spray de pimenta, gás e bala de borracha) ou em decorrência da abordagem durante a prisão.

iv. A aproximação entre execução sumária e prisão foi considerada. Prender para não matar é diferente de deter para apuração de crime. Quando não se efetiva um sistema de justiça, a prisão está mais relacionada a outra forma de punição sem julgamento, um "sentenciamento" que em nada se coaduna com a visão de que o policial não detém poder de julgamento da ação criminosa, apenas tem o poder de prisão. Essa percepção impacta o instituto "auto de resistência", que evidencia um erro no uso da força com resultado em morte, mas também um erro nos procedimentos para detenção.

v. Chacinas, grupos de extermínio e milícias. O assassinato de grupos não é novidade no país e é recorrente nos relatórios da ONU. No entanto, tanto o perfil das vítimas quanto a forma de atuação e organização desses grupos tem se modificado. Ainda incluem agentes estatais. A modificação está no afastamento de motivações ideológicas, como higienismo social, e maior aproximação com oferecimento de serviços. Quanto a articulação, a mobilização por redes sociais é uma ferramenta nova.

vi. O tratamento de assassinatos de agentes estatais em serviço e fora de serviço é confuso. Episódio da vida privada em que um policial possa se exaltar e sacar uma arma contra um motorista no trânsito, não se compara com uma acusação de um policial envolvido em grupo de extermínio ou milícia. A segunda opção implica diretamente no favorecimento de relações de poder, no acesso às informações privilegiadas e na hipótese de contato com equipamentos de uso exclusivo a beneficiar grupos ilegais. A questão é da maior seriedade, e ainda é um assunto tabu.

5.1. ONU E POLÍTICAS PÚBLICAS: UM SENTIDO PARA AS RECOMENDAÇÕES SOBRE EXECUÇÕES SUMÁRIAS

A visita de relatores ao país é o método de trabalho dos procedimentos especiais do Conselho de Direitos Humanos que gerou as recomendações que são objeto desta tese. Neste procedimento, são considerados os encontros do *expert* com autoridades brasileiras, especialistas e testemunhas ou familiares de vítimas. Com base nas informações levantadas, as medidas indicadas pela ONU focalizam o problema dos assassinatos e seus métodos no campo ou na cidade. Tal indicação fica como uma reflexão do âmbito interno como é de *práxi* da relação entre ONU e Brasil, faz parte dos limites do monitoramento internacional dos direitos humanos, tal qual ocorre também nas recomendações da Comissão Interamericana em casos paradigmáticos.

As organizações de monitoramento internacional de direitos humanos, ao final dos estudos e visitas, não explicam os procedimentos necessários para a realização das medidas sugeridas nas recomendações. Essa característica do tratamento dos direitos humanos pelos organismos internacionais reforça a noção de que outras tarefas ficarão aos "tradutores" nacionais, justificando assim esta pesquisa em Direito. Tais tarefas buscam meios para dar concretude aos direitos humanos, especificamente em relação aos episódios de execuções sumárias. Políticas públicas são uma categoria de análise que engloba um conjunto de ações estatais a enfrentar mortes por agentes do Estado no Brasil e para fortalecer instituições que atuam na rede de segurança e justiça.

O estudo das recomendações da ONU a partir da missão realizada no Brasil permitiu sistematizar a questão sob duas dimensões do direito à vida: (i) perda arbitrária da vida, com envolvimento de um contexto brasileiro no âmbito urbano e rural, com ênfase em policiais em serviço, policiais fora de serviço e morte sob custódia. (ii) prestação de contas e consequente responsabilização dos perpetradores.

As recomendações ao Brasil reconhecem a existência de uma estrutura a serviços dos direitos humanos ou pelo menos com a missão de apoiar sua efetividade. É diferente de dizer que devemos começar tudo de novo, ou que devemos esperar uma reforma profunda para que mortes sejam evitadas. É reconhecido que estamos falando do funcionamento de estruturas estatais num contexto amplo de uma missão em prol da efetividade de direitos humanos. Tal base institucional já se encontra instalada anteriormente às visitas da ONU ao Brasil. Não podemos concordar que o direito à vida (em outras palavras, de se estar vivo) esteja condicionado a reformas de longo prazo, mas sim a atuação das instituições públicas.

Hoje no Brasil, está posto um debate sobre reforma das polícias, o que implicaria inclusive a desmilitarização da polícia ostensiva. Embora essa proposta, conteúdo de recomendações internacionais ao Brasil, seja indispensável para avançar ao modelo mais próximo do regime constitucional pós-88, bem como o fim do que se conhece por "auto de resistência", não se pode vislumbrar o fim absoluto de mortes de civis. Ao mesmo tempo, outras questões como acesso à prestação jurisdicional e sobre como as instituições públicas tratam as execuções sumárias permanecem.

Quando o levantamento inicial foi realizado em 2010, as ações sugeridas foram localizadas também nas decisões da Comissão Interamericana de Direitos Humanos sobre casos contra o Brasil – Eldorado dos Carajás, Corumbiara, Carandiru, Parque São Lucas, Wallace de Almeida, Jailton Neri entre tantos outros de igual importância – e nas análises de outros procedimentos temáticos da própria ONU – Relatoria Especial sobre defensores de direitos humanos, tortura, independência de juízes e advogados, direito à alimentação, povos indígenas e detenção arbitrária. Atualmente, dentro do debate público brasileiro, as conclusões dos trabalhos da Comissão Nacional da Verdade (2014) e da Comissão Parlamentar de Inquérito da Câmara dos Deputados sobre violência contra jovens negros e pobres (2015), também como recomendações, indicam explicitamente as mesmas medidas apresentadas pelos especialistas que estiveram no Brasil – Asma Jahangir em 2003 e Philip Alston em 2007. Nota-se assim que as recomendações da ONU não estão isoladas e configuram-se enquanto conteúdo, como referência ainda atual.

As recomendações apresentam orientações para ações aos Poderes Executivo, Legislativo e Judiciário, no âmbito estadual e federal, em distintos âmbitos e competências. Frise-se a pluralidade de responsabilidades para que não se cogite a ideia de que a questão é apenas "um problema de polícia". Embora se fale que esses homicídios se conectam com a ação dos agentes públicos no exercício do poder de polícia, as respostas esperadas não são da alçada restrita da Segurança Pública.

A interação do Brasil com o sistema internacional de proteção dos direitos humanos a partir de uma advocacia de interesse público é recente. Pode-se afirmar que seu albor tem como marco o ano de 2000. A literatura sobre as decisões oriundas do sistema interamericano (Comissão ou Corte) ao Brasil demonstra que um litígio se propõe a diferentes finalidades a partir de um caso específico. As recomendações da ONU encontram um processo diferente na elaboração de conteúdo para o Brasil, porquanto focalizam na ação sistemática de violações de direitos humanos com base em um conjunto de casos e ações das instituições nacionais. Essa característica das recomendações da ONU – reforçar conteúdos de dimensão coletiva – aproxima o estudo do direito. Trata-se, portanto, de questionar os espaços, formas e estratégias de ação do Estado que se apresenta com diferentes níveis. Podemos afirmar que identificamos explícita referência às recomendações de Philip Alston nos principais documentos no período estudado sobre uso da força, fim do auto de resistência e controle externo da polícia. Esses três temas ganharam mais força na agenda de direitos humanos e execuções sumárias. Por outro lado, no mesmo período o governo brasileiro rejeitou publicamente no Conselho de Direitos da ONU a recomendação que menciona a desmilitarização da polícia militar, enquanto outras iniciativas de militarização no país foram intensificadas e desafiam novas pesquisas.

5.2. PESQUISA E CONCEITOS DE DIREITOS HUMANOS

"Execuções sumárias, arbitrárias ou extrajudiciais" é expressão que dá título a um procedimento temático da ONU sobre monitoramento de direitos humanos. Essa expressão não responde precisamente sobre do que se tratam esses assassinatos a ponto de chegarem a uma instância internacional. Não existe uma definição em tratado internacional, mas existem critérios que permeiam a prática assim classificando-a como uma grave e sistemática violação de direitos humanos. E como tal, não sobrevive sem um contexto que a envolve, indicando quem são os agentes e em quais circunstâncias a morte ou a ameaça à vida ocorre.

A compreensão do conceito de execuções sumárias por si afasta as possibilidades legais de uso da força, como a legítima defesa e os riscos que um agente de segurança possa estar submetido a partir de uma situação concreta. É necessário associar situações reais de uso da força com uma avaliação segundo elementos precisos para diferenciar essas mortes de homicídios entre civis. O nosso trabalho de pesquisa com o direito como campo de conhecimento, considerou essa ausência de definição como um elemento de aproximação com a prática.

A atividade policial é de risco pela sua configuração e missão institucional, porém, ao mesmo tempo, é autoridade detentora do uso da força na sociedade, o que justifica tantas análises e questionamentos sobre a ação letal da polícia. Faz parte do processo democrático e da relação entre cidadão e Estado em qualquer sociedade. Os episódios de mortes por agentes do Estado, configurados como execuções sumárias, consistem em uma grave violação de direitos humanos. "Grave violação de direitos humanos" é um conceito que foi assumido de forma explícita pela legislação brasileira com a criação do Instituto de Deslocamento de Competência ou "federalização de crimes de direitos humanos". Explicitamente porque o ordenamento jurídico brasileiro, antes da Emenda Constitucional n. 45/2004, já tratava de uma "grave violação de direitos humanos" nos casos conhecidos de tortura ou de execuções sumárias. Além disso, o conceito de grave violação de direitos humanos para o Brasil já é conhecido a partir da análise de casos na Comissão Interamericana e no Sistema ONU. Essa questão é importante para a teoria dos direitos humanos, sobremodo, para os assassinatos que se apresentam como execuções sumárias, arbitrárias ou extrajudiciais. As fragilidades na investigação e processamento dessas mortes compõem uma dimensão do problema execução sumária, da proteção e garantia do direito à vida. Dessa maneira, a justiça brasileira, quando suscitado o incidente, passou a ter atribuição para, por exemplo, identificar um homicídio como execução sumária (marcado por relações de poder desiguais entre perpetrador e vítima) ou outra violação de direitos humanos com envolvimento de agentes públicos.

Embora os questionamentos das recomendações da ONU sejam sobre as instituições públicas e suas ações, não significa que a conduta individual do servidor público, quando do uso excessivo na força, abuso de autoridade ou ainda violência, esteja isenta de responsabilização administrativa ou criminal. As falhas na responsabilização individual são a justificativa comum para a admissão de casos contra o Brasil na Comissão e Corte Interamericana de Direitos Humanos, que ao emitirem suas decisões, acabam por tocar em políticas públicas também como respostas preventivas a novas condutas individuais.

5.3. NÃO-MORTE E USO DA FORÇA: ATUAÇÃO POLICIAL EM MANIFESTAÇÕES

A "execução sumária" remete à ideia de morte, contudo a atuação do Estado em matéria de Segurança Pública faz-se por diversas ações que podem atingir ou ameaçar a integridade física e as garantias de defesa, sem ceifar a vida, ações estas que envolvem os mesmos sujeitos institucionais no caso de uma morte por execução sumária. Ilação que conduziu esta pesquisa para ações estatais que não somente homicídios. Noutras palavras, este estudo se preocupou com a morte e também com a não-morte. Fala-se em ameaças porque tanto as recomendações sobre o tema como a própria relatoria da ONU, têm como objetivo a proteção do direito à vida, exigindo assim ações que antecedam uma intervenção letal.

Nesse contexto, optamos por incluir na investigação a atuação policial em reuniões pacíficas, pondere-se, primeiro, que nestas ocasiões a atuação estatal aparentemente não é concebida como uma ameaça à vida e, segundo que o uso de armas menos letais não é suficiente por si para repelir práticas violentas. O Brasil recentemente presenciou movimentações sociais nas ruas, em que o aparato policial foi mobilizado, exigindo assim a máxima atenção quanto ao uso da força.

Dois episódios foram tratados neste trabalho: protestos em São Paulo em 2013 e manifestação em 2015, de 200 professores em frente à Assembleia Legislativa em Curitiba. Nessas manifestações em espaços públicos, o uso de bala de borracha, *spray* de pimenta, gás lacrimogêneo e outros métodos de baixa letalidade ganharam proporções que não podem ser ignoradas e coincidiram com o período do debate na ONU sobre o direito ao protesto e o uso da força por agentes de segurança nessas situações.

A aproximação da reflexão entre os episódios de uso da força em manifestações e as execuções sumárias levou a percepção de que: (i) atuação judicial nas ações sobre protestos apresenta uma perspectiva coletiva na política pública; (ii) embora se afirme que "bandido bom é bandido morto" diante das ocorrências de morte por ação estatal, não é essa premissa que determina a ação abusiva do Estado, pois, em relação às manifestações existe um forte interesse com o conteúdo da reivindicação; (iii) as mortes caracterizadas como execuções sumárias ocorrem em espaços distantes da documentação (vídeos, fotos, depoimentos nas redes sociais) com priorização da prova testemunhal e todos os riscos que já foram mencionados até o momento neste trabalho; (iv) há uma ênfase em responsabilidade individual dos policiais identificados ou das autoridades que tomaram a decisão; (v) a atuação policial no uso da força em manifestações apresenta procedimentos que colocam em questão a avaliação da necessidade e proporcionalidade do uso da força pelos agentes de segurança, mesmo diante da fundamentação da preservação da ordem pública.

Embora exista a normativa constitucional sobre a proteção de direitos fundamentais, como vida e integridade física, não significa que a política pública esteja livre de planejar ações institucionalmente sobre determinado aspecto da ação da administração pública. Essa necessidade normativa não se fundamenta apenas pela lógica de que não existe uma legislação nacional que incorpore os princípios de direitos humanos sobre uso da força por agentes de segurança. Essa demanda normativa se fundamenta pela imposição de uma organização da ação estatal – elemento privilegiado pelo ciclo da política pública – com base na configuração da letalidade policial como um problema.

5.4. VISÃO RESTRITA SOBRE O PROBLEMA: MORTE COMO RESULTADO DE UMA CONDUTA INDIVIDUAL

A morte que se apresenta como uma execução sumária se diferencia de um homicídio simples, primeiramente por envolver uma relação de poder e vantagem do agente em relação à vítima. Essa relação é fortemente marcada pela presença do Estado, que dispõe do uso legítimo da força para proteger seus cidadãos, bem como dos meios de prevenir crimes e ainda "solucioná-los". Em todo o momento em que se rechaça moralmente a morte de um civil por um agente estatal, não se questiona que existem poderes institucionais que autorizam disparos de arma de fogo contra um civil. A questão principal está nas razões e critérios utilizados pelos agentes estatais para deliberar sobre a força letal e ainda como uma decisão do Estado no âmbito de uma política pública. Vale dizer que mesmo com uma normativa enriquecida com parâmetros sobre disparo de armas e outras formas de uso da força, ainda assim existirá uma margem de decisão para o agente de segurança, que lida com a situação de risco e a avalia. Com isso, a responsabilidade individualizada do agente público permanece. Em outras palavras, mesmo que se afirme uma política estatal a favor das execuções sumárias, a discricionariedade individual sobre os riscos que justificam o disparo de arma são do policial, por exemplo, em caso de "morte por resistência à prisão".

Quem deflagrou a força e como isso ocorreu, é uma pergunta recorrente diante de um homicídio que se configura como uma execução sumária. Essa resposta deveria vir com a investigação policial, e esta, até o momento da sistemática processual penal brasileira, depende do inquérito policial, da coleta de provas e de elementos que fundamentem a ocorrência. Aqui se encontra uma forte barreira institucional: os autos de resistência, isto é, os inquéritos formulados registram uma única versão dos acontecimentos que possam justificar a necessidade e a proporcionalidade do uso da força, qual seja a "resistência à prisão, seguida de morte". As pesquisas que analisam os inquéritos policiais, afirmam que a "vida pregressa" da pessoa da vítima é comumente detalhada nos autos, reforçando a periculosidade da ação policial.

Assim concluiu o Relator Philip Alston após escutar o Secretário de Segurança do Rio de Janeiro, sobre questionamentos acerca da Operação Complexo do Alemão em 2007. Este foi um exemplo de episódio em um Estado da Federação, portanto, essa percepção não pode ser encarada como pontual e restrita ao Rio de Janeiro.

Com base nessa narrativa, entendemos que é importante o relatório da ONU sobre uso da força durante a prisão. Esse relatório colaborou com a percepção de que o auto de resistência não é o problema central e sim como se decide sobre o uso letal da força. De acordo com os relatórios sobre o Brasil, além de análises sociais sobre a matéria, a ênfase na decisão é o antecedente criminal, a ação antecedente à razão da "perseguição" policial.

Ao considerar o disparo de arma de fogo fora de critérios objetivos e legais, se está diante da concepção de perda arbitrária da vida, elemento que reforça a expressão "execuções sumárias, arbitrárias ou extrajudiciais" como um conceito de direitos humanos. Quais critérios são utilizados? Com base no fato ou na pessoa do agente? O perigo iminente foi caracterizado pelo momento da prisão, pelo crime antecedente ou pela pessoa do suspeito ou investigado? Essas e outras perguntas devem ser respondidas e comprovadas para que a hipótese de perda arbitrária da vida seja afastada, bem como o racismo seja enfrentado pelas instituições envolvidas. O racismo, ao se considerar o perfil predominante de pessoas atingidas por esses métodos, favorece a percepção de que a ação da pessoa acusada de crime também não definiu o uso da força.

Existem sistemas jurídicos no mundo em que o antecedente pessoal do acusado ou o perigo futuro são os elementos de condução da ação policial. Esse não é o caso brasileiro. Não é uma prática que se coaduna com os princípios de direitos humanos, pois o agente de segurança estaria executando uma pena em vez de conduzir o civil ao julgamento por uma instância competente. Isso em tese, pois segundo as pesquisas sobre políticas criminais, o número de prisões não tem se deflagrado em um julgamento ágil, refletindo um número expressivo de prisões provisórias. A detenção não se concretiza em prestação jurisdicional e esse problema de direitos humanos permanece como um problema atribuído às forças policiais. Mesmo assim, a função policial para o uso da força seguiria limites, mesmo sem ainda avaliar os elementos de legitimidade da ação de prisão, posto que critérios como lugar de moradia e raça parecem ser mais fortes do que a configuração de um delito.

Ao se afirmar elementos que caracterizam a vítima a quem esses critérios estão direcionados, o auto de resistência se afirma como um problema de ordem de classe e raça. Outra dimensão coletiva do tratamento da questão não condiciona o problema à atuação individual de quem redige o auto de resistência ou quem presta as informações a partir da perspectiva de quem efetuou os disparos. Considera-se uma perspectiva do Estado, posiciona a insuficiência do fim do instituto "auto de resistência" para a busca por uma reflexão que é antecedente: atirar primeiro e perguntar depois.

Para tanto, a adoção de parâmetro sobre uso da força é uma variável que separa a ação individual de uma ação organizada do Estado, que não atuaria sob formulações amplas e genéricas.

O auto de resistência é visto como uma barreira para o prosseguimento da investigação e, consequentemente, a negação do direito à prestação jurisdicional que se conecta à perda da vida. A questão ganha outros contornos no âmbito civil. Nas ações indenizatórias, a responsabilidade objetiva resulta na inversão do ônus da prova, deixando o Estado em situação que o impossibilita de comprovar que a morte faz parte de uma conduta legal do agente público. Essa experiência de levar as ações de familiares de vítimas para a esfera civil foi uma das conclusões permitidas pelas entrevistas realizadas. Embora seja um caminho para responder às vítimas, pode ser visto como mais uma evidência de falha na organização da ação estatal em casos de uso da força.

O racismo surge aqui atrelado à ideia de que as características pessoais da vítima de homicídio (aparência, local de moradia) foram o elemento primordial da ação letal. Além disso, a pessoa da vítima não poderia ser a ênfase na defesa do uso da força, e sim as ações desprendidas e comprovadas no momento da prisão, mesmo que parte da opinião pública alimente a máxima "bandido bom é bandido morto".

O caminho trilhado para chegar a esses questionamentos objetiva afastar a discricionariedade do agente público no uso da força letal, e ainda refletir sobre tema bastante atual no debate público sobre segurança pública: o fim dos autos de resistência.

Na hipótese de uso legítimo da força para com o suspeito, falta um segundo momento que está prejudicado com a prática de registros de "auto de resistência" e posterior arquivamento. Assim, o fim do auto de resistência atingiria de imediato essa necessidade de *accountability*, mas não asseguraria o primeiro momento: perda da vida. Considere-se que o auto de resistência é, além de uma barreira para efetiva apuração do homicídio, uma forma institucionalizada da prática de um excesso de uso da força pelo agente público, porém sem as consequências que um regime democrático de direito exige, qual seja, a prestação de contas. O uso da força pela polícia permanece com o fim do documento "auto de resistência" e com ele, seus critérios. Em virtude disso, acrescenta-se ao problema das barreiras na investigação um segundo ponto: a discricionariedade para julgar o suspeito ou autor de crime.

Com base nos relatos sobre o emprego do auto de resistência na prática policial, tanto nos relatórios da missão da ONU, quanto os elaborados no Brasil, bem como da *Comissão Parlamentar de Inquérito da Câmara dos Deputados sobre violência contra jovens negros e pobres* (2015), da *Comissão Parlamentar de Inquérito do Senado Federal sobre Assassinato de Jovens* (2016) ou ainda em análises sobre a construção de estatísticas sobre homicídios e segurança pública no país, o auto de resistência é uma evidência da prática violenta. Assim, extinguir a evidência não acabaria com a sua prática. Poderia representar a continuidade das mortes, que agora não estariam registradas ou ainda o surgimento de novos institutos, a médio e longo prazo, com a mesma finalidade do que hoje se conhece por "auto de resistência".

5.5. POLÍTICAS PÚBLICAS E GARANTIAS DE DIREITOS HUMANOS COMO RESPOSTA DO ESTADO

Perante uma denúncia de violação de direitos, existem diferentes níveis de resposta, mas nunca o dever de responder ao fato desaparece. Entendemos que todas as respostas são válidas, são informações sobre um contexto, são buscas pelos perpetradores da ação violenta ou ainda ações de médio e longo prazo que alcançam um patamar de política pública. As políticas públicas como resposta parecem ser uma demanda mais forte no sentido de prevenir violações a partir do funcionamento das instituições.

Entretanto, que tipo de resposta se busca em curto prazo até que uma política se institucionalize? Quando se justifica a ação estatal, não é mais uma resposta para o evento, é a própria política de Estado. Consideramos as respostas estatais como políticas públicas e garantias de direitos humanos. Como os direitos humanos se realizam? Em qual tempo? Por quem? Quais atribuições?

As recomendações são ações direcionadas ao Estado brasileiro, que consideram o contexto da prática das execuções com base em documentos, entrevistas e encontros com autoridades públicas. Embora o diálogo das Nações Unidas seja com o Estado brasileiro, representado pelo Chefe do Executivo, o conjunto de ações interfere e envolveria instituições do Legislativo, Judiciário, órgãos de Segurança Pública, não apenas no âmbito federal. Com base no relatório concluímos que:

a. O enfrentamento das execuções sumárias não pode estar condicionado a questões como disputas por terra;
b. Existem barreiras institucionais, como a militarização da polícia, mas não é tudo;
c. Um modelo de Estado e de sociedade pautado no extermínio do inimigo e no racismo deve estar em permanente vigilância, principalmente ao considerar escolhas mais amplas, como a priorização de investimentos em encarceramentos e força pública ao revés de outros direitos como educação ou moradia.

Na atual fase de pesquisa sobre as recomendações da ONU, buscou-se entender o potencial desse material nas políticas públicas brasileiras e como as recomendações poderiam ser encaradas tendo em vista o objetivo geral de proteção da vida. O modo como as esferas de governo se posicionam sobre direitos humanos e obrigações internacionais ou sistema internacional de direitos humanos, ainda é uma novidade. O foco não pode se limitar a ratificação de um tratado e a repetição de seu texto como argumento de autoridade eventual. É necessário assumir como se aplicar essas obrigações no cotidiano do Legislativo, Judiciário e Executivo. As recomendações da ONU podem alimentar um repertório de ação nessas instituições para além da demanda tradicional sobre litígio individual, em que a política pública seria uma das consequências difusas.

Isso depende também do grau de institucionalidade de um problema social tido como oficial, que exige atenção, organização, investimento e planejamento da ação estatal. A criação de uma estrutura administrativa no interior do governo, como uma secretaria de direitos humanos ou de promoção da igualdade racial, assim como o aperfeiçoamento dos marcos legais, visam articular a incorporação da perspectiva de direitos humanos em todas as políticas governamentais. Todavia, a criação de um órgão específico para tratar certas temáticas que são transversais, como direitos humanos, racismo e direitos das mulheres, não exime a pasta de segurança pública de pensar essas questões e agir pautada pelos parâmetros de ação estabelecidos pelo Estado.

No final de 2015, no contexto de uma crise econômica e política aguda que assola o Brasil, o governo federal apresentou modificações na sua estrutura organizacional que implicaram na extinção da Secretaria de Direitos Humanos, da Secretaria de Políticas de Promoção da Igualdade Racial e da Secretaria de Políticas para as Mulheres, todas vinculadas à Presidência da República, reunindo as temáticas no grande Ministério das Mulheres, da Igualdade Racial, da Juventude de dos Direitos Humanos, denominado vulgarmente de Ministério da Cidadania. A reorganização ministerial se deu através da Medida Provisória n. 696, de 02/10/2015, que foi convertida na Lei n. 13.2666, de 05/04/2016. Posteriormente, uma nova modificação reformulou a estrutura governamental com a submissão da pasta ao Ministério da Justiça, e não mais à Presidência da República.

Essas mudanças recentes afetam substancialmente a forma de organização do Estado em relação à agenda de direitos humanos, o que deverá ser considerado nos próximos estudos sobre a implementação de medidas indicadas pela ONU e OEA.

REFERÊNCIAS

ADORNO, Sérgio; BRITO, Eduardo M. Direitos Humanos e a pós-graduação. 2006. Disponível em: <www.dhnet.org.br>. Acesso em 30 abr. 2012.

―――. Discriminação racial e justiça criminal em São Paulo. *Revista Novos Estudos*, n.43, novembro, 1995.

ALCADIPANI, Rafael. Morticínio de Policiais. In: Fórum de Segurança Pública. Anuário de Segurança Pública 2014, ano 8. Disponível em: <http://www.forumseguranca.org.br/storage/download/anuario_2014_20150309.pdf>. Acesso em 10 abr. 2016.

ALMEIDA, A. Mendes. *O Papel da Opinião Pública na Violência Institucional*. Prepared for delivery at the 2009 Congress of the Latin American Studies Association, Rio de Janeiro, Brazil June 11-14, 2009. Disponível em: <http://www.ovp-sp.org/debate_teorico/debate_amendes_almeida2.pdf>. Acesso em 10 dez. 2013.

ALSTON, Philip. *The challenges of responding to extrajudicial executions*. Journal of Human Rights Practice, New York, n. 3, v. 2, 2010.

ALTEMIN, Antonio Blanc. *La violación de los derechos humanos fundamentales como crimen internacional*. Bosch Casa: Barcelona, 1991.

ALVES, Alaôr Caffé. *Dialética e direito: linguagem, sentido e realidade: fundamentos de uma teoria crítica*. Barueri, SP: Manole, 2010.

ALVES, J. A. *Os direitos humanos como tema global*. São Paulo: Perspectiva; Brasília: Fundação Alexandre de Gusmão, 2007. (Coleção Estudos).

ALVES, Lindgren J. A. *A Conferência de Durban contra o Racismo e a Responsabilidade de Todos*. Revista Brasileira de Política Internacional, vol. 45, n. 2, Brasília, 2002.

ARENDT, Hannah. *Homens em tempos sombrios*. Tradução de Denise Bottmann. São Paulo: Companhia das Letras, 1987.

ARENDT, Hannah. *Origens do Totalitarismo*. Tradução de Roberto Raposo. São Paulo: Companhia das Letras, 1989.

ARENDT, Hannah. *Eichmann em Jerusalém*. Tradução de José Rubens Siqueira. São Paulo: Companhia das Letras, 1999.

ANISTIA INTERNACIONAL. *"Eles usam uma estratégia de medo": proteção do direito ao protesto no Brasil*. London, 2014 (AMR 19\005\2014).

ANISTIA INTERNACIONAL. *Protestos durante a Copa 2014: Balanço Final*. Julho, 2014 (AMR 19\008\2014).

ANISTIA INTERNACIONAL. *Você matou meu filho: homicídio cometidos pela polícia militar na cidade do Rio de Janeiro*. AMR 19/2068/2015. Rio de Janeiro/Brasil: Anistia Internacional Brasil, 2015.

BASTIDE, Roger; FERNANDES, Florestan (orgs.). *Relações raciais entre negros e brancos em São Paulo*. São Paulo: Unesco/Anhembi, 1955.

BAXI, Upendra. Politics of reading Human Rights: Inclusion and Exclusion within the Production of Human Rights. In: MECKLED-GARCIA, S; ÇALI, B (eds). *The Legalization of Human Rights*. London: Routledge, p. 182-200, 2006.

BITTAR, Eduardo C. B. *O direito na pós-modernidade e reflexões frankfurtianas*. 2. ed. Rio de Janeiro: Forense Universitária, 2009.

BORGES, D; RIBEIRO, E; CANO, I. 'Os Donos do Morro': Uma Avaliação Exploratória do Impacto das Unidades de Polícia Pacificadora (UPPs) no Rio de Janeiro. São Paulo, Rio de Janeiro: Fórum Brasileiro de Segurança Pública, LAV/UERJ, 2012. Disponível em: <http://www.lav.uerj.br/docs/rel/2012/RelatUPP.pdf>. Acesso em 10 mai. 2014.

BRASIL. Câmara dos Deputados. *CPI de Homicídios de Jovens Negros e Pobres, Relatório Final*. Brasília, 2015.

BRASIL. Senado Federal. *CPI Assassinato de Jovens*, Relatório Final. Brasília, 2016.

BUCCI, Maria Paula Dallari (org). O conceito de política pública em direito. In: *Política Pública. Reflexões sobre o conceito jurídico*. São Paulo: Saraiva, 2006, p.1-50.

BUCCI, Maria Paula Dallari. *Fundamentos para uma teoria jurídica das políticas públicas*. São Paulo: Saraiva, 2013.

CALDEIRA, Teresa. *Cidade de muros: crime, segregação e cidadania em São Paulo*. São Paulo: Editora 34/EDUSP, 2000.

CANÇADO TRINDADE, A. A. *Tratado de Direito Internacional de Direitos Humanos*. Porto Alegre: Sérgio Antonio Fabris Editor, 1997. v. I.

CAPELLA, A. C. *Perspectivas teóricas sobre o processo de formação da política pública*. In: Hochman, Gilberto; Arretche, Marta; Marques, Eduardo. Políticas Públicas no Brasil. Rio de Janeiro: Editora Fio Cruz, 2007.

CARVALHO, Camila Magalhães. *Por uma perspectiva crítica de direitos humanos: o caso das cotas para a população negra no acesso ao ensino superior público*. Dissertação de Mestrado. Faculdade de Direito da Universidade de São Paulo, 2011.

CAZETTA, Ubiratan. *Direitos Humanos e federalismo: o incidente de deslocamento de competência*. São Paulo: Atlas, 2009.

CENTRO BRASILEIRO DE ANÁLISE E PLANEJAMENTO. *Advocacia de Interesse Público no Brasil: a atuação das entidades de defesa de direitos da sociedade civil e sua interação com os órgãos de litígio do Estado*. Brasília CEBRAP; Ministério da Justiça, 2013. Disponível em: <http://sddh.org.br/sddh/index.php/item/1036-publicada-pesquisa-sobre-advocacia-de-interesse-p%C3%BAblico-no-brasil>. Acesso em: 13 abr. 2016.

COMPARATO, Bruno Konder. *As Ouvidorias de Polícia no Brasil: controle e participação*. São Paulo, 2005. 70p. Tese (Doutorado em Ciência Política). Departamento de Ciência Política, Universidade de São Paulo.

COMPARATO, Fábio Konder. *Ensaio sobre o juízo de constitucionalidade de políticas públicas*. In: BANDEIRA DE MELLO, Celso Antônio. Estudo em homenagem a Geraldo Ataliba. São Paulo: Malheiros, 1997.

———. *Ética: direito, moral e religião no mundo moderno*. São Paulo: Companhia das Letras, 2006.

CONSELHO NACIONAL DO MINISTÉRIO PÚBLICO. *Manual Nacional do controle externo da atividade policial: o Ministério Público olhando pela Sociedade*. 2ª Ed rev e ampl. Brasília, 2012. Disponível em: <https://www.mprr.mp.br/app/webroot/uploads/Manual_do_Controle_Externo.pdf> Acesso em 20 mar. 2016.

COOMANS, Fons; GRÜNFELD, Fred; KAMMINGA, MennoT.. (orgs.). Methods of Human Rights Research. Intersentia: Oxford, 2009.

COUTINHO, Diogo R. *O direito nas políticas públicas*. In: MARQUES, E; FARIA, C.A..Políticas como campo disciplinas. São Paulo: UNESP, FIO CRUZ, 2013, p-181-200.

DALLARI, Dalmo de Abreu. *O Brasil rumo à sociedade justa*. In: SILVEIRA, Rosa Maria Godoy et al (orgs). Educação em Direitos Humanos: fundamentos teórico- metodológicos. João Pessoa: Editora Universidária/ UFPB, 2007.

———. *Policiais, juízes e igualdades de direitos*. In: LERNER, Júlio. (Ed.). O preconceito. São Paulo: IMESP, 1996/1997.

———. *O que são direitos da pessoa*. São Paulo: Brasiliense, 10. ed, 2004.

DELUCHEY, J. Y.; BELTRÃO, J. F. *Metodologia como campo de possibilidades no Direito*. In: XV Congresso Nacional do CONPEDI, 2007, Manaus – AM. Anais do XV Congresso Nacional do CONPEDI. Florianópolis-SC: Fundação Boiteux, 2007.

DIAS, R; ZACCHI, J.M. *Visões sobre as unidades de polícia pacificadora (UPPs) no Rio de Janeiro*. SUR – Revista Internacional de Direitos Humanos, v. 9, n.16, jan, 2012.

DOUZINAS, Costas. *O fim dos direitos humanos*. São Leopoldo: Unisinos, 2009.

DULITZKY, Ariel E. *Implementación del Derecho Internacional de los Derechos Humanos en los sistemas federales*: el caso de la Convención Americana sobre Derechos Humanos y la República Argentina. ABRAMOVICH, Victor; BOVINO, Alberto; COURTIS, Christian. *La aplicación de los tratados sobre derechos humanos en el ámbito local*: la experiencia. Ciudad Autónoma de Buenos Aires: Del Puerto: Buenos Aires: CELS, 2006, p.5-52.

FARIA, José Eduardo. *O direito na economia globalizada*. São Paulo: Malheiros, 1999. FERNANDES, Florestan. *O negro no mundo dos brancos*. 2 ed. São Paulo: Global, 2007. FERRAJOLI, Luigi. *A soberania no mundo moderno*. São Paulo: Martins Fontes, 2002.

FGV DIREITO. *Relatório de Índice de Confiança na Justiça*. São Paulo: FGV, ano 6, 2015, p.32-33. Disponível em: <http://direitosp.fgv.br/en/publicacoes/icj-brasil> Acesso em 02 abr.2016.

FGV DIREITO. *Relatório de Índice de Confiança na Justiça*. São Paulo: FGV, ano 8, 2017. Disponível em: <http://direitosp.fgv.br/en/publicacoes/icj-brasil>. Acesso em 25.mai.2018.

FÓRUM BRASILEIRO DE POLÍTICA PÚBLICA et alli. *'Os Donos do Morro'*: Uma Avaliação Exploratória do Impacto das Unidades De Polícia Pacificadora (UPPs) no Rio de Janeiro. Maio, 2012. Disponível em: <http://www.lav.uerj.br/docs/rel/2012/RelatUPP.pdf> Acesso em 10 mai. 2014.

FÓRUM BRASILEIRO DE SEGURANÇA PÚBLICA. Anuário Brasileiro de Segurança Pública. Ano 8, 2014. Disponível em: <http://www.forumseguranca.org.br/storage/download/anuario_2014_20150309.pdf>. Acesso em 10 abr. 2016.

FRANCO, Marielle. UPP – A redução da favela a três letras: uma análise da política de segurança pública do estado do rio de janeiro. Dissertação de Mestrado. Faculdade de Administração, Ciências Contábeis e Turismo da Universidade Federal Fluminense; 2014.

FREIRE, Paulo. *A pedagogia do oprimido*. Rio de Janeiro: Paz e Terra, 2005.

GALTUNG, Johan. *Direitos humanos: Uma nova perspectiva*. Lisboa: Instituto Piaget, 1998.

GOFFMAN, E. *Estigma: notas sobre a manipulação da identidade deteriorada*. Trad. Márcia Bandeira de Mello Leite Nunes. Rio de Janeiro: LTC, 1975. MELO, Z. M. Estigma: espaço para exclusão social. Revista Symposium. Ano 4, n° especial, 2000. p. 18-22. Disponível em: <www.unicamp.br/Arte/ler.php?art_cod=1486>. Acesso em 12 abr. 2016.

GOMES, Joaquim B. Barbosa. *Ação afirmativa e o princípio constitucional da igualdade: o direito como instrumento de transformação social*. A experiência dos EUA. Rio de Janeiro: Renovar, 2001.

GOMES, Olívia A; ALMEIDA, Guilherme de A. *Estudo sobre a federalização de graves violações de direitos humanos*. Brasília: Ministério da Justiça; Secretaria de Reforma do Judiciário, 2014. Disponível em: < http://www.andhep.org.br/arquivos/Federalizacao_boneco_final_09012014.pdf>. Acesso em 04 abr. 2016.

GOODALE, Mark; MERRY, Sally Engle (orgs.). The Practice of Human Rights: Tracking Law between the Global and the Local. Cambridge: Cambridge University Press, 2007.

GUIMARÃES, Antônio, Sergio Alfredo. *Preconceito de cor e racismos no Brasil*. Revista de Antropologia. Vol. 47, n° 01, São Paulo, 2004.

———. *Racismo e antirracismo no Brasil*. 2. ed. São Paulo: Editora 34, 2009.

HUMAN RIGHTS WATCH. *Lethal Force Police Violence and Public Security in Rio de Janeiro and São Paulo*, Dec, 08, 2009. Disponível em: <http://www.hrw.org/reports/2009/12/08/lethal-force-0>. Acesso em 29 mai. 2014.

IPEA. *Boletim de Políticas sociais*: acompanhamento e análise, n. 23, 2015.

INSTITUTO SOU DA PAZ. *Regulação sobre o Uso da Força pelas Polícias Militares dos estados de São Paulo e Pernambuco.* FIGUEIREDO, I. S.; NEME, C; LIMA, C.(Orgs). Direitos Humanos. Brasília: Ministério da Justiça; Secretaria Nacional de Segurança Pública, 2013. Disponível em: <https://www.justica.gov.br/sua-seguranca/seguranca- publica/copy_of_estudos-e-estatisticas/cole o-pensando-a-seguran_a-p_blica-volume-2- direitos-humanos.pdf >.Acesso em 02 abr. 2016.

KAPUR, Ratna. Revisioning the Role of Law in Women´s Human Rights Struggles. In: MECKLED-GARCÍA, Saladin; ÇALI, Basak (org.). *The Legalization of Human Rights: Multidisciplinary Perspectives on Human Rights and Human Rights Law.* New York: Routledge, p. 101-116, 2006.

KECK, Margaret; SIKKINK, Kathryn. *Transnational Advocacy Networks.* In: *International Politics,* in Activists beyond Borders: Advocacy Networks in InternationalPolitics. Ithaca e London: Cornell University Press, 1998.

LAFER, Celso. *A internacionalização dos direitos humanos: Constituição, racismo e relações internacionais.* São Paulo: Manole, 2005.

———. *A reconstrução dos direitos humanos: um diálogo com o pensamento de Hannah Arendt.* São Paulo: Companhia das Letras, 1988.

LEÃO, Ingrid V. Execuções Sumárias, Arbitrárias ou Extrajudiciais. A efetividade das recomendações da ONU no Brasil. Dissertação de Mestrado em Direito. Faculdade de Direito. Universidade de São Paulo. São Paulo, 2011.

LEWANDOWSKI, Enrique Ricardo. *Proteção dos direitos humanos na ordem interna e internacional.* Rio de Janeiro: Forense, 1984.

LOPES, José Reinaldo de Lima. *Direitos Humanos e Tratamento Igualitário: questões de impunidade, dignidade e liberdade.* Revista Brasileira de Ciências Sociais, Vol. 15, nº 42, 2000.

LOUREIRO, Violeta. *Estados, bandidos e heróis.* Belém: CEJUP, 2001, p. 354; ATAÍDE JÚNIOR, Wilson Rodrigues. *Os direitos humanos e a questão agrária no Brasil: a situação do sudoeste do Pará.* Brasília: UnB, 2006, p. 245.

LOZANO BEDOYA, Carlos Augusto. *Justicia para la dignidad: la opción por los derechos de las víctimas.* Bogotá: PCS, 2009.

MENEZES, Lená Medeiros de. *Os indesejáveis: desclassificados da modernidade. Protesto, crime e expulsão na capital federal (1890-1930).* Rio de Janeiro: EDUERJ, 1996.

MESQUITA NETO, Paulo de. *Ensaios sobre Segurança Cidadã*. São Paulo: QuartierLatin; Fapesp, 2011.

———. *Violência policial no Brasil: abordagens teóricas e práticas de controle*. In: PANDOLFI, Dulce; CARNEIRO Leandro Piquet; CARVALHO, José Murilo. Cidadania, justiça e violência. Rio de Janeiro: Fundação Getulio Vargas, 1999.

MINISTÉRIO DA JUSTIÇA *et allí*. *Jurisprudência da Corte Interamericana de Direitos Humanos*. Brasília: Ministério da Justiça, 2014.

MONEBHURRUN, Nitish; VARELLA. Marcelo D. *O que é uma boa tese de doutorado em Direito? Uma análise a partir da própria percepção dos programas*. Revista Brasileira de Políticas Públicas. Brasília, v.10, n. 1, 2013.

MONTEIRO, André; PAGNAN, Rogério. Folha de São Paulo, Cotidiano, em 17.08.2015. *Número de mortos em confronto com policiais é o maior em dez anos em SP*. Disponível em: <http://www1.folha.uol.com.br/cotidiano/2015/08/1669572-numero-de-mortos-em- confronto-com-policiais-e-o-maior-em-dez-anos-em-sp.shtml>. Acesso em 21 ago. 2015.

MPPR. *MP-PR ajuíza ação civil pública contra responsáveis por excesso na contenção a protesto do dia 29 de abril*. Comunicado de imprensa em 29.06.2015. Disponível em: <http://www.mppr.mp.br/modules/noticias/article.php?storyid=5491>. Acesso em 03 abr. 2016.

MUNANGA, Kabengele. *Rediscutindo a mestiçagem no Brasil: identidade nacional versus identidade negra*. 3. ed. Belo Horizonte: Autêntica, 2008.

MUNANGA, Kabengele. *Uma abordagem conceitual das noções de raça, racismo, identidade e etnia*. In. MINISTÉRIO DA JUSTIÇA. Direitos humanos no cotidiano. Brasília. 2001.

MUNANGA, Kabengele. Teorias sobre o racismo. In: Racismo: perspectivas para um estudo contextualizado da sociedade brasileira. Coleção Estudos e pesquisas, v. 4. Niterói: EDUFF, 1998. pp. 43-65.

MUSUMECI, Leonarda. UPP: Última chamada. Visões e expectativas dos moradores de favelas ocupadas pela Polícia Militar na cidade do Rio de Janeiro. Rio de Janeiro: CESeC, 2017.

NASCIMENTO, Abdias do. O genocídio do negro brasileiro: processo de um racismo mascarado. São Paulo: Perspectiva, 3 ed., 2016.

NOBRE, Marcos. *Apontamentos sobre a pesquisa em direito no Brasil*. Cadernos Direito GV, São Paulo, 145-154, 2004.

ORGANIZAÇÃO DAS NAÇÕES UNIDAS (ONU). Assembleia Geral. Informe del Grupo de Trabajo sobre la Detención Arbitraria, Misión al Brasil, 25 jun, 2014, A\HRC\27\48\Add.3, par 143.

————. Assembleia Geral. Informe del Relator Especial sobre ejecuciones extrajudiciais, sumarias o arbitrarias, Cristof Heyns, 01 abr, 2014, A\HRC\26\36.

————. Assembleia Geral. Informe del Relator Especial sobre ejecuciones extrajudiciais, sumarias o arbitrarias, Cristof Heyns, 30 ago, 2011, A\HRC\66\30.

————. Assembleia Geral. Informe Del Relator Especial sobre ejecuciones extrajudiciais, sumarias o arbitrarias, Cristof Heyns, 23 mai, 2011, A\HRC\17\28.

————. Assembleia Geral. Report of the Special Rapporteuron extrajudicial, summary or arbitrary executions, Christof Heyns. Addendum. Observations on communications transmitted to Governments and replies received. Documento A/HRC/26/36/Add.2.

————. Assembleia Geral. Report of the Working Group on Arbitrary Detentionon its visit to Brazil (18 to 28 March 2013), 30 jun, 2014, A\HRC\27\68\Add.1.

————. Comissão de Direitos Humanos. Extrajudicial, summary or arbitrary executions: Report of the Special Rapporteur – Mission to Brazil, 28th Jan. 2004, E/CN 4/2004/7/Add. 3, pars. 36-41.

PAOLI, Maria Célia, TELLES, Vera da Silva. *Direitos sociais – conflitos e negociações no Brasil contemporâneo*. In: ALVAREZ, Sonia E.; DAGNINO, Evelina; ESCOBAR, Arturo (orgs.). Cultura e política nos movimentos sociais latino-americanos. UFMG, Belo Horizonte: 2000.

PEREIRA, A. G.; QUADROS, F. *Manual de direito internacional público*. Almedina: Coimbra, 1993.

PINHEIRO, Paulo Sérgio et alli. *Violência Fatal*. Revista USP. São Paulo, n. 9, mar/abr/mai, 1991, p.95-112.

PIOVESAN, Flávia et al. *Execuções sumárias, arbitrárias ou extrajudiciais*: uma aproximação da realidade brasileira. Recife: GAJOP, 2001.

PIOVESAN, Flávia (Coord). *Código de Direito Internacional dos Direitos Humanos Anotado*. São Paulo: DPJ Editora, 2008.

————. *Direitos Humanos e o Direito Constitucional Internacional*. 11 ed. São Paulo: Saraiva, 2010.

PRUDENTE, Eunice Aparecida de Jesus. *Educação em direitos: um caminho para a igualdade racial.* In: Revista Brasileira de Filosofia, p.35-72, jan-jun, 2001.

RAMOS, André Carvalho. *Processo internacional de direitos humanos: análise dos sistemas de apuração de violações de direitos humanos e implementação das decisões no Brasil.* Rio de Janeiro: Renovar, 2002.

SANTOS, Boaventura de Sousa; RODRÍGUEZ-GARAVITO, Cesar. Introduction. In: SANTOS, Boaventura de Sousa; RODRÍGUEZ-GARAVITO, Cesar (org.). *Law and Globalization from Below: Towards a Cosmopolitan Legality.* Cambridge: Cambridge University Press, 2005.

SANTOS, Boaventura de Souza. Uma concepção multicultural de direitos humanos. *Contexto Internacional,* Rio de Janeiro, vol 23, n,1, jan-jun, 2001, p, 7-34.

SANTOS, Cecília MacDowell dos (org.). *A Mobilização Transnacional do Direito: Portugal e o Tribunal Europeu dos Direitos Humanos.* Coimbra: Edições Almedina, 2012.

SCHEINGOLD, S. A. *The politics of Rights: lawyers, public policy and political change.* Michigan Press, 2004.

SECRETARIA DE ESTADO DA SEGURANÇA PÚBLICA. *Menor taxa de homicídios do Brasil.* Em 03.02.2016. Disponível em: < www.sp.gov.br>. Acesso em 08.04.2016.

SIKKINK, Kathryn. *A emergência, evolução e efetividade da rede de direitos humanos da América Latina.* In: JELIN, Elizabeth; HERSHERBERG, Eric (Org.). Construindo a democracia: direitos humanos, cidadania e sociedade na América Latina. São Paulo: EDUSP, 2006.

SILVA, Virgílio Afonso da. *O Judiciário e as políticas públicas: entre transformação social e obstáculo à realização dos direitos sociais.* In: SOUZA NETO, C.P.; SARMENTO, Daniel. Direitos sociais: fundamentação, judicialização e direitos sociais em espécies. Rio de Janeiro: Lumen Juris, 2008, p.587-599.

SINGER, André. *Brasil, junho de 2013, classes e ideologias cruzadas.* São Paulo: Novos Estudos CEBRAP, n. 97, 2013.

SOARES, Glaúcio Ary Dillon; BORGES, Doriam. *A cor da morte.* São Paulo: Ciência Hoje, v. 35, 2004.

SOUZA, Celina. *Estado da Arte da Pesquisa em Políticas Públicas.* In: Hochman, Gilberto; Arretche, Marta; Marques, Eduardo. Políticas Públicas no Brasil. Rio de Janeiro: Editora Fiocruz, 2007.

SOUZA, Luis Antônio Francisco de (org.). *Políticas de segurança pública no estado de São Paulo: situações e perspectivas a partir das pesquisas do Observatório de Segurança Pública da UNESP.* Disponível em: <http://www.cairu.br/biblioteca/arquivos/Sociologia/politicas_Seguranca_Publica_estado_SP.pdf>. Acesso em 12 abr. 2016. São Paulo: Editora UNESP; São Paulo: Cultura Acadêmica, 2009.

SOUZA, E.R; MINAYO, M.C. Policial, risco como profissão: morbimortalidade vinculada ao trabalho. *Ciência e Saúde Coletiva,* 10 (4), p.917-928, 2005.

TRECCANI, Girolamo Domenico. *Violência e grilagem: instrumentos de aquisição da propriedade da terra.* Belém: UFPA, ITERPA, 2001.

UNBEHAUM, Sandra; LEÃO, Ingrid V.; CARVALHO, Camila M. *Programas e áreas de concentração em direitos humanos no Brasil: o desenho de uma possível interdisciplinaridade.* Revista Interdisciplinar de Direitos Humanos. Bauru, v.2, n.3, p.35- 53, jul./dez. 2014.

VILHENA VIEIRA, Oscar. *A desigualdade e a subversão do Estado de Direito.* In: SARMENTO, Daniel; IKAWA, Daniela; PIOVESAN, Flávia (Coord.). Igualdade, diferença e direitos humanos. Rio de Janeiro: Lumen Juris, 2008.

WARAT, L. A. *Direitos Humanos: subjetividade e práticas pedagógicas.* Porto Alegre: Síntese, 2009.

WAISELFIS, Julio Jacob. *Mapa da Violência 2014. Os jovens do Brasil.* Brasília/DF: FLACSO (Faculdade Latino-Americana de Ciências Sociais); Secretaria de Políticas de Promoção e Igualdade Racial; Secretaria Nacional da Juventude; Secretaria-Geral da Presidência da República, 2014.

WAISELFISZ, J. J. *Mapa da Violência 2013: homicídios e juventudes no Brasil.* Secretaria Geral da Presidência da República: Brasília, 2013.

WAISELFISZ, J. J. *Mapa da Violência 2016: homicídios por armas de fogo no Brasil.* Flacso: Brasília, 2015.

APÊNDICE

RECOMENDAÇÕES DA ONU AO BRASIL

RELATORIA DA ONU SOBRE EXECUÇÕES SUMÁRIAS, ARBITRÁRIAS OU EXTRAJUDICIAIS, ASMA JAHAGIR, 2004, E/CN 4/2004/7/ADD.3.[454]

76. Todas as propostas de reformas legislativas ou administrativas devem abordar a prevenção e a responsabilização de execuções extrajudiciais e sumárias.

77. Os procedimentos e requisitos para o recrutamento de policiais devem ser revistos. Todos os novos ingressantes na carreira policial devem ser investigados acerca de qualquer filiação a organizações criminosas, bem como sobre sua visão acerca dos direitos humanos.

78. Tendo em vista as fortes alegações e relatos críveis sobre a ligação entre criminosos e alguns membros servidores da polícia, procedimentos de rastreamento justo e transparente devem ser fixados e implementados.

---

454 Tradução divulgada pela 11ª Conferência Nacional de Direitos Humanos (CNDH), na seção Sistema de Proteção Internacional de Direitos Humanos. O site da conferência disponibilizava uma subseção chamada Relatores Especiais. Os documentos não estão mais disponíveis, já que a Conferência foi realizada em dezembro de 2008.

79. A qualidade dos cursos de treinamento para policiais deve ser regularmente aprimorada e deve incluir um componente de direitos humanos com pleno treinamento sobre o uso da força letal como o último recurso a ser utilizado a fim de proteger a vida. Os policiais devem ser sensibilizados sobre o sofrimento das vítimas através de metodologias criativas, e interação humana com as vítimas e suas famílias. Deve-se encorajar uma maior participação da sociedade civil neste processo, inclusive na elaboração do currículo.

80. O Governo deve manter um banco de dados abrangente sobre violações aos direitos humanos, atribuído aos membros das agências de execução da lei. O banco de dados deve incluir o número de homicídios cometidos por policiais, o número e o tipo de acusações criminais, o número de investigações levadas a cabo e as sentenças dos acusados. Toda morte violenta ocorrida em estabelecimentos prisionais deve ser registrada e relatórios de inquisição devem ser disponibilizados nos estabelecimentos bem como no Departamento Penitenciário Nacional. Os nomes e endereços das vítimas também devem ser coletados. Os dados e informações sobre execuções extrajudiciais e arbitrárias devem ser disponibilizados ao público, inclusive, à mídia e às organizações não-governamentais. Estes dados indicarão o padrão dos crimes e proporcionarão uma forte base para a futura política e futuros planos governamentais.

81. Agentes penitenciários devem receber treinamento e orientação específica. Todo centro de detenção deve ser obrigado a permitir o recebimento de visitas de pessoas não oficiais que trabalhem para organizações de direitos humanos registradas.

82. O Ministério Público deve ser fortalecido. O mandato dos chefes das Promotorias deve ser estipulado em um período razoável a fim de permitir a consolidação de seu trabalho. As promotorias devem ser equipadas com um grupo de investigadores e devem ser encorajadas a realizar investigações contra acusações de execuções extrajudiciais. Obstáculos legais que impeçam a independência das investigações devem ser removidos por meio da criação de nova legislação.

83. Em incidentes de massacres, alegadamente perpetrados por policiais, e nos quais testemunhas se recusem a testemunhar ou nos quais as provas sejam insuficientes para identificar os indivíduos que tenham perpetrado o crime, o Governo deve também (para além do procedimento criminal) realizar um inquérito judicial para determinar a sequência dos eventos para que as vítimas sejam indenizadas.

84. Dependentes das vítimas de execuções extrajudiciais devem receber uma reparação justa e adequada em, tempo hábil por parte do Estado, incluindo uma compensação financeira.

85. As Agências de Inteligência também devem participar da investigação dos homicídios cometidos pelo chamado "esquadrão da morte", uma vez que elas são cruciais em revelar a identidade dos seus membros. Para isso, é necessário reorganizar esses serviços a fim de equipar essas agências com agentes dotados de integridade, bem como com maior recursos a sua disposição.

86. O prazo prescricional para a persecução dos crimes de homicídios precisa ser abolido.

87. Os Governos devem garantir que todas as reclamações e relatórios de execuções extrajudiciais sejam investigadas de forma imparcial, efetiva e célere por um órgão independente. O promotor público deve decidir se os homicídios de civis cometidos por policiais foram "intencionais" ou não após a condução de uma investigação independente.

88. Os métodos e as provas de homicídios alegados como casos de execuções extrajudiciais devem ser publicizados. Parentes da vítima devem ter acesso à informação relevante à investigação.

89. O Governo deve assegurar que toda pessoa sob perigo de ser vítima de execução extrajudicial, incluindo aqueles que recebem ameaças de morte, seja efetivamente protegido.

90. O Programa de Vítima e Testemunhas (PROVITA) deve ser melhor equipado, e toda a equipe policial conectada ao programa deve ter seus antecedentes criminais levantados.

91. As instituições forenses devem ser autônomas e chefiadas por profissionais não policiais, uma vez que eles são críticos para conduzir as investigações. O seu suporte técnico deve ser expandido e regularmente incrementado.

92. A Ouvidoria de Polícia deve ser fortalecida, seu mandato expandido, e seu relatório anual deve ser apresentado ao Legislativo para discussão.

93. Agentes policiais indiciados sob a acusação de cometimento de execuções extrajudiciais devem ser temporariamente suspensos de suas atividades até a conclusão de seus julgamentos.

94. A fim de apoiar a independência do Poder Judiciário, uma avaliação mais aprofundada do sistema precisa ser realizada por um especialista. É fortemente recomendável que o Relator Especial sobre a independência dos juízes e advogados realize uma missão no Brasil a fim de propor recomendações

95. É necessário que as reformas atuais e a legislação proposta pelo Governo sejam aceleradas e reavaliadas duas vezes por ano. Se consideradas irrealizáveis, devem ser descontinuadas.

RELATORIA DA ONU SOBRE EXECUÇÕES SUMÁRIAS, ARBITRÁRIAS OU EXTRAJUDICIAIS PHILIP ALSTON, 2008, A/HRC/11/2/ADD.2 [455].

VII. Recomendações

76. No passado, o governo brasileiro respondeu bem as recomendações feitas pelos relatores especiais. Espera-se que as seguintes recomendações sejam vistas como construtivas e viáveis.

---

455 Tradução não oficial foi providenciada pelo Projeto de Execuções Extrajudiciais do Centro de Direitos Humanos e Justiça Global, Faculdade de Direito da Universidade de Nova York. Essa tradução não é um documento das Nações Unidas.

ESTRATÉGIAS DE POLICIAMENTO

77. Os Governadores, Secretários de Segurança Pública, e os comandantes e delegados-chefe das polícias devem figurar como líderes e deixar publicamente claro que haverá tolerância zero quanto ao uso excessivo da força e a execução, pelas polícias, de suspeitos de serem criminosos.

78. O Governo do Estado do Rio de Janeiro deve se abster de usar as "mega" operações ou aquelas de grande porte favorecendo um progresso sistemático e planejado para restabelecer uma presença policial sustentada assim como do poder governamental nas áreas controladas pelas facções. As políticas atuais são matar uma grande quantidade de pessoas, alienando as pessoas cujo apoio é necessário para lograr êxito, gastando recursos preciosos e fracassando na busca dos objetivos declarados. Estabelecer estratégias de policiamento apenas considerando objetivos eleitorais é um desserviço à polícia, às comunidades afetadas e à sociedade como um todo.

79. O uso dos veículos blindados deve ser monitorado, provendo-os com equipamento de gravação de áudio e vídeo. Os resultados devem ser regularmente monitorados em cooperação com grupos comunitários.

80. A longo prazo, o Governo deve trabalhar para acabar com a separação das polícias militares.

81. O Governo Federal deve implementar medidas mais eficazes para vincular os recursos alocados aos estados e estar em conformidade com as medidas criadas para reduzir a incidência de execuções extrajudiciais praticadas pelos policiais.

ENVOLVIMENTO DE POLICIAIS NO CRIME ORGANIZADO

82. Em cada estado, a Secretária de Estado de Segurança Pública deve criar uma unidade especializada na investigação e julgamento dos policiais envolvidos com as milícias e grupos de extermínio.

83. Policiais não devem em, nenhuma circunstancia, poder trabalhar nas suas folgas para empresas de segurança privada. Para facilitar essas mudanças:

   a. Os policiais devem receber salários significativamente maiores.

   b. As escalas de trabalho dos policiais devem ser alteradas para que os policiais não possam trabalhar por grandes períodos de horas e depois ficarem de folga por vários dias.

RESPONSABILIZAÇÃO DAS POLÍCIAS

84. Sistemas para o rastreamento do uso de armas de fogo devem ser estabelecidos em todos os estados e, onde já exista algum procedimento, o mesmo deve ser melhorado, e o Governo deve garantir que seja cumprido. A arma e a quantidade de munição entregue a cada policial devem ser registradas, e a munição deve ser regularmente auditada. Toda situação em que um policial efetuar um disparo deve ser investigada pela corregedoria e registrada numa base de dados. Essa base de dados deve ser de livre acesso da Ouvidoria e usada pelos comandantes e delegados-chefe para identificar policiais que precisam de maior supervisão.

85. A atual prática de classificação das mortes por policiais como "autos de Resistência" ou "Resistência seguida de morte" oferece um cheque em branco às mortes por policiais e deve ser abolido. Sem prejuízo dos resultados dos julgamentos penais, essas mortes devem ser incluídas nas estatísticas de homicídios de cada estado.

86. A Secretária Especial de Direitos Humanos da Presidência da República deve manter uma base de dados detalhada das violações de direitos humanos cometidas por policiais.

87. A integridade do trabalho das corregedorias de polícia deve ser garantida ao:

   a. Estabelecer uma carreira separada para aqueles que trabalham na corregedoria.

b. Estabelecer procedimentos e prazos claros para as investigações.

c. Tornar todas as informações sobre investigações e as medidas disciplinares recomendadas de livre acesso às ouvidorias.

88. Nos casos de mortes por policiais e outras denúncias graves de abusos, a corregedoria deve oferecer informações públicas sobre a situação de cada um, inclusive as medidas recomendadas aos comandantes e delegados-chefe das polícias.

89. Os policiais investigados por crimes que constituam execução extrajudicial devem ser afastados das atividades policiais.

90. As ouvidorias de polícia, tais como existem hoje na maioria dos estados, devem ser reformadas para poderem exercer um melhor controle externo:

   a. Devem reportar-se diretamente ao governador e não ao Secretário de Estado de Segurança Pública.

   b. Devem receber os recursos e poderes legais necessários para reduzir sua dependência das informações das corregedorias de polícia.

   c. Devem emitir relatórios regularmente, fornecendo informações acessíveis sobre os padrões de abusos policiais e sobre a eficácia dos procedimentos disciplinares e penais. Essas informações devem ser agrupadas para que comparações úteis possam ser feitas através do tempo e em áreas geográficas.

   d. Para que possam fornecer informações mais confiáveis sobre os pontos positivos e negativos das estratégias de policiamento existentes tanto em termos de respeitar quando de proteger os direitos, eles devem receber recursos para conduzir ou encomendar uma pesquisa sobre a experiência dos cidadãos com o crime e a polícia.

PROVAS PERICIAIS

91. A rotina de não preservar o local do crime deve acabar; caso os problemas continuem, o Ministério Público deve usar atribuição para exercer um controle externo da polícia de modo a garantir a integridades das suas ações.

92. Os hospitais devem ser obrigados a reportar às delegacias de polícia e às corregedorias todos os casos em que a polícia leva suspeitos já mortos ao hospital.

93. Os Institutos Médicos Legais dos estados precisam ser totalmente independentes das Secretarias de Segurança Pública, e os peritos devem receber garantias profissionais que assegurem a integridade de suas investigações. Recursos e treinamento técnico adicional também devem ser fornecidos.

PROTEÇÃO DE TESTEMUNHAS

94. De muitas maneiras, o programa de Proteção de Testemunhas existente é um modelo, mas também necessita reformas:

    a. Os governos estaduais devem fornecer recursos adequados, de modo frequente e confiável.

    b. Os governos dos estados devem garantir que os policiais cooperem na escolta de testemunhas aos tribunais, de modo seguro e não ameaçador.

    c. O governo federal deve conduzir um estudo para saber se existem meios de proteger as testemunhas que não querem seguir os atuais requisitos rigorosos do programa, e se o uso de ONGs para a implementação deve ser eliminado ou reestruturado.

PROMOTORES DE JUSTIÇA

95. A participação do Ministério Público no desenvolvimento de ações penais deve ser fortalecida:

    a. Os governos estaduais devem garantir que a polícia civil notifique os promotores de justiça no início do inquérito para que os promotores possam prestar orientações no momento certo sobre quais provas precisam ser colhidas para lograr uma condenação.

    b. A atribuição legal dos promotores de justiça de colherem provas de modo independente para serem apresentadas perante a justiça deve ser inequivocamente atestada.

    c. Os promotores de justiça devem, rotineiramente, conduzir as suas próprias investigações sobre a legalidade das mortes por policiais.

ESTRUTURA DO JUDICIÁRIO

96. Deve-se abolir o prazo prescricional dos crimes dolosos contra a vida.

97. Reconhecer que permitir que as pessoas condenadas por homicídio aguardem os recursos em liberdade facilita a intimidação das testemunhas e promove uma sensação de impunidade. Os juízes devem considerar com cuidado a interpretação alternativa à presunção de inocência vista na jurisprudência estrangeira e internacional.

98. O Conselho Nacional de Justiça e outros órgãos apropriados devem tomar medidas que garantam que:

    a. Ao tomar decisões sobre os processos em seu cartório, os juízes não dêem prioridade às ações civis em detrimentos das penais nem escolham evitar processos envolvendo mortes por autores poderosos, inclusive policiais.

    b. Os juízes de execução penal devem conduzir inspeções nas unidades carcerárias em conformidade com um protocolo escrito que exija conversas reservadas com internos aleatoriamente selecionados pelo juiz.

SISTEMA CARCERÁRIO

99. Ao evitar medidas que possam por em risco a população carcerária, o governo deve tomar medidas que acabem com o controle das facções nas prisões, incluindo:

    a. Todas as práticas que motivem ou exijam que os novos internos escolham uma facção devem cessar. Os internos devem poder se identificar como "neutros" e ser colocados em presídios verdadeiramente neutros.

    b. Os telefones celulares devem ser eliminados dos presídios com o uso mais rigoroso de detectores de metais e com a instalação de tecnologias que bloqueiam os sinais dos telefones celulares.

    c. A administração carcerária deve restabelecer o controle do dia-a-dia da administração da prisão para que os agentes penitenciários e não os presos sejam responsáveis pela disciplina interna.

    d. Os benefícios e a localização de todos os internos no sistema carcerário devem ser registrados eletronicamente e os presos devem progredir e ser transferidos quando aptos a fazê-lo. Internos e juízes de execução penal devem poder ter acesso aos registros eletrônicos no que concerne ao preso.

    e. A superlotação deve ser reduzida com um uso maior de penas alternativas, regimes abertos e a construção de novos presídios.

100. O governo deve garantir que este relatório seja amplamente divulgado a todos os níveis de governo. A Secretária Especial de Direitos Humanos da Presidência da República deve se responsabilizar pelo monitoramento do progresso da implementação destas recomendações.

Grupo
Editorial
LETRAMENTO